예이츠와 정신분석학
- Freud, Jung, Lacan의 관점에서

예이츠와 정신분석학
- Freud, Jung, Lacan의 관점에서

이 규 명

도서출판 동인

머 | 리 | 말

 사물에 대한 인식의 거리와 척도는 각인의 관점에 따라 다르다. 그것은 인간이 상호 다른 인식의 틀을 가지고 있기 때문이다. 만약 이것을 인정하지 않는다면 그/그녀는 매우 권위적인 인간이거나 초인(超人)일 것이다. 사물에 대한 권위자의 관점이 시대의 입장을 좌우하던 시대는 지나갔으며, 사물에 대한 다양한 안목과 시각이 존중되는 백화(白話)논쟁의 시대를 맞이했다. 이러한 세태는, 사물에 대한 모호성의 시학을 조장하는 것이 아니라 다수의 관점에 의한 사물의 전체적인 조망을 모색하는 홀로그래피(holography)적 역동성을 반영한다.
 사물/텍스트에 언어가 접근함으로써 사물과 그 의미는 이미 유리된다. 이는 소쉬르가 제기한 언어의 자의성, 혹은 동양적 관점에서 언어도단을 의미한다. 어쩌면 사물과 우리는 그냥 거리를 유지한 채 서로 바라만 봐야 할 운명인 것이다. 따라서 텍스트를 읽은 것은 텍스트를 읽은 것이 아니라 오히려 텍스트에 의해 독자가 읽힌 셈이 되는 것이다. 다시 말해, 텍스트를 이해한다는 것은 텍스트를 이해하는 것이 아니라 텍스트를 오해하는 것이다. 텍스트는 물-자체(thing-in-itself), 즉 우리의 주변에서 우리의 시선을 끄는 마성(魔性)적 실체로서 우리의 실존을 위협한다. 다가갈수록 멀어지며 잡힐 듯 하면서도 잡히지 않는 실체. 그러나 텍스트의 존재는 우리의 삶을 지탱하는 강력한 동기이자 목적이 된다.
 우리 주위에는 아직도 텍스트 중에도 상위의 텍스트, 즉 정전이 있고, 독자 중에서도 소위 권위자가 존재한다. 포스트 모던의 시대에 와서도 여전히 우리가 정전의 양식을 흠모하고 이에 대한 권위자의 해석을 의지한다는 것은, 푸코가 주장하듯이, 타율적 강제에서 야기된 자율적 강제의 콤플렉스에 예속된 탓일 것이다. 하지만 타자로부터 전이되어 자아 속에 내재화되어 고착된 인식의 틀은 보편성을 추구하면서 동시에 상대적 자율성을 잉태한다. 그것은 우리가 원래 타자의 시선을 의식하면서 자아를 응시하는 사유 동물이기 때문이다. 이에 독자가 텍스트에 대한 자기만의 입장을 아무리 강변하더라도 이는 무의식적으로 타자의 입장에 바탕을 두고 있으며, 이것이 우리의 입장이 의지하는 참조의 틀(frame of reference)이 될 수밖에 없다.

그러나 우리가 교교한 달빛 속에서 수 만가지 상념에 잠기듯이, 우리에게 쏟아지는 수많은 타자의 시선 속에서 우리는 각자의 입장을 수없이 조절한다. 그러므로 우리를 비추는 타자의 시선 속에 사로잡히거나 이를 외면하고 자아 속에 유폐됨은 바람직한 일이 아니다. 이에 인간의 근본에 대한 신비한 비전을 고수하는 종교주의와 독단적 유아주의에 대한 비판이 제기된다. 이러한 상황 속에서 인간에 의한 인간의 이해를 도모하는 정신분석학은 텍스트의 본질을 추구한다는 점에서 인간의 자유의지에 의한 자학의 시학이자 자위의 성찰이다.

이 책에서 예이츠의 텍스트에 대해 프로이드, 융, 라캉적 관점으로 나아가는 것은 사물에 대한 다양한 안목과 이해의 차이를 보여 주기 위함이다. 그러나 정신분석학에 대한 논의는 분분하나 그 문학적 실천이 부박한 현실 속에서 문학에 대한 정신분석학적 실천을 감행한 필자의 의지에 대한 주변의 회의적 반응을 예상할 수도 있다. 그러나 지금의 시대적 여건을 개선하는 일은 우리를 지탱하는 참조의 틀을 굳건히 고수하기보다 이 틀의 비틀기를 통해 부단한 변증법적 갱신과 그 역동을 장려하는 일이다. 그것은 사물을 측정하는 자(尺)는 결국 다른 자에 의해서 측정될 수밖에 없으며, 이것이 당연하기 때문이다. 이러한 와중에 경계해야할 일은 텍스트에 대한 기존의 독법을 해체하려는 독자가 오히려 스스로 기원이 되려는 데리다적 자만과 모순에 빠지는 것이다.

이 책의 목적은, 결론에 나오듯이, 예이츠의 문학 작품 전반에 대한 재조명이나 그의 예술관을 전체적으로 파악하려는 것이 아니라, 그의 텍스트에 대해 정신분석학의 다양한 관점들을 적용시켜보는 것이었다. 그것은 사물에 대한 인간의 인식작용은 인간의 내부체계와 연관된 본질적인 느낌의 구조에서 비롯되는 사유행위가 체계화되어 나타난 정신분석학과 교류하기 때문이다. 따라서 텍스트에 대한 비평이나 감상은 독자의 심리와 유리될 수 없으며, 텍스트에서 암시되는 저자의 심리는 독자의 심리와 결합되어 나타난다. 다시 말해 텍스트는 탄생하는 순간부터 독자들을 초대함으로써 심리적으로 의미화된다.

그러나 예이츠의 작품들의 분석을 통해 우리가 알 수 있는 것은 그 시인의 "부분 대상"에 대한 독자의 개별 인식에 불과하며 이는 계속적인 연기를 상정하는 차이의 인식인 것이다. 따라서 이 차이의 인식은 계속적인 의미의 중첩이나 갱신이 요구되는 포스트-구조주의적 풍조 속에서 텍스트에 대한 "해석학적 순환" 원리의 실천이므로, 어떤 해석이든 텍스트에 대한 해석의 공동체가 궁극적으로 지향하는 목표인 텍스트의 전체성을 포착하려는 공동작업의 일환으로 보아야 한다. 설사 이것이 예이츠의 실체 주위를 부유하는 시뮬라크르(simulacra)의 창궐에 일조 하더라도. 어쩌면 텍스트의 진실은 상징을 받드는 현실 속에서 시적인 진실에 불과할 지 모른다.

끝으로, 이 책의 출판을 수용해주신 도서출판 동인의 이성모 사장님과 편집부 박현정 님, 이 책의 내용 전반에 대해 많은 조언과 함께 글의 방향을 인도 해주신 정형철 교수님, 글의 체제와 형식에 대해서 보완점을 지적해주신 이창희 교수님과 김정수 교수님, 문장의 연결과 문맥의 흐름에 대해 꼼꼼히 살펴주신 김봉광 교수님, 정병언 교수님, 고전의 멋을 일러주신 박성환 교수님, 삶의 나락에서 학문의 장으로 이끌어 주신 박상수 교수님, 후학의 진로를 늘 걱정해 주시고 따뜻이 격려해주신 신영어영문회 김형태 회장님, 그 동안 물심양면으로 아낌없이 성원해주신 오소자 님과 이명일 님, 많은 성원을 보내준 후배님들께 깊이 감사드립니다.

2002. 10

이 규 명

목 차

Ⅰ. 들어가면서 ··· 11
Ⅱ. 『십자로』(Crossways)에 대한 프로이트적 접근 ······················· 33
   2.1 현실원리와 쾌락원리 ··· 35
   2.2 리비도의 승화 ··· 47
   2.3 외디푸스 콤플렉스와 여성 ··· 57
   2.4 텍스트의 무의식 ··· 66
   2.5 텍스트와 독자 ··· 74
   2.6 정신분석학의 계승적 반성 ··· 80
Ⅲ. 『장미』(The Rose)와 『탑』(The Tower)에 대한 융적 접근 ······· 87
   3.1 융의 원리와 문학 ··· 89
   3.2 원형과 개성화 ··· 96
   3.3 집단 무의식과 리비도 ·· 107
   3.4 상징과 원형 ·· 113
   3.5 분석과 연금술 ·· 127
   3.6 능동적 상상력 ·· 138
   3.7 영웅 신화와 "태모" ·· 149
Ⅳ. 『마지막 시편』(Last Poems)에 대한 라캉적 접근 ···················· 161
   4.1 주체와 욕망의 발생 ··· 163
   4.2 은유와 환유의 원리와 적용 ·· 190
   4.3 텍스트 읽기: "전이와 역전이" ·· 207
   4.4 「벤 벌벤 아래에서」("Under Ben Bullben")의 조망 :
       "오브제 쁘띠 아"의 추구 ·· 220
   4.5 라캉적 관점의 문학적 전망 ·· 235
Ⅴ. 나가면서 ·· 241
인용문헌 ·· 252
찾아보기 ·· 263

Ⅰ. 들어가면서

윌리암 버틀러 예이츠(William Butler Yeats)의 시작품은 19세기와 20세기에 걸쳐 아일랜드의 전설과 영국과 대립하는 당시 아일랜드의 암울한 시대 상황을 낭만주의적, 전기-라파엘(Pre-Raphaelite)적,[1] 윌리암 블레이크(William Blake)적 관점으로 바라본다(Evans 121-22). 지상에 몸을 담고 있으나 초자연적인 힘에 사로잡힌 듯 신지학(theosophy), 점성술, 연금술을 통해 피안의 세계를 동경하는 시인의 시 세계는 비교(秘敎)적인 차원으로 나아가 서구의 실증주의와 경험주의를 넘어선다. 현상을 통해 그 비가시적인 배후를 탐색하려는 시인의 추구는 현상계의 거죽을 투시하려는 다분히 심리적인 경향을 취한다. 그러나 시인의 이러한 신비주의적 경향은 이교도

---

1) 이는 라파엘 시대(1483-1520) 이전의 회화에 재현된 자연의 여실성(如實性)과 단순성을 추구하기 위해서 단테 가브리엘 로제티(Dante Gabriel Rossetti), 윌리암 할먼 헌트(William Holman Hunt), 존 에버렛 밀레이(John Everett Millais)를 포함한 일단의 영국의 예술가들이 1848년에 제기한 예술의 형식으로 이들은 자연에 대한 가식적인 태도를 지양하고 섬세한 관심을 통하여 고전적 학문주의(academicism)나 형식주의(formalism)에 대항하며 1880년대까지 존속하여 탐미주의(aestheticism)와 상징주의의 형성에 기여한다(Preminger 973).

적인 것으로 기독교의 전통을 뛰어 넘어 고대 아일랜드의 숨겨진 전통을 추구하고 고대 그리스의 현인들을 동경한다는 점에서 다분히 퇴행적이다. 그것은 시인이 고국 아일랜드를 포위하고 있는 유럽이나 영국의 정치적, 종교적, 문화적인 영향을 의식하여 이 암울한 현실의 고통에서 벗어나기 위해 그가 취할 수 있는 "방어기제"(defence mechanism)의 하나가 될 수 있다.

그러나 예이츠는 후기의 작품에 이르러 전기의 낭만주의적인 경향의 작품에서 보여준 형이상의 차원을 현실의 바탕 위에서 재인식하려는 듯 세상사와 육체에 대한 강한 집착과 열정을 사실주의적으로 보여 준다. 그것은 인간이 불가피하게 직면한 두 가지 상반된 세계, 즉 이상과 현실, 영혼과 육체, 죽음과 삶을 의식한 이원론적 세계관이다. 그러므로 예이츠는 이 대극(對極)의 현실을 수용하고 극복함으로써 균형 잡힌 인격의 완성을 추구하였다.

예이츠는 시인은 하늘이 부여한 신성한 소명을 수행하는 자이며 일반 인과는 달리 천품(天稟)과 공동체의 지도자로서의 능력과 사물에 대한 고도의 안목을 가지고 있어야 한다고 말한다(Garrett 201). 이처럼 시인을 정전의 권위자로 간주하는 모더니즘의 취향을 보이면서도 세속의 정치에 관여하는 등 그가 이중 노선을 취하는 이유는 황홀한 뮤즈를 추종함으로써 점차 유리되는 삶의 감각에 대한 마비를 의식하거나, 외재적인 세상과 내재적인 자아에 투기되는 리비도의 안배를 통해 삶의 균형을 유지하려는 것으로 볼 수 있다. 따라서 세상과 천국을 공유하려는 듯한 그의 시적 경향은 신비적 낭만주의와 사실주의를 수시로 넘나든다. 그러나 이 두 가지의 대립되는 시적 경향에도 불구하고, 시인은 스스로 체험한 가책, 회한, 실연, 고독과 같은 삶의 주제들을 직설적 묘사가 아닌 환상(phantasmagoria)의 형태로 전달한다(Callan 40).

환상적인 형태로 구현되는 예이츠의 시적 이상은 시인 자신을 시에 담는 것, 정상적이고 정열적이요, 사리(事理)를 분간하는 자아, "하나의 전체로서의 인격"을 시 가운데 유지하는 것이었다(김종길 188). 이 시인은 스스로 보통의 인간이 가지는 영혼과 육체의 대립, 자기 세계로의 칩거와 사회적인 참여, 민족과 개인에 대한 비중과 가치를 저울질하며 자아의 수준을 갱신해 나아간다. 따라서 시인의 작품은 자아에 대한 끝없는 탐색과 방황으로 점철되어 있으며, 이는 자아의 완성을 향한 자아의 시학이다. 자아에 대한 확신과 불신의 대립을 통해 세상에 대한 인식과 안목을 갱신해 나아가는 시인의 의지와 실천은 과히 초인적인 것이다. 이는 인간 존재에 대한 전망을 불가지론으로 보지 않고 인간 스스로 탐색하여 해석하려는 정신분석학적 태도와 상응한다.

　이 연구에서 시도하려는 정신분석학적 적용의 사례로서 예이츠의 시작품들이 선택된 이유는 이 시인이 전 생애에 걸쳐 줄기차게 창작 활동을 하였기 때문에 청년, 중년, 노년으로 이어지는 나이의 변화에 따른 개성의 발달과 세상에 대한 인식의 수준을 파악할 수 있는 심리적 단서를 제공한다는 점이다. 이와 관련하여 엘리엇(T. S. Eliot)은 예이츠가 조기에 명멸하는 대부분의 시인들과는 달리 중년 이후에도 시적 재능이 고갈되지 않고 여러 작품 속에서 줄기차게 자아의 갱신을 시도했던 점에 대해 높이 평가한다(301-02). 또 예이츠가 자신의 시작품을 통해 제기한 "마스크"(mask) 이론, "존재의 통일"(unity of being), "세속적인 완성"(profane perfection), "비극적 환희"(tragic joy)와 같은 주제들은 정신분석학적 관점의 적용에 상당히 부합하는 측면이 있다.

　그러나 정신분석학적 원리를 예이츠의 시작품에 실제 적용하려는 시도는 참으로 어려운 일이다. 이 점에 대해 정신분석학적 관점으로 엘리엇의 텍스트 읽기를 시도한 이정호는 "T. S. 엘리엇을 정신분석학적으로 읽는 경우는 그리 흔한 읽기가 아니다. 이 같은 사실은 이 분야의 논문이나 저서가 그리 많지 않다는 사실로도 알 수 있다"(143)고 말하여 그 어려움을 토로한다. 이는 그간 텍스트에 대한 다양한 관점들의 적용이 시도되었음에도 여태 이 분야에 대한 국내외의 연구가 미진하였으며, 정신분석학과 문학의 접목에 대한 적합한 사례가 희소하였다는 점을 지적한 것이다. 설사 그런 학문적 결과물이 있다하더라도 극히 일부의 정신분석학적인 관점으로 텍스트를 분석하거나, 그 관점의 적용이 텍스트에 어색하게 적용되고, 텍스트에 대한 이론적 실천을 시도하지 않고 막연히 이론들만 재정리하여 텍스트와 유리된다. 그 이유는 정신분석학의 원리에 대한 폭넓은 이해와 텍스트 상에 적합한 정신분석학적 개념의 도입과 적용이 그리 용이하지 않은 탓이다. 그러므로 본고에서는 이러한 문제점들을 특히 유념하면서 정신분석학의 계통을 따라 그 관점을 폭넓게 구사하고 텍스트에 대한 그 개념의 적용에 신중을 기할 것이다. 그렇게 하기 위하여 정신분석학의 의의와 그것의 문학적 적용에 대한 여러 학자들의 의견을 살펴보는 것이 우선되어야 할 것이다.

지그문트 프로이트(Sigmund Freud: 1856-1939)에 의해 창안된 "정신분석학"2)은 인간 의식의 그늘진 영역으로 불리어지는 정신, 마음, 영혼에 대한 종교적 혹은 신비적 관점을 해체하는 과학적 사유의 틀로 자리한다. 정신분석학은 인간에 대한 궁극적인 이해가 오직 초월적인 존재에 의해서가 아니라 인간 스스로에 의해 가능하다는 점을 강조한다. 정신분석학이 시도하는 인간에 의한 인간의 파악은 인간의 운명에 대한 스스로의 "자유의지"와 "결정론" 사이의 대립이라는 서구 사상사의 해묵은 명제들과 연관된다. 이와 관련하여 푸리조프 카프라(Fritjof Capra)의 말을 참고한다.

> 시스템의 관점에서, 결정론과 자유는 모두 상대적인 개념이다. 시스템이 환경으로부터 자율성을 가지는 한 그것은 자유로우며; 그것이 계속적인 상호 작용을 통하여 환경에 의존하는 한 그것의 활동은 환경의 영향에 의해 구체화될 것이다. 유기체들의 상대적 자율성은 일반적으로 그들의 복잡성에 따라 증가하여, 인간 속에서 그 절정에 이른다.

---

2) 프로이트에 의해 제안된 이 용어는 기존의 심리학(psychology)과 구별된다. 그가 보기에 당시의 심리학은 인간 의식의 폐부에 이르지 못하는, 즉 관찰되고 보고된 자료나 표면적 행동에 의존하는 "피상적인 심리학"(superficial psychology)에 불과하므로, 자신이 창안한 심리학이야말로 인간의 의식을 관통하는 "심층 심리학"(depth psychology)으로 보아 정신분석학이라 이름지었다. 심층 심리학은 나중에 융(C. G. Jung)이 프로이트와 결별한 후 정신분석학과 구분하기 위해 차용한다. 따라서 융이 주장하는 "분석 심리학"(analytical psychology)은 곧 심층 심리학을 의미한다(Pasotti 11).

From the systems point of view, both determinism and freedom are relative concepts. To the extent that a system is autonomous from its environment it is free; to the extent that it depends on it through continuous interaction its activity will be shaped by environmental influences. The relative autonomy of organisms usually increases with their complexity, and it reaches its culmination in human beings. (270)

그는 정신분석학이 인간의 "상대적 자율성"의 한 실천이며, 아이작 뉴우튼(Sir Isaac Newton)의 원리에 근거한다고 본다. 그것은 뉴우튼이 물질적 객체가 확산되고 위치하는 기준의 틀인 유클리드(Euclid)적 절대 공간을 설정했듯이, 프로이트 역시 정신의 틀인 심리학적 공간을 설정하였기 때문이다. 나아가 카프라는 뉴우튼이 만물에 적용되는 역학의 주 원리로 작용과 반작용을, 프로이트가 심리 역학의 주 원리로 작용과 반작용을 욕동(drive)과 방어(defence)로 치환하여 생동과 소멸의 원리인 리비도(libido)와 데스트루도(destrudo) 혹은 에로스(eros)와 타나토스(thanatos)를 주장하였다고 본다(169).

한편 미셸 푸코(Michel Foucault)는 정신분석학이 불만(discontent)이라는 영원한 주제에 대한 의문의 제기를 통해 확고하게 정립된 것처럼 보이는 것을 비판하는 원리이며, 표상을 뛰어 넘어 전진하여 표상의 유한성을 극복한다고 본다. 따라서 그는 정신분석학이 규범을 내포하는 기능, 규칙이 부과된 갈등, 체계를 구성하는 의미작용을 기대하는 곳에 개입하며, 유한성에 의해 규정된 표상의 세계 속에서 생명의 기능과 규범의 종식인 죽음, 규칙과 갈등하는 욕망, 의미작용과 체계 속에서 형성되는 법칙이라는 세 개의 그물에 포섭된 우리의 운명을 파악하는 수단이라고 본다(373-76). 이것은 사회와 대립하여 불가피하게 우리의 욕망이 제한되는 구조적 현실을 지적한 것이다. 다시 말해 푸코의 관점에서 볼 때 정신분석학은 사회와 개인의 갈등으로 야기되는 비극성에 대한 논리적 이해로 자리한다.

프로이트는 『모세와 일신론』(Moses and Monotheism)에서, "나는 다윈으로부터 한 전제를 차용하였는데, 그 내용은 인간이 원래 소 유목민으로 무리를 지어 생활했으며, 그 각각의 무리는 각 집단의 모든 여자들을 전유하고 자기 아들을 포함하여 젊은 남자들을 죽이거나 거세하는 남자 족장의 지배하에 놓여 있었다는 것이다"(From Darwin I borrowed the hypothesis that human beings originally lived in small hordes, each of which was under the despotic rule of an older male who appropriated all the females and castigated or disposed of the younger males, including his sons)(Ritvo 99 재인용)라고 말한다. 여기서 "남자 족장"은 자연 "자기 아들"을 포함한 "젊은 남자"들의 도전을 받게 되는 불안한 처지에 놓이게 된다. 그것은 같은 무리 속의 여자들을 사이에 두고 "남자 족장"인 아버지와 아들이 투쟁하는 "가족 로망스"(family romance)가 되며, 이는 외디푸스 콤플렉스의 동기가 된다. 이렇듯 같은 종족 안의 남자들의 갈등과 다툼을 없애기 위해 족외혼(exogamy)을 유도하는 외디푸스 콤플렉스는 생물학적인 차원에서 다원적 사회의 구성을 가능하게 하는 이종 교배의 중심 원리로 작용하며, 이것은 넓은 뜻에서 볼 때 사회와 개인의 갈등으로 야기되는 비극성과 연관된다. 이를 방지하기 위한 정신분석학의 순기능에 대해 프레드릭 제임슨(Fredric Jameson)도 다음과 같이 말한다.

> 그러나 프로이트는 우리에게 환상이나 꿈(우리가 이런 종류의 문화적인 인공물의 최면상태를 수용하기 위해 확대할 수 있는 어떤 것)의 명백한 전체성이, 도착과 부정을 제외하고, 잠재한 내용의 의미에 대해 신뢰할 만한 지침이 아니라는 것을 가르쳐준다. 그것은 완전히 무관한 것에 대한 행복한 소망 성취라는 것을 사실상 입증하는 죽은 연인들에 관한 꿈과 같은 것이다. 내가 한때 제기했듯이 이보다 더 논리적이고 견고한 구조적 함축의 존재를 생각할 수 있을 것이며, 그것은 잠재한 내용 속에 우리의 자부심(혹은 우리의 내재화된 역할 양식)을 공격할 수 있는 무엇으로부터 우리를 전환시킴에 있어 현재화된 내용의 병적인 양상들이 즉각적이며 기능적인 역할을 한다는 점에서이다.

> Freud has taught us, however, that the manifest totality of a fantasy or a dream (something we can enlarge to include the mesmerization

of this kind of cultural artifact) is not a reliable guide, save by inversion and negation, to the meaning of the latent content: dream of dead loved ones proving in reality to be happy wish fulfillments about something utterly unrelated. I once suggested that there could be conceived a kind of structural implication much tighter and more logical than this, in which the morbid features of the manifest content played a more immediate and functional role in diverting us from whatever in the latent might offend our self-esteem (or our internalized role model). (*Postmodernism* 383)

그는 의식적인 양상들의 무의식적 배후인 "잠재한 내용"의 진실을 의심하면서도 "현재화된 내용," 즉 증상이 우리의 정신을 대변하는 바로미터가 되어 우리의 정신에 위해(危害)한 것을 회피하게 해준다고 본다. 이는 사회와 개인의 갈등 양상을 극복하고 사회의 전체성을 유지하는데 조력하는 정신분석학의 전략을 암시한다.

정신분석학은 또한 불교와 도교에 나타나는 동양의 지혜와도 연결된다. 그것은 동/서양의 구분을 떠나 인간이 사물에 대해 가지는 공통적인 인식의 수준, 즉 인식의 보편성에 기인한다. 드러난 현상을 통해 그 속의 진실을 파악하려는 시도는 정신분석학의 목표이자 동양적 사유인 선(禪)의 이상이다.3) 정신분석학과 동양의 선과의 밀접한 관계에 대해 에리히 프롬

---

3) 이에 해당하는 에피소드로서 송대의 곽암사원(廓庵師遠)선사의 심우도(尋牛圖) 혹은 십우도(十牛圖)가 흔히 언급되며, 그것은 소(牛)를 인간의 의지대로 움직이려는 훈련 과정에서 소를 인간의 마음에 비유하여 마음을 의지대로 조율하기 위해 수행자들이 넘어야 할 수행의 열 가지 경계를 말한다(현각 113-67).

 1. 소를 찾아 나서다(尋牛)
 2. 소의 자취를 발견하다(見跡)
 3. 소를 보다(見牛)
 4. 소를 얻다(得牛)
 5. 소를 기르다(牧牛)
 6. 소를 타고 귀가하다(騎牛歸家)
 7. 소는 잊고 사람만 있다(忘牛存人)
 8. 소도 사람도 다 잊다(人牛俱忘)

(Erich Fromm)은 선의 본질적인 목적이 인간의 본질을 파악하고, 억압에서 자유로 나아가는 길을 보여 주는 것이며, 이것이 정신분석학과 교류하는 지점이라고 말한다(79-88). 다시 말해, 선과 정신분석학은 인간에게 부과된 억압의 사슬을 절단하여 인간을 해방시키는 고도의 심적 수단이라는 것이다.

이러한 자유의 길로 나아감에 있어 안내자가 필요하다. 선의 경우, 선사(禪師)는 수행자에게 "공안"(公案, koan)을 부여하여 수행자가 지성적인 혹은 인습적인 사고 속으로 도피하지 않도록 한다. 정신분석학의 경우, 피분석자는 분석가에게 자신의 문제를 "전이"(transference)하지만 분석가는 객관적인 자세를 견지하고 "역전이"(counter-transference)를 경계하며, 피분석자의 자기 의지나 자기 합리화(self-justification)를 제어하여 환자의 마음속에 내재된 허구적 현실을 해체하여야 한다. 결국 수행자와 피분석자는 인간의 억압이 해소된, 어린이의 단순성과 자발성이 발휘되는 지점인 "무구"(無垢, innocence)의 지점으로 유도된다. 존 슐러(John R. Suler)도 도교(Taoism)와 정신분석학의 긴밀한 관계에 대해 다음과 같이 말한다.

사실상, 도교의 기본 원리는 정신분석학의 원리와 궤를 같이한다. 감

---

9. 근원으로 돌아가다(返本還元)
10. 저자에 들어가 손을 드리우다(入廛垂手)

여기서 1번과 2번은 자기 마음을 찾아 나서는 것을 의미하는데, 정신분석학적인 의미로 자아를 탐색하는 개별 사유나 임상의 단계에 해당한다. "소"는 라캉(Jacques Lacan)적 관점에서 인간 구성의 근원적 실체인 타자(Other)로 볼 수 있다. 3번과 4번은 의식적인 차원에서 대상에 반응하는 에고(ego)의 역할을 의미하고, 5번과 6번은 에고를 조종하고 통제하는 초자아(super-ego)의 역할을 의미한다. 이후 7번은 의식적인 차원에서 억압(repression)이 강화되어 이성이 고조된 상태이다. 8번은 의식과 무의식의 경계가 없는 자유로운 상태로서 일체의 대립이나 갈등이 없는 몰아(沒我)의 경지를 의미한다. 이는 융(C. G. Jung)의 관점에서 중심적 자아의 원형(archetype)인 셀프(self)와 조우한 상태로 개성화(individuation)의 정점에 이르러 리비도가 적절한 균형을 유지하는 "항상성"(homeostasis)의 상태를 의미한다. 9번과 10번은 8번 이후의 "갱신된 자아의 비전"(revision)을 의미한다. 다시 말해, 사물을 새로운 인식으로 대하는 "각성"(enlightenment)의 차원을 의미한다.

추어진 진리들의 강렬하고 다양한 표현으로서의 이미지에 대한 도교의 강조는 꿈속에서와 같이 무의식 과정의 이미지적 자질에 대한 정신분석학의 강조와 중첩된다. 변화의 모든 과정들을 근간으로 하는 음양(陰陽)의 활기찬 극성에 대한 도교의 탐색은 개인성의 역동적인 극성에 대한 정신분석학적 탐색을 반영한다. 무위(無爲)의 원리는 ― 스스로의 의도에 따라 사물의 개방을 허용하는 창조적인 비 활동을 채택하는 ― 정신분석학적 기술의 몇몇 기초적인 원리들과 유사하다. 그리고 덕(德)은 ― 사물의 자발성, 자연성, 조화의 미덕이라는 도의 일상적 명시 ― 정신분석 요법의 궁극적인 목적이 됨이 당연하다.

In fact, the most basic of the Taoist principles parallel those in psychoanalysis. Taoism's emphasis on images as powerful, multifaceted expressions of hidden truths overlaps with the psychoanalytic emphasis on the imagistic quality of unconscious processes, as in dreams. Its inquiries into the vibrant polarity of *yin* and *yang* that underlies all processes of change reflects the psychoanalytic exploration of the dynamic polarities in personality. The doctrine of *wu wei* ― employing creative nonaction to allow an unfolding of things according to their own design ― resembles some of the fundamental principles of psychoanalytic technique. And *Te* ― the virtue of harmony, naturalness, and spontaneity, of things being the way they were meant to be, the everyday manifestation of Tao ― may very well be the ultimate goal of any form of psychotherapy. (9)

슐러가 설명하고 하듯이, "무의식 과정들의 이미지적 자질"에 대한 이해를 통한 도교적 화해를 추구하는 정신분석학은 억압에서 자유로 나아가는 것을 목표로 하는 선사상과 같다. 그러나 무엇보다 정신분석학의 임상적 관점은 그 탄생 이전에 이미 여러 문학 정전 속에 자리하고 있음을 부인할 수 없다.

라이오널 트릴링(Lionel Trilling)이 소개하듯이, 프로이트는 자신이 무의식을 발견한 것이 아니라 선대의 유명한 작가들이 발견했으며, 자신은 그것을 과학적으로 규정하여 틀 지은 것뿐이라고 말한다(Kepos 234 재인용). 이는 사회 갈등 형성의 기본이 되는 요인인 외디푸스 콤플렉스의 대표적인 사례로 소포클레스(Sophocles)의 『외디푸스 왕』(*Oedipus Rex*)과 셰익스피어(William Shakespeare)의 『햄릿』(*Hamlet*)을 들고 있거니와, 마치 현실의 배후가 되는 무의식을 의식이나 하듯, 『리어왕』에서 전지적 화자(omniscient narrator)가 인간들의 현재의 운명을 규정하는 자연의 보이지 않는 음모를 탄식한 적이 있듯이 정신분석학의 탄생에 문학이 결정적인 단서를 제공했음을 의미한다. 아울러 문학과 정신분석학이 교류하는 고전적인 개념으로 카타르시스(catharsis), 에피퍼니(epiphany), 숭엄미(the sublime), 낭만주의가 있으며, 현대적 개념으로 의식의 흐름(stream of consciousness), 표현주의를 들 수 있다.

카타르시스는 관객이 작중 인물의 운명을 자신의 내부에 투사(introjection)함으로써 억압을 해소하는 심리 작용을, 홀연히 신의 계시를 전달받거나 사물에 대한 진면목을 파악하는 황홀한 극적인 순간을 의미하는 에피퍼니는 융적인 관점에서 개성화(individuation)의 추구과정에서 중심의 자아인 셀프(the Self)와의 대면을, 숭엄미는 대상에 대한 감지자의 고양된 심리의 구축적 효과를, 낭만주의는 그 근거가 되는 『서정시론』(*Lyrical Ballads*)의 선언에 따라 억압된 심리의 자발적인 분출, 즉 리비도의 분산을 의미한다고 볼 수 있다. 또 의식의 흐름은 의식의 전체주의적 속성에 의해 유도되는 관습적인 사유의 억압을 벗어나 "자유 연상"(free association)[4]이나 의식의 "확충"(amplification)을 통해 심리적 사실을 구성하며, 표현주의는 재현된 대상에 대한 작가의 심리의 반영에 주목하며, 이때 작품은 작가의 심리를 대변하는 증상으로 존재한다. 이처럼 정신분석학의 기본 전제들은 여전히 문학과 밀접한 연관을 맺고 문학의 맥락 속에 놓여 있다.

문학에 대한 정신분석학적 관점은 여타의 관점들과 같이 대상에 대한

---

[4] 이 임상 기법은 분석가의 임상적 유도, 즉 최면(hypnosis)이나 심리적 강제(pressure)를 대체한 것으로 무의식에 내재된 숨겨진 문제를 탐구하기 위해 피분석자의 마음속에 자유롭게 환기되는 것들을 포착하려는 수단이다. 그러나 이 기법이 너무 단순하여 당시에 조소를 받았으나, 피분석자의 마음속에 즉시 상기되는 것을 말하여 드러내게 하는 수단으로 여전히 유용하다. 프로이트는 피분석자에게 "당신의 마음을 관통하는 것은 무엇이든 말하라"(say whatever goes through your mind)고 하여 이 기법을 임상에 적극 활용했다(Isbister 62-63).

진리의 발견을 위한 해석학적인 시도의 일환이라고 본다. 슈레쉬 레이발(Suresh Raval)도 정신분석학이 해석학적 기율(紀律)이며, 그것은 맥락에서 자유롭기보다는 맥락에 의존한다고 말한다(113). 그러니까 정신분석학은 역사와 유리되어 존재하는 담론이 아니라 역사 속에 존재하는 담론이다. 이와 관련하여 빌헬름 딜타이(Wilhelm Dilthey)가 시도한 정신 과학의 해석학을 참고할 수 있다. 딜타이가 추구한 해석의 순환 과정은 체험, 표현, 이해이며, 해석의 대상이 문서나 담화에 한정되지 않고 인간과 역사 전체에 미친다고 생각하며, 종교와 예술과 학문을 포함한 모든 문화적인 양식들은 인간 정신의 역사적 산물이라고 본다(Palmer 99-123). 따라서 인간의 행위와 제도는 개별적인 것, 즉 논리적으로 연역이 불가능한 것으로 현상의 기원을 초월하는 선험적(*a priori*)인 차원을 부정한다. 이런 점에서 자연 과학은 대상에 대한 외재적 관점으로 우리의 잠재된 현실이 던지는 그림자이며, 계량과 계측에 기초한 공리에 불과하지만, 정신 과학은 대상의 본질을 친착하여 내면의 진실을 밝히려 한다. 그래서 딜타이는 심리학을 사유의 기초로 삼아 대상에 대한 외재적인 접근법보다 내재적인 접근법을 선호하는 심층의 해석학을 견지한다. 그러나 내면은 외면을 통해 드러나고 외면은 내면을 가지고 있다는 점에서 어느 쪽으로 치중할 수 없다. 그것은 정신분석학적 관점에서 외면의 증상이 내면에 자리하는 무의식의 부분적 진실이며, 무의식이 증상의 전체적 진실이기 때문이다. 이에 부분을 통해 전체를, 전체를 통해 부분을 이해하듯이, 증상을 통해 무의식을, 무의식을 통해 증상을 이해하는 "해석학적 순환"(hermeneutical circle)의 유기적 통일성이 요구된다.

또 한스-게오르그 가다머(Hans-Georg Gadamer)는 한 문학 작품의 의미가 한 작가의 의도에 의해 결정되는 것이 아니라, 한 작품이 다른 문화, 사회적 맥락에 포착될 때 전혀 예견하지 못한 새로운 의미들이 생성될 수 있다고 본다. 가다머는 과거의 작품 해석이 현재와의 대화 속에 존재하며 작품 자체가 하나의 해답이 되는 의문을 재구성하는 것이 우리의 능력이며, 이해는 역사적 의미들과 전제들에 대한 우리의 지평이 그 작품이 처한 지평과 융합될 때 발생한다고 본다(Eagleton, *Literary Theory* 71-72). 이런 점에서 정신분석학은 과거의 작품들에 고착된 상투적인 의미들을 갱신하기에 유용한 지평이 될 수 있다.

그러나 정신분석학의 개념 중에서 외디푸스 콤플렉스와 같이 작중 인물에 대한 해석의 정형화를 초래할 수도 있고, 프로이트적 고정 관념이 일반화되어 작중 인물의 특별한 개성이 무시될 소지도 있다. 다시 말하면 조나단 컬러(Jonathan Culler)가 "프로이트는 여기 의미화의 논리가, 담론적 재현에 선행하거나 독립되는 것으로 생각되는 사건들이 의미들을 결정하는 것이라 강조한다"(Freud emphasizes that the logic of signification here is one in which events, conceived as prior to and independent of their discursive representation, determine meanings)(*Pursuit* 173)고 말한 것과 같이 정신분석학은 사건들이 이미 "담론적 재현"이라는 점을 간과하는 면이 있는 것이다. 그럼에도 정신분석학의 이론들은 텍스트에 대한 독자의 주관적 관점을 객관화시키는 과학적인 수단으로의 역할이 가능하다.

텍스트에 대한 독자의 주관적인 인식을 배제하고 텍스트를 객관적으로 보려는 시도는 이제까지 소극적 수용력(negative capability), 몰개성화(impersonalization), 저자의 죽음이라는 이론들로 나타났다. 그러나 텍스트는 독자의 마음을 통하여 언어로 재구성되지 않고서는 존재할 수 없다는 점에서 사실상 텍스트에 대한 완전한 객관적 접근은 불가능하다. 이와 관련, 데이비드 블라이히(David Bleich)는 정신분석학을 주관적인 관점이라고 주장한다.

> 실제로, 꿈-소망들을 회복하는 과정은 소망들이 "객관적으로" 꿈을 유발하는 지와 그러리라 생각하는 것이 치료상 실용적인 지에 대한 의문을 남긴다. 나는 후자적 상황의 가능성을 회의한다. 우리가 그 전날 아무리 많은 소망들을 주변에 알린다 하더라도 그 소망들은 꿈꾸는 동안에 위장된 모습으로 나타나리라는 것을 예견할 수 없다. 이런 생각이 우리로 하여금 꿈 해석이 단지 회상 속에서 의미를 가진다는 생각을 반기게 한다. 꿈을 꾼 직후와 연상들이 수집된 직후 꿈에 의해

성취된 소망에 관한 어떤 결정에 이를 수 있다. 그러므로, 처음부터, 꿈 해석은 주관적인 패러다임의 논리를 이용함에 틀림없다.

> In practice, the procedure for recovering dream-wishes leaves doubt as to whether wishes "objectively" cause dreams or whether it is therapeutically pragmatic to think that they do. I suspect that the latter situation obtains. No matter how many wishes one may announce the previous day, there is no way to predict that those wishes will appear in disguised form during dream. This consideration forces us to entertain the idea that dream interpretation has meaning only in retrospect. Only after the dream has taken place and after the associations have been collected can a decision be reached regarding the wish fulfilled by the dream. Dream interpretation from the outset, therefore, must have utilized the logic of the subjective paradigm. (Schleifer 365 재인용)

계속해서 블라이히는, 주관적인 사고는 다른 감각 기관들을 통하거나 언어적 의미에 의한 지각과 비교해 볼 때, 시각적 지각의 중요성을 거의 고려하지 않았지만, 지난 수십 년에 걸친 심리학자들과 비평가들의 연구에 의해 보는 행위, 즉 시각적 지각의 주관성이 의미론적 지각의 형성에 상당한 영향을 미침이 증명되었다고 말한다(31).

그러나 사물/텍스트에 대한 주관주의적 관점은 사실 적절치 않다. 그것은 우리가 텍스트를 접한 후 발생하는 인상이 텍스트에 대해 자의적이므로, 다시 말해 텍스트와 그것에 대한 독자의 인상은 상호 거리를 유지하므로 객관적이기 때문이다. 그래서 텍스트와 독자의 인상에 대한 주관적/객관적 관점의 해묵은 논의에 대해 윌리엄 필립스(William Philips)는 "참으로 많은 부문의 문학이 발명이 아닌, 현실성의 재구성이라면, 반드시 소위 객관적인 세계와 작가의 주관적인 세계와의 경계를 발견하기가 용이하지 않다"(If indeed a good part of literature is a reconstruction, if not an invention, of actuality, then it is not always easy to find the dividing line between the so-called objective world and the subjective world of the writer)(Kepos 228 재인용)고 말하여 "세계"에 대한 주관적/객관적 관점에 대한 차이나 구분의 어려움을 토로한다. 하지만 대상에 대한 독자의 인상은 독자의 심리를 경유했다는 점에서 주관적이지만, 대상 자체와 독자의 인상이 상호 유리된다는 점에서 객관적이라고 말할 수 있다. 그러므로 대상에 대한 주관적/객관적 관점의 구분은 사실상 의미가 없다.

따라서 정신분석학이 가지는 객관적인 원리와 분석가의 주관적인 인식이 융합하여 대상의 심층에 내재하는 정신분석학적 진리를 유추해 낸다. 그러나 이것은 레이발이 말하듯이 그리 간단한 문제가 아니다.

> 여태 나의 논지는 정신분석학적 비평의 과업 속에서 고충들을 드러낸다. 어떻게 우리가 어떤 특별한 환상이, 인간 정신에 대한 일반적인 법칙의 자의적인 선험적 채택을 제외하고, 저자의 작품과 독자의 반응 속에 자리함을 아는가? 만약 그런 채택이 일어난다면, 어떻게 우리가 그것을 지식이라고 주장할 수 있을까? 그것이 우리로 하여금 문학 작품들을 잘 해석할 수 있도록 도와줄까?
>
> My discussion so far reveals certain difficulties in the project of psychoanalysis criticism. How do we know that a particular fantasy underlies the work of a writer and the response of a reader, except by an arbitrary *a priori* adoption of a general law about the human psyche? If such an adoption is involved, how could we claim it as knowledge? Can it help us better interpret literary works? (113)

레이발은 문학에 대한 정신분석학적 접근을 인간 정신에 대한 일반적 법칙의 "자의적인 선험적 채택"이라고 하지만, 그것은 사실 문학과 정신분석학의 관계를 규정하는 기준이 없기 때문이다. 또 문학에 대한 정신분석학적 접근이 "지식"이 될 가능성에 회의하지만, 인간의 사유는 원래 공동체의 학습으로 조련되어 누적된 지식에 근거함을 상기할 때 문학에 대한 정신분석학적 사유도 이와 다르지 않다. 문학에 대한 정신분석학적 해석은 다양하게 생산되지만 그 해석의 정당성은 결국 그 원리의 적용에 따른 독자 인식의 밀도와 관련되어 증상에 끊임없이 접근하는 시적 진실의 추구에 있다.

시적 진실을 말할 때 우리는 대상과의 거리, 즉 사실성(reality)을 주로 언급한다. 그런데 이것은 대상에 대한 인식의 동일시(identification)의 착각이나 사실적 일체감에서 비롯되는 허위의 개념이다. 대상에 대한 시인의 인식 또한 사실성에 입각한 것이며, 증상에 대한 분석가의 인식 역시 이와 같다. 시인이 대상을 자신의 심미적 정서와 감정에 수용하여 재현하듯이 분석가 또한 증상을 자신이 습득한 이론과 고유의 통찰력에 의해 파악하려 한다. 그러나 시인과 대상, 분석가와 증상이 결코 일체가 될 수 없으므로 시인과 분석가의 시도는 항상 시적 진실의 추구일 수밖에 없다. 대상과 증상은 감추어진 것이 아니라 드러나 있는 상태로 시인과 분석가를 유혹한다.

대상에 대한 언어적 접근, 즉 시적 진실의 추구와 관련하여 가다머는 대상과 언어의 자의적인 관계를 주장하는 페르디낭 드 소쉬르(Ferdinand de Saussure)의 구조 언어학에 반대한다.

> 언어가 시의 언어가 될 때 어떻게 될까? 자기 자신을 친구라고 증명했던 사람의 경우, 우리는 여기에 드러난 것을 탐문해야 한다. 또한 이런 식으로 말할 수 있다: 우리가 "한 진정한 친구"를 말할 때, 여기서 우리가 의미하는 바는 그 단어는 그 개념과 일치한다는 것이다. 실제로 이 사람은 한 친구의 개념과 일치한다. 그리고 내가 지금 그 시적 단어의 정체성을 묻는다면 정작 이런 점에서이다.
>
> What happens to language when it becomes the language of poetry? As with the case of the man who has proved himself a friend, we must ask what is revealed here. It can also be put in this way: when we say "a true friend," we mean that here the word accords with its concept. This man actually corresponds with the concept of a friend. And it is in just this sense that I now ask what the poetic word is. (108)

대상과 언어의 관계는 가다머의 관점에서 볼 때 분리된 것이 아니듯, 증상과 분석 또한 분리된 것이 아니며, 증상을 정신분석학적 관점에서 접근할 때 동원되는 정신분석학의 언어는 증상의 주위를 맴도는 시적 언어가 된다. 문학적인 관점에서 이 증상의 자리에 텍스트가 들어설 수 있다. 마틴 하이데거(Martin Heidegger)도 이와 유사한 주장을 한다.

> 단어는 고립 속에 포섭된 용어가 아니며, 명명된 본질의 존재와 관련하여 진정한 의의 없는 자의적인 전가(轉嫁)도 아니다. 단어는 스스로 존재가 단어와 사물이 하나의 본질적인 통일체로 어떻게 관련되는지를 고찰함으로써만 결정된다는 점에서 관계이다. 그러므로, "우리가 숲 속을 지나갈 때"에 우리는 설령 "우리가 이 단어를 발화(發話)할 수 없고 언어적인 것을 초래하지 않을 때라도 우리는 단어로서의 숲을 지나간다."
>
> The word is not a term taken in isolation, nor is it merely an arbitrary ascription with no real significance with respect to the being of the entity named. The word is itself the relation in the sense that being is determined only by considering how the word and the thing are related as an essential unity. Thus, "when we go through the forest," we go through the word forest even when "we do not utter this word and do not reflect on anything linguistic." (White 23)

이렇듯 하이데거는 인간이 구사하는 "숲"이라는 단어가 "숲"이라는 대상과 무관하지 않으며, 단어에는 그 단어에 해당되는 대상의 실체가 담겨있다고 본다. 이때 엘리엇이 제기한 "객관적 상관물"(objective correlative)의 원리가 상기된다. 왜냐하면 시어는 독자에게 그것의 상관물을 상기시켜주는 상징이기 때문이다.

또한 예이츠가 상징을 어떤 비가시적인 본질의 유일하게 가능한 표현, 즉 정신적 화염(火焰)이 비치는 투명한 램프라고 정의하듯이(Bate 643) 단어는 그것이 지시하는 실체를 비추는 거울이 된다. 이런 의미에서 "숲"이라는 상징은 "숲"으로 표현되는 증상으로 치환되어 "숲"이라는 증상의 실체를 파악하는 단서가 된다. 그래서 언어적 상징의 구성체인 텍스트는 하나의 증상으로 그것의 모태가 되는 저자의 실체를 밝히는 단서가 된다. 이는 흡사 자궁 속의 태아가 부모의 형질을 간직한 채 부모와 다른 얼굴로 세상에 태어나는 경우와 같다. 그러나 "저자의 죽음"과 같이 텍스트와 저자의 자의성(arbitrarity)을 주장하는 것은 어떻게 생각하면 자신의 증상을 끝없이 부인하는 피분석자의 도착(倒錯)적인 관점에 함몰되는 것이다. 결국 문학의 기본 전제가 되는 미메시스의 원리에 따라 재현되는 텍스트의 사실이 저자의 경험과 무관하더라도, 텍스트는 저자의 증상을 담을 수밖에 없으므로 이의 조명이 대상에 대한 궁극적인 진실이 아니라 텍스트에 대한 시적 진실이 된다.

예이츠의 시작품에 대한 정신분석학적 이론의 적용은 앞에서 대상에 대한 주관적/객관적인 관점에 대해서 언급한 적이 있듯이 흡사 만인의 도구인 가위로 각인이 다양하게 옷감을 재단하듯이 정신분석학이라고 하는 객관적인 이론의 주관적 적용이 될 것이다. 그러나 현재 예이츠의 텍스트에 대한 정신분석학적 관점의 선행 연구가 부족하여 객관성의 문제가 제기되지만, 객관성의 지나친 강조는 자칫 실증주의적 오류를 범할 수 있으며, 객관성은 주관성의 결집에서 비롯된다는 점에서 본고가 예이츠의 텍스트에 대한 정신분석학적 실천의 객관적 모델을 확립하는 하나의 계기가 될 수 있을 것이다.

제2장에서는 프로이트의 정신분석학에 대한 주요 이론들을 중심으로 개성화의 과정에서 나타나는 억압과 방어와 연관되는 "현실원리"와 "쾌락원리" 및 승화(sublimation)의 양상을 살펴본다. 이 과정에서 주변화되는 여성의 운명에 대한 남성중심적 관점이 검토된다. 또 정신분석학의 문학에 대한 적용 가능성을 타진해 보기 위해 프로이트의 문학 텍스트 분석의 사례들을 점검한다. 특히 꿈, 백일몽, 농담에 나타나는 무의식의 해석과 셰익스피어의 『햄릿』과 『맥베스』에 관한 그의 입장과 진단을 통해 정신분석학과 문학의 상호 학제적인(interdisciplinary) 관계를 살펴본다. 그리고 고전적 정신분석학의 관점에서 중시되는 작가/등장인물/독자의 무의식을 분석해 본다. 마지막으로 프로이트의 원리에 대한 여러 비평가들의 다양한 논의를 통해 그 의의를 검토해 볼 것이다. 그 적용의 텍스트로 예이츠의 초기 시집인 『십자로』(*Crossways*)에 수록된 여러 작품들이 프로이트의 제

이론들이 소개되는 시점에 맞추어 분석될 것이다. 이 시집은 시인의 인생 초기에 나타나는 개성화의 이행 과정을 파악하는데 유용한 텍스트가 될 것이다.

제3장에서는 융의 원리의 문학적 적용을 위해 그가 실천한 문학 텍스트 분석의 사례와 여러 비평가들의 다양한 의견을 소개하고 원형 비평의 의의와 가능성을 논의한다. 이어 현실 억압의 구조인 프로이트의 "개별 무의식"(individual unconscious)에 반대하여 융이 제기한 원초적인 "집단 무의식"(collective unconscious)에 대한 원형의 의의와 양상들이 소개되고, 원형과 관계되는 상징과 신화에 대해서 그 의의와 기능을 살펴본다. 이와 관련하여 퍼소나(persona)의 원형적 의미와 예이츠가 제기한 마스크(Mask)의 현실적 의미를 비교해 본다. 또 융적 비평과 노드롭 프라이(Northrop Frye)의 신화비평과의 차이에 대해서 살펴보고, 융적 읽기에서 중시되는 분석가/독자와 피분석자/텍스트와의 동등한 상호 교환적 관계를 증명하기 위해 융이 사용한 연금술의 원리를 적용해 본다. 그리고 그 적용의 예로 예이츠의 시집 『장미』(The Rose)와 『탑』(The Tower)에 나오는 여러 작품들이 융의 중요 이론들이 소개되는 시점에 맞추어 분석될 것이다. 특히 「학교 아이들 속에서」의 전체적인 분석을 통해 영웅 신화에서 주로 작용하는 "태모"(Great Mother)의 원형이 기능하고 있음을 살펴본다.

제4장에서는 프로이트와 융의 원리가 각각 시사하는, 무의식이 경험적인 현실과 초경험적인 원시의 반영이라는 점과는 달리 언어와 같이 구조화되어 있다는 라캉의 비교(秘敎)적 언명에 따라, 언어에 의해 욕망의 일부가 거세되는 "빗금 친 주체"(S)와 그 실현이 유보된 욕망인 "오브제 쁘띠 아"(objet petit a)가 삶의 지속적인 동기가 됨을 밝힌다. 이에 그 이론적 모태가 되는 소쉬르의 관점과 이를 계승하는 라캉의 관점을 비교하고, 수사학의 통시적인 고찰과 함께 그것의 핵심 원리인 은유와 환유의 의의와 이것이 정신분석학의 원리로 전환되는 과정을 살펴본다. 따라서 언어에 포섭된 욕망의 주체는 욕망이 잉여된 주체이므로 언어의 틈 사이로 드러나는 주체의 욕망을 분석한다. 이를 위해 분석가/독자와 피분석자/텍스트

사이에서 불가피하게 전개되는 무의식의 전이와 역전이의 양상을 신비평적 관점과 대조한다. 그리고 그 적용의 예로 예이츠의 시집 『마지막 시편』(*The Last Poems*)에 나오는 여러 작품들이 라캉의 중요 이론들이 소개되는 시점에 맞추어 분석될 것이다. 특히 시인의 최후의 걸작인 「벤 벌벤 아래에서」에 대해서 욕망의 잉여라는 관점에서 라캉의 중요 원리들을 적용시켜 본다.

II. 『십자로』(*Crossways*)에 대한 프로이트적 접근

2.1 현실원리와 쾌락원리
2.2 리비도의 승화
2.3 외디푸스 콤플렉스와 여성
2.4 텍스트의 무의식
2.5 텍스트와 독자
2.6 정신분석학의 계승적 반성

2.1 현실원리와 쾌락원리

　프로이트는 19세기말에 자아 인식에 대한 새로운 수준의 혁명적인 이론인 정신분석학을 창안하여 그리스 문화와 중세 기독교를 거쳐 확립된 신과 동일한 존재로 인식된 형이상학적 주체로서의 인간에 대한 고정된 개념을 수정했다. 라캉은 니콜라우스 코페르니쿠스(Nicolaus Copernicus)가 우주를 탈중심화 했듯이 프로이트가 인간을 탈중심화 했다고 보고, 그 결과, 인간의 중심이 전체적인 인본주의 전통에서 더 이상 발견될 수 없다고 본다(*Écrits* 114). 또 허버트 마르쿠제(Herbert Marcuse)는 프로이트의 정신분석학이 죽음, 삶의 본능, 유아 성욕(infantile sexuality)에 대한 초심리학적(metapsychological)인 사색의 체제이며, 여태까지 철학에 의해 추상화되어 다루어진 인생에 관한 제반 문제들을 경험적 조사의 차원으로 옮겨놓았다고 평가한다(Fromm 31 재인용). 모든 이론의 전개 과정이 그러하듯 프로이트의 이론도 진화, 분류, 증식이라는 단계를 거쳐 전 세계에 확산되어 인간의 정체성 탐구를 위한 바로미터로 활용되는 일종의 정전으로 지금까지 영향력이 계속 증폭되고 있다. 현재 그의 이론은 대개 인간의 개성화의 원리, 정신 장애의 임상적 원리, 인문학의 심리적 적용 원리 등으로 널리 이용된다.

초기에 정신분석학은 피분석자의 기억에 내재된 병리학적 원인을 발견하는 것이 주 임무였다. 그 이후 환상에 대한 연구로 나아가고, 다시 본능에서 사회와 인간의 관계 설정에 관한 연구로 확대된다(Rieff 76). 다시 말하면, 인간에 대한 내재적인 관점에서 인간의 환경을 의식하는 외재적인 관점으로 나아간 셈이다. 그것은 인간이 동물과는 달리 본능보다 의식을 주로 사용하여 자신의 행위를 억압해야만 타자들과 원만한 관계를 유지할 수 있다는 점에 대한 확신 때문이다. 개인의 개별적인 삶의 동기는 타자들의 시선을 의식하는 역사를 구축하고 이때 비로소 개인은 그 존재성을 인정받게 된다. 이것은 "현실원리"(reality principle)에 의한 "쾌락원리"(pleasure principle)의 극복과 연관된다.

성숙의 과정에서 점차 분산되는 리비도적 충동은 문화화의 갈등 과정 속에서 억압된다. 이는 "쾌락원리"를 제어하는 "현실원리"의 등장을 의미한다. 이 두 원리에 대해 프롬은 후자는 전자와 반대되는 개념이 아니라 변형된 개념으로 우리의 현실을 유지하고 거침없는 본능으로부터 우리를 보호하는 원리라고 말한다(27). 우리는 이 점을 예이츠의 「외투, 보트, 그리고 신발」("The Clock, the Boat, and the Shoes")에서 살필 수 있다. 여기 보이는 세 가지 도구는 사회 속에서 개인이 일상을 지탱하는 관습적인 수단들이며, 개인을 옥죄고 규정하는 "현실원리"의 틀이다. 그러나 체제를 유지하기 위하여 개인의 "쾌락원리"에 의한 욕망은 사회적 관습이나 타자의 목표에 맞추어 질 수밖에 없을 것이며, 이에 대한 시적 화자의 연민이 다음의 시행에서 나타난다.

'당신은 무엇을 그처럼 빛나고 아름답게 만드나요?'
'나는 슬픔의 외투를 만드오:
오 모든 사람들이 보기에 사랑스러운
슬픔의 외투일 것이요,

모든 사람들의 눈에.'

'What do you make so fair and bright?'
'I make the cloak of Sorrow:
O lovely to see in all men's sight
Shall be the cloak of Sorrow,
In all men's sight.'[1)]

이 작품이 의미하는 것은 모성적 차원에서 "대상 선택"(object choice)의 차원으로 나아가는 정상적인 개성화의 전개가 아니라 오히려 모성적 공간으로 퇴행하려는 방어적 반응, 즉 현실의 고통을 회피하려는 증상과 사회적 자아로서 현실 수용에 대한 괴로움이나 불안에 관한 것이다. 이것은 모성적 동일성에서 부성적 다양성으로 리비도가 분산되어야 하는 과정에서 파생되는 외디푸스적 비극이다. 이런 암울한 상황을 타개하는 일은 세상과의 타협이나 원만한 적응과 같은 자아 합리화의 과정, 즉 "현실원리"의 수용을 요구한다. 이는 자아와 사회와의 동일시 과정을 통한 개별적인 리비도의 점진적인 거세를 의미하지만 "대상 선택"에 따른 리비도의 이성적 수용이다.

사회적 존재가 되기 위한 통과의례로서 인간은 몇 단계의 개성화(individuation)과정[2)]을 경험하게 되는데, 이는 유아가 수유의 통로인 입의 운동을 통해 성적인 쾌감과 함께 먹이의 소중함을 느끼는 "구강기"(oral stage), 배설을 통한 쾌감과 아울러 청결과 통제의 필요성을 인식하여 문화의식의 기초를 확립하는 "항문기"(anal stage), 성행위의 차원이 아닌 "자기성애"(auto-eroticism)와 함께 페니스의 유무에 따라 성적인 구별을 의식하는 "성기기"(phallic stage)로 나누어진다(Pasotti 48-49). 이러한 성숙의 단계로 나아가는 도중에 미래를 미리 재단하고 그 불안을 방어하기 위

---

1) W. B. Yeats, *The Collected Poems of W. B. Yeats* (London: Macmillan, 1961), p. 10. 이하 이 텍스트에서의 인용은 *CP* 다음에 페이지 수를 넣기로 함.
2) 프로이트의 개성화 과정은 리비도의 사회적 수용에 관한 것으로 리비도의 적절한 분산을 통해 사회 형성에 조력한다. 따라서 사회 속의 주체들은 리비도가 거세된 주체들로 존재하여야 상호 유익하다.

해 현재에 안주하려는 경향이 "고착"(fixation)의 증상이다. 이는 유아기(infancy), 아동기(childhood), 청년기(adolescence), 성인기(adulthood)로 이어지는 성숙의 단계에서 각 단계에로 전진적인 이행이 중단되는 것을 말한다(Hall, *Freudian Psychology* 93). 이 점이 예이츠의 「그의 연인을 향하는 인도인」("The Indian to His Love")에서 나타난다. 여기서 시인은 성숙의 과정에서 현실에 저항하기보다 미리 죽음의 피안을 동경한다.

> 무거운 가지들, 윤이 나는 비둘기는
> 백일을 신음하며 고통스러워한다.
> 우리가 죽을 때 우리의 그림자들이 얼마나 방황할 것인가,
> 저녁이 와서 새들의 길이 정숙해 질 때,
> 바다의 졸리는 빛을 따라 실체 없는 발바닥과 함께.

> The heavy boughs, the burnished dove
> That moans and sighs a hundred days:
> How when we die our shades will rove,
> When eve has hushed the feathered ways,
> With vapoury footsole by the water's drowsy blaze. (*CP* 16)

"가지"와 "비둘기"는 "백일"이라는 인고의 세월을 버텨온 생명체들이다. "백일"은 두 대상에게 성장과 번식이 이루어지는 긴 세월이며, "가지"는 많은 잎사귀를 품고 있어야 하고, "비둘기"는 빛깔이 좋아야 한다. 그러나 그 결과는 많은 노고를 필요로 한다. 우리의 인생도 이와 같다. 우리가 생존을 위해 투구하다 갑자기 세상을 떠날 때 우리의 뒤에 남는 것은 고작 우리의 허상인 "그림자"뿐이며, 우리가 세상에 남긴 흔적은 사실 "실체 없는 발바닥"일 뿐이다. 그러나 시인이 인생의 시작에 불과한 20대에 쓴 이 작품에서 인생의 당위적 진실을 미래 완료적으로 예견한 것은, 앞으로 헤쳐 나아가야 할 주변 세계에 대한 불안에서 비롯된 방어기제의 일종인 "고착"의 증상을 드러내는 일종의 수동적인 행동양식이다. 예이츠의 「행복한 목동의 노래」("The Song of the Happy Shepherd")에서 우리는 이 점을 살펴 볼 수 있다.

그리고 나는 여전히 그[목신(牧神)]가 풀을 밟고,
이슬 속을 유령처럼 걸으며,
나의 노래에 감동 받은 모습을 꿈꾼다,
나의 노래는 지난 세상의 꿈 많은 청춘의 찬가:
그러나 오! 세상은 이제 꿈꾸지 않는다; 그대 꿈을 꾸시오!
이마 위의 양귀비는 미인을 위한 것이다:
꿈꾸시오, 꿈을, 이 또한 진실이니.

And still I dream he[the shepherd] treads the lawn,
Walking ghostly in the dew,
Pierced by my glad singing through,
My songs of old earth's dreamy youth;
But ah! she dreams not now; dream thou!
For fair are poppies on the brow:
Dream, dream, for this is also sooth. (*CP* 8)

이 작품에서 시인이 라파엘 전파의 형식을 빌어 자연에 대한 구체성을 향수하여 그것을 포착하려는 것은(Gilbert 17), 개성화 과정에서 점차 이드와 에고와의 분화를 의식하는 것으로 꿈과 현실이 혼재된 상황에서 후자를 향해 나아가려는 시도를 의미한다. 그러나 세상을 향한 유아의 개성화의 행진은 앞으로의 삶의 전개에 대한 불안으로 말미암아 현재에 머물려하는 "고착"의 증상을 보인다. 이는 이 작품에서 주변의 상황에 대한 시인의 미미한 대응과 자족적이며 수동적인 태도에서 감지된다.

우리가 여기서 주목하는 것은 시적 화자의 퇴행적인 관점인데 이는 "목신"이 "꿈" 속에 나타나는 원초적인 정서가 현실을 일탈하기 때문이며, 결국 "세상"의 객관적인 구조 속에 포섭되는 인간의 운명에 대한 강한 거부의 표명은 "그대 꿈을 꾸시오!"라는 주관적인 환상으로 나아간다. 그러나 "꿈"도 현실과 함께 우리의 삶을 구성하는 한 축으로 삶의 전체성에 속하는 "진실"일 수밖에 없을 것이라고 시인은 희미한 인식으로 말한다. 그러나 이 꿈은 "세상"의 "꿈"이 아니라 "그대"의 "꿈"이다: "세상은 이제 꿈꾸지 않는다; 그대 꿈을 꾸시오!" 이렇듯 전자와 후자는 이율배반적이다. 전자의 구도를 따르면 냉혹한 자연주의적 원리가 적용되고 후자에 의지하면 유아론적 낭만주의에 감금되어 세상에서 유폐된다. 시적 화자의 이러한 갈등을 암시하는 이분법적인 구도를 보다 명확하게 하는 시행이 이어진다: "이마 위의 양귀비는 미인을 위한 것이다." 그것은 "양귀비"와 "미인"의 대비에서 전자를 세상의 물상으로 후자를 이에 대항하는 인간으로 볼 때 시적 화자가 전자를 후자의 선택 대상으로 삼기 때문이다. 이처럼 세상사에 무심하고 자아 속에 몰입하려는 시인의 태도는 대상에 대한 리비도의 투사(projection)를 중지하거나 철회한다는 점에서 지극히 자기-성애적(auto-erotic)이다. 그러므로 이 작품에서는 사회적 존재가 되기 위한 시인의 갈등이 "고착"의 증상을 통해 나타난다.

프로이트 이론의 첫 번째 단계는 고전적인 심리 치료양식인 전기요법(electrotherapy)대신 최면술(hypnosis)의 적용이며, 이는 그의 선배이자 동료인 조셉 브로이어(Joseph Breuer)에 의해 "안나 오"(Anna O)의 사례[3]에 적용된다. 여기서 그는 장애의 원인들이 마음속에서 사라진 것이 아니라 동기화된 언어와 행동을 통해 오히려 분출되고 있음을 발견한다(Isbister 58-59). 이것은 독일의 마이어(Julius Robert von Meyer)가 발견한 열역학 제1법칙인 에너지 보존의 법칙을 일반화한 헬름홀쯔(Herman Ludwig Ferdinand von Helmholtz)의 영향을 받아 프로이트가 심리에 적용한 정신 에너지 보존의 법칙과 연관된다. 이러한 계기로 인해 프로이트는 고통을 방어하는 인간의 정신 구조에 대해 주목했다. 그는 마음에 억압된 정신 에너지를 방어라고 했다가 나중에 억압이라고 명했다. 이는 사실 정신분석학의 이론적 토대이며, 프로이트는 이를 하나의 전제가 아니라 일종의 발견이라고 중시했다.

당시 브로이어는 최면 상태와 깨어 있는 상태 사이에 대화의 부재가

---

[3] 이는 히스테리에 대한 분석의 사례로서, 엄격한 가정에서 성장한 "안나 O"는 일정한 간격으로 몽상에 빠지곤 했는데, 이 증세는 그녀의 아버지의 병세가 악화되면서 시작되었다. 이때 브로이어는 최면을 활용하여 그녀의 증세에 대한 최초의 기억을 상기시켜 그 근원을 밝히려 했다. 이것이 "담화 요법"(talking cure)의 최초 적용사례가 되었다(바니에 21-22).

존재한다고 보았지만, 프로이트는 정신적인 내용물들이 현실에서 증상으로 표출됨을 직시하고 이에 대한 예로 실언, 농담, 꿈을 든다. 다시 말해 프로이트는 의식이 무의식과 무관한 것이 아니라 상호 연관된다고 보았다. 그는 장-마르틴 샤르코(Jean-Martin Charcot)의 지도를 받아 히스테리를 연구하며, 이 증상이 생식기와 상당한 연관이 있으며 신경적인 것이 아니라 심리적인 것이라고 보았는데, 이를 결정하는 주 요소는 심리적 외상, 애정의 갈등, 성욕의 방해이다(Caper 7-9). 이로 인해 프로이트의 원리가 "범-성욕설"(pan-sexualism)로 확산되는 계기가 된다. 그는 이 증상이 사실상 유혹의 결과이며 그 배후가 되는 고통스런 기억을 환기시키는 심적 정화 작용인 카타르시스와 함께 소멸된다고 보았다. 이 내용은 프로이트가 브로이어와 함께 저술한 『히스테리적 현상의 정신적 기제에 대해서』(*On the Psychical Mechanism of Hysterical Phenomenon*)와 『히스테리에 관한 연구』(*Studies on Hysteria*)에 수록되어 있다. 여기서 프로이트는 심리 장애가 고통스런 현실에 내재되어 영향을 준다고 확신했다. 그 뒤에 등장한 『방어의 정신병』(*The Psychoses of Defence*)은 본격적인 정신분석학의 소개로 이해할 수 있다.

그러나 그의 첫 번째 정신분석학의 단계는 유아의 유혹이론에서 환상 이론으로 나아갈 때 갱신된다. 이는 그가 피분석자의 임상에서 환상에 의해 전개되는 상황으로 연구 방향의 초점을 전환했음을 의미한다. 프로이트는 이 단계에서 주로 욕동(drive)과 연관된 증상의 탐구에 치중했으며, 이 시기(1900-1914)를 이드 심리학(id-psychology)의 시기로 명한다. 두 번째 단계에서 프로이트는 최면술의 임상을 포기하고 자유 연상을 도입한다. 이는 피분석자가 의식적 검열없이 마음에 환기되는 내용을 분석가에게 이야기하고 이때 분석가는 이를 해독하여 그 의미를 피분석자에게 전해준다(Hoffman 7-8). 이것이 치료적 개입이자 소위 정신 분석이며, 정통적 정신 분석학의 실천이다. 의식적 검열이 자발적으로 중단되면 내적인 저항이 감소하고 따라서 억압된 내용들이 자연스럽게 의식에 부상하게 된다는 것이 자유 연상의 원리인데, 이 원리는 "도라"(Dora)의 사례[4])에서 최초로 적용된다. 분석가들은 의식에 부상한 고통스런 기억의 파편들을 모아 그 전체적인 의미를 구성한다. 여기에 등장하는 개념들이 방어와 저항이며, 피분석자가 분석가의 권위와 통찰에 의존하는 전이이다. "자유 연상"은 꿈의 분석의 핵심적인 원리로 『꿈의 해석』(Interpretation of Dreams)의 이론적 토대가 된다. 이때 갈등의 원천으로서의 성욕(sexuality)이 등장하는데 이것은 애정과 육체적인 쾌락을 포함하는 심리-성적인(psycho-sexual)것이다.

프로이트가 심리적 배경에 마음의 원리를 설정한 것은 당시에 풍미했던 인간에 관한 생물학적 분석의 경향에서 탈피한 것이다. 그의 "대화 요법"(talking cure)은 정신분석학의 치료 양식에서 일반 과학의 양식으로 점차 확산된다. 이 두 번째 단계는 1897년에 시작하여 1923년에 끝난다. 여기서 프로이트는 본능에 대해서뿐만 아니라 방어적/억압적/역동적인 정신 에너지의 원리를 탐구하여, 이를 기초로 인간의 정신을 세 종류로 구분한다. 그것은 본능적 자아인 "이드"(Id), 사회적 자아인 "에고"(ego), 자아 이상 혹은 윤리적 자아인 "초자아"(super-ego)이다. 이 정신의 지형학에서 사회 형성과 확립에 기여하는 것이 "초자아"인데 일종의 자기의 욕망을 제어하는 내면의 타자이다. 이에 대한 의미를 예이츠의 「신에 의지하는 인도인」("The Indian upon God")에서 살펴 볼 수 있다. 이 작품은 그 제명에서 알 수 있듯이 동양적인 정서를 담고 있으며, 시적 화자는 자신의 의지보다 자연에 운명을 맡긴다. 이와 관련하여 예이츠가 인도의 시성(詩聖)인 타고르(Tagore)와 교분을 가지고 『기탄잘리』(Gitanjali)에 대한 서문을 작성한 적이 있음을 상기할 수 있다.

> 좀더 지나가다 나는 연꽃이 말하는 소리를 들었다:
> 세상을 만들었고 통치하는, 그분이 줄기에 매달려 있으시다,
> 내가 그의 형상대로 만들어지므로, 소리내는 이 모든 물결은
> 다만 그의 꽃잎 사이에 떨어지는 빗방울일 뿐.

---

4) 이는 히스테리의 증상을 보이는 18세 소녀인 "도라"에 대한 임상이며, 그 원인은 남성의 부재로 인한 생리적인 것으로 치료과정에서 그녀는 남성에 대한 환상과 동경을 프로이트에게 투사한다.

I passed a little further on and heard a lotus talk:
Who made the world and ruleth it, He hangeth on a stalk,
For I am in His image made, and all this tinkling tide
Is but a sliding drop of rain between His petals wide. (*CP* 15)

사물의 분별이나 경계와 같은 차이의 의식을 극복한 초월적 주체로서 "그 분"의 존재는 인간 사회에서 야기되는 동성이나 이성간의 갈등이나 대립을 중재하는 중성적 인격체로서 파괴적인 본능을 적절히 조절하고 죽음의 본능에 대해 합목적적 이상을 제시하는 초자아로 기능한다. "연꽃"은 자연과 신의 메시지를 이해하는 신비스런 존재로 나타나지만, 인간은 "연꽃"의 소리를 통해서 그 의미를 해석하는 열등한 존재로 나타난다. 신의 의지와 "그의 형상"대로 창조된 인간은 "소리내는 물결"이 암시하는 인생의 풍파가 "꽃잎" 사이에 떨어지는 "빗방울"에 불과함을 모른다. 그것은 자신을 창조한 신에 대한 인간의 불신의 탓이며, 바다가 두려워 바다 위를 걸어 보라는 예수의 명령에 주저하는 믿음이 약한 제자의 예와 같다. 이와 같이 시인이 신의 관점을 우리에게 제시하는 것은 개성화의 과정에서 야기되는 인간사의 대립과 갈등을 피하려는 초월적인 관점이며, 현실에 대한 하나의 방어기제가 된다. 따라서 신과 같은 존재로서의 시적 화자는 세상의 풍파를 전혀 의식할 필요가 없다. 그러나 이것은 세상사에 대한 에고적 대응이 종식되는 것, 다시 말해 삶의 목표 혹은 영원의 제물이 되는 역설적인 죽음의 본능을 함축한다.

세 번째 단계(1900-1923)의 정신분석학의 원리는 조직적/이론적/임상적으로 확산되어 갔다. 이때 프로이트는 병리적으로 억압된 기억들이 실상은 현실의 사건에서 비롯된 것이 아니라 환상이라는 것에 주목하고 충격을 받는다. 여기서 단순히 유아 성욕의 차원이 아닌 유아의 주관적인 체험의 범위가 열린다. 히스테리와 성적 요소의 관련성에 관한 그의 주장은 당시 비엔나 학계로부터 부정적인 평가를 받았으나, 『꿈의 해석』과 『농담과 무의식에 대한 그것의 관계』(*Jokes and their Relation to the Unconscious*)를 발표하자, 비로소 학계는 그의 존재를 인정하기 시작했다. 무의식의 사고 과정은 의식의 경계에 의해 차단되어 의식이 깨인 상태에서는 그것을 알 수 없는 꿈꾸는 상태에서 그 비밀들을 생산한다. 이를 다루는 『꿈의 해석』에서 프로이트는 꿈의 보편적인 경향을 연구하여 "압축"(condensation)과 "전위"(displacement)라는 두 원리를 발견한다. 꿈은 명백한 논리가 배제되는 비 논리의 공간이므로, 시, 신화, 주술, 신비의 언어나 문법이며, 일차적 의식 과정에 해당된다. 이는 논리의 법칙에 의해 좌우되어 "현실원리"를 준수하는 이차적 과정인 현실과 대립된다. 그러나 꿈은 현실에 이루지 못하는 "소망-성취"(wish-fulfillment)라는 프로이트의 언명에 따라 자연발생적인 것이 아니라 현실이 억압되어 발생하는 것이므로 꿈은 어디까지나 현실에 근거한다. 따라서 우리는 언제나 현실 속에서 현실 밖을 꿈꾼다. 이러한 점을 예이츠의 「도둑맞은 아이」("The Stolen Child")에서 살펴볼 수 있다.

> 글렌-카 골짜기 언덕으로부터
> 여기 저기 물이 솟아 흐르는 곳,
> 별 하나 목욕 못하는
> 골풀 우거진 웅덩이 속에서
> 잠자는 송어들을 찾아내어,
> 그들의 귀에 속삭이며
> 불길한 꿈을 안겨 준다;
> 새로이 흐르는 시냇물 위에
> 눈물 방울 흘리는
> 양치류에 조용히 기대어.
> 오, 아이야, 떠나자!
> 요정과 손잡고
> 저 거친 들과 호숫가로.
> 네가 이해할 수 있는 것 보다 더 많은 슬픔에 찬 세상이기에.
>
> Where the wandering water gushes
> From the hills above Glen-Car,
> In pools among the rushes
> That scarce could bathe a star,

> We seek for slumbering trout
> And whispering in their ears
> Give them unquiet dreams;
> Leaning softly out
> From ferns that drop theirs tears
> Over the young streams.
> *Come way O human child!*
> *To the waters and the wild*
> *With a faery, hand in hand,*
> *For the world's more full of weeping than you*
> *can understand.* (CP 21)

"잠자는 송어"들에게 "불길한 꿈"의 동기는 아마 "웅덩이" 밖의 세상에 대한 기대와 그로 인한 불안일 것이다. 그러나 순진한 "송어"들은 "그들의 귀에 속삭이며 불길한 꿈을 안겨 준다"에서 나타나듯이 그들이 존재하는 "웅덩이"라는 현실에 기대어 꿈을 꾼다. 그것은 현실이 우리의 꿈들을 투사하는 스크린이자 우리의 꿈을 주워 담는 그릇이기 때문이다. 우리의 꿈은 꿈의 논리가 아닌 현실의 논리에 따라 조절될 수밖에 없을 것이며, 이의 부정은 곧 세상이라는 무대에서의 퇴장을 의미한다. 따라서 꿈조차 우리의 소망을 완전히 해소하지 못하므로 "새로이 흐르는 시냇물 위에 눈물 방울 흘리는 양치류에 조용히 기대어"에서 암시되는 정서는 "네가 이해할 수 있는 것보다 더 많은 슬픔에 찬 세상"에서 알 수 있는 우리의 암울한 상황을 대변해 준다. 이때 "요정"은 "아이"의 개성화를 저해하는 모성적인 요소로서 자신의 일부인 "아이"를 세상에 빼앗기지 않으려는 간절한 모성적 욕망을 상징한다.

프로이트는 『쾌락의 원리를 넘어서』(*Beyond the Pleasure Principle*)에서 "반복 충동"(repetition-compulsion)을 중점적으로 다루었으며, 『에고와 이드』(*The Ego and the Id*)에서 정신분석의 자아 양상을 보여 주었다. 에고는 사회적 현실을 고려하여 욕동과 양심 사이를 중재한다. 여기서 그는 에고에 상응하는 주체의 특성과 진화과정을 다루었으며, 이는 "대상 관계"(object-relation)이론의 초석이 되었다. 에고는 이드의 활동을 통제하려다 오히려 전복될 수 있는데, 그것은 에고가 이드라는 말의 고삐를 쥐고는 있으나 오히려 이드에 의해 심히 동요된다는 것이다. 그러나 이드에 대한 에고의 이 수동적인 역할은 수정된다. 그것은 프로이트가 『금지, 증상 그리고 불안』(*Inhibitions, Symptoms and Anxiety*)에서 에고는 불안을 심리적 이상 신호로 보아 방어를 개시하며 수동적으로 체험된 불안이 역동적인 기대 혹은 예상으로 변환된다고 보았기 때문이다(Isbister 239-40). 이러한 점에서 에고는 사회적 차원에서 이드의 쾌락원리를 이용함과 동시에 방어기제를 통하여 현실원리와 연관된다. 이에 어머니와의 관계를 지속하려는 쾌락원리를 배후에 두고 아버지와의 관계를 정립하는 현실원리를 전면에 내세우며 갈등하는 외디푸스의 의식적 실천을 통해 더욱 모성을 그리워하게 된다.

삶의 희미한 의식 속에서 그 윤곽을 점차 명료하게 내재화시켜 자율적인 주체로 거듭나는 것은, 모자 합일의 원초적인 관계를 청산하는 일이며, 이 관계를 사회적인 관계로 전환시키는 문화적인 수단인 외디푸스 콤플렉스는 가부장적 억압기제의 목표에 부합하는 일이다. 그러나 이러한 불가피한 통과의례에서 유아의 방어기제는 대개 억압이나 "승화"(sublimation)로 나타난다. 이렇듯 모성적 공간을 떠나 사회 속에서 자아를 의식하는 인간의 운명이 예이츠의 「슬픈 목동」("The Sad Shepherd")에서 나타난다.

> 그러자 슬픔이 친구라고 부르는 사나이는
> 소리쳤다, *침침한 바다여, 나의 슬픈 이야기를 들어라!*
> 바다는 밀려와 여전히 소리 쳤다,
> 언덕을 따라 꿈속에서 구르면서.
>
> And then the man whom Sorrow named his friend
> Cried out, *dim sea, hear my most piteous story!*
> The sea swept on and cried her old cry still,
> Rolling along in dreams from hill to hill. (*CP* 9)

"바다"와 "나"의 이분법적 구도에서 "나의 슬픈 이야기"가 "바다"의 파도 속에 파묻히는 것은 우리의 주관적인 현실이 객관적인 세상을 암시하는 거대한 "바다"의 구도 속에 함몰됨을 의미한다. 따라서 우리의 고단한 인생이 함축된 "슬픈 이야기"는 세상과 유리된 채 자아 속에 유폐된 진실일 뿐이다. "나"와 타자들과의 "대상 관계"를 설정하는 "침침한 바다"의 풍경은 괴로운 "꿈"의 동기가 되어 "나"에게 "슬픔"을 준다. 이처럼 모성적 자아인 "행복한 목동"은 앞으로 전개될 부성적 자아의 세상인 흉흉한 "바다"의 고난을 의식할 때 방어적일 수밖에 없어 자아 속에 유폐된 "슬픈 목동"이 된다.

유아의 개성화 과정에서 리비도의 안배나 조절을 위해 동원되는 도덕률은 방어적 내재화(defensive internalization)이자 부모와의 동일시로서, "자아 이상"(ego-ideal)과 초자아와 연관된다. 이는 외디푸스 콤플렉스에서 야기되는 이성의 갈등을 완화하는 양성(bisexuality)으로의 전환을 의미하는 인간 본질의 도덕적인 정신 형성물이다(Caper 127). 따라서 에고는 이드의 본능적인 요구와 초자아의 엄격한 도덕적인 제약과 현실 사이를 중재해야 할 교량적 임무가 막중하다. 그러나 이드와 초자아 사이를 중재하는 에고의 기능장애로 말미암아 발생하는 것이 심리적 이상 징후인 "정신병"(psychosis)과 "신경증"(neurosis)이다.[5] 결국 우리의 개성화는 사회 인식의 거부인 비정상적 정신병에서 사회 인식의 수용인 정상적인 신경증으로 나아간다.

2.2 리비도의 승화

프로이트가 보기에 예술은 인간의 본능을 억압한 대가로 주어지는 것이다. 다시 말해 성적인 정신 에너지를 비-성적인 정신 에너지로 교환하여

---

[5] 전자는 인간이 세상과 완전히 별개의 의식을 유지할 때 생기는 유아적 인식이며, 후자는 인간이 세상과 의식적으로 교류할 때 발생하는 성인의식의 분열이며 갈등의 증상이다(Lemaire 227-31).

얻은 결과물이 예술이며, 이것이 리비도의 이성적 변형, 다시 말해 "승화"의 과정이다.

> 문명과 공조하는 육체의 점진적인 은폐는 성적 대상을 깨어있게 한다. 이 호기심은 그 숨겨진 부분들을 드러냄으로써 성적인 대상을 완성하려한다. 그러나, 그것은 그 관심이 생식기에서 벗어나 하나의 전체로서의 몸의 형상으로 옮겨진다면 예술의 방향으로 전환('승화')될 수 있을 것이다. 대부분의 일반인들의 경우 몸에 성적인 기미를 띤 시선의 중재적인 성적 목적을 넘어 어느 정도 음미하는 것이 일반적이다; 참으로, 이것은 그들에게 리비도의 어떤 부분을 보다 높은 예술적 목적들로 향하게 하는 가능성을 제공한다.
>
> The progressive concealment of the body which goes along with civilization keeps sexual object awake. This curiosity seeks to complete the sexual object by revealing its hidden parts. It can, however, be diverted ('sublimated') in the direction of art, if its interest can be shifted away from the genitals on to the shape of the body as a whole. It is usual for most normal people to linger to some extent over the intermediate sexual aim of a looking that has a sexual tinge to it; indeed, this offer them a possibility of directing some proportion of their libido on to higher artistic aims. (*Freud Vol.* 7 156-57)

프로이트는 리비도가 "생식기"에 편중됨을 떠나 "몸"의 전반으로 확산되어야 하며, "시선"이 성욕을 매개하지만 그것을 통해 일어나는 미적인 반응이 예술로 "승화"될 수 있음을 말한다. 이때 리비도는 유연한 능력을 보여주며, 예술은 "승화"된 리비도의 대상이 된다. 따라서 리비도의 변형된 산물로서의 예술 작품의 분석은 그 원천이 되는 무의식의 통로가 되는 꿈의 해석을 통해 시도된다.

『농담과 무의식에 대한 그것의 관계』에서 프로이트는 농담이 꿈과 같은 기능을 수행한다고 본다(Isbister 140-42). 그것은 표현된 농담의 이면에 자리하는 농담의 잉여된 의미 때문이다. 그러나 농담은 꿈과 달리 사회적 기능을 수행하며, 우선 상대방을 필요로 한다. 농담과 마찬가지로 유머,

풍자 또한 인간의 억압된 본능, 즉 성욕과 공격성을 우회적으로 드러낸다. 문명권에서 원초적인 정서들이 직접적으로 표현되지 않는 이유는 상호간의 질서를 보호하여 원만한 공동체를 유지하기 위함이다. 이에 농담은 본능의 상충으로 인한 문명 파괴라는 비극을 방지하는 중요한 의사 소통의 방법이다.6)

농담에 대한 프로이트의 연구는 농담을 통한 욕망의 해소나 금지의 제거를 통해 즐거움을 느낄 수 있다는 것이다. 삶이 우리에게 주는 억압의 고통에 대해 정면으로 맞선다면 우리에게 억압의 반작용, 즉 불쾌감만 돌아 올 뿐이다(밀네르 126). 그래서 우리는 농담을 통해 우리에게 가해지는 삶의 무게를 덜고 욕망의 요구에 답하여 욕망을 달랜다. 다시 말해, 농담은 억압을 유지하고 리비도의 집중에 저항하는 "항-카텍시스"(anti-cathexis)의 에너지를 배출함으로써 이 배출에 수반되는 쾌락을 제공한다. 이는 욕망의 의식적 수준에서의 수용과 절충을 보여준다. 이렇듯 농담은 욕망의 분출을 가로막는 주위 환경에 대한 방어기제로 작용하여 성인들의 원만한 사회생활에 조력한다. 또 농담은 우리들의 현실을 아이의 심적 상태로 일시 전환시켜 언어를 마치 장난감처럼 객관화시키므로 우리들에게 즐거움을 준다. 따라서 농담은 문명인들의 욕망과 그 공격성을 은폐하는 "대체 만족"(substitute-gratification)의 수단으로 그들이 사회에서 불가피하게 겪는 금지의 체험들을 간접적으로 배설하여 무의식적 공격성의 수위를 조절하게 한다.

또 『백일몽에 대한 시인의 관계』(*The Relation of the Poet to Daydreaming*)에서 프로이트는 모든 이들의 마음속에 억압된 금지된 주제들을 잘 위장하여 묘사하는 것이 창조적인 시인의 능력이며, 무의식에 가까운 의식상태의 하나인 백일몽은 일상의 결속으로부터 시인을 해방시켜 아이처럼 자유 분방하게 세계의 새로운 질서를 추구하는 공간이 된다(밀

---

6) 프로이트는 농담을 4가지로 구분한다: 외설적인 농담(obscene jokes), 공격적인 농담(aggressive jokes), 냉소적인 농담(cynical jokes), 회의적 농담(skeptic jokes)(*Freud Vol. 8* 115).

네르 130-31)고 본다. 이때 시인의 백일몽은 현실과 유리된 일반적 관습과 상식을 초월하는 새로운 차원의 세계이다. 이는 흡사 주변의 기대와 염려와는 상관없이 자신의 놀이에 몰두하는 아이의 상황과 같다. 이러한 시인과 아이의 심적 상태에 대한 상사(相似)적 관련성에 대해 프로이트는 다음과 같이 말한다.

> 우리는 어린 시절처럼 조기에 상상적 활동의 첫 흔적들을 찾지 않는가? 아이의 가장 사랑스런 강렬한 집중이 그의 놀이와 게임에 투기된다. 놀이에 몰두하는 모든 아이는 창조적인 작가처럼 행동하는데, 그것은 아이가 자신의 고유한 세계를 창조하거나 자신을 즐겁게 하는 새로운 방법으로 세상의 사물들을 재배치한다는 점에서라고 말할 수 있지 않을까? 아이가 세상을 진지하게 다루지 않는다고 생각하는 것은 틀릴 수 있다; 오히려 아이는 놀이에 진지하고 그것에 상당한 양의 감정을 소모한다.
>
> Should we not look for the first traces of imaginative activity as early as in childhood? The child's best-loved and most intense occupation is with his play or games. Might we not say that every child at play behaves like a creative writer, in that he creates a world of his own, or, rather, rearranges the things of his world in a new way which pleases him? It would be wrong to think he does not take that world seriously; on the contrary, he takes his play very seriously and he expends large amounts of emotion to it. (Kurzweil 25)

시인은 아이처럼 독자의 의식에 의해 격퇴되는 순수한 수준의 무의식적 소망이나 충동을 작품에 재현하고 독자가 그 환상의 재현물을 즐길 수 있도록 허용한다. 따라서 시인과 아이는 여러 문화적 기제들에 의해 억제된 우리의 무의식적 소망과 욕망을 대신 해 줌으로써 우리의 갈등을 완화시켜 준다. 이것이 시인의 실용적인 사명인데 이와 관련하여 우리가 상기할 수 있는 원리가 공포와 연민(fear and pity)을 통한 감정의 정화를 의미하는 소위 카타르시스론이다.7) 그러나 백일몽은 현실의 억압이며, 다시 말해 이는 현실의 소망에 대한 간접적인 성취가능성을 타진하는 공상이다.

현실에서 충족되지 못한 성인들의 소망들은 공상의 동인이며, 개개인의 공상은 불만의 현실에 대한 보상이다. 이 잉여되는 소망들은 현실을 지탱하는 힘이며, 이를 대체하는 개개인의 공상은 불만의 현실에 대한 하나의 해방구가 된다. 공상은 대부분 현재의 상황에 대한 상상적 해결이나 도피를 모색하고, 과거의 역사와 연결되어 현실을 진단하는 수단이다. 이는 어린 시절로 퇴행하기도 하고 현실을 선행하기도 한다. 이와 같이 백일몽은 현실과 상당히 유리된다는 점에서 꿈과 같다. 억압되어 무의식에 갇힌 소망들이 왜곡된 모습으로 우리에게 다가오고 우리는 꿈에 유혹된다. 이 꿈은 사실적인 재현의 지시적 형태가 아니라 상징적인 모습으로 등장한다. 따라서 꿈은 각가지 억측이 난무하는 "오독"(misreading)의 진원지가 된다는 점에서 포스트모더니즘적 글읽기의 모범적인 양식이 된다.

꿈의 해석 사례들에 대해서 우리는 우선 성경을 참조할 수 있다. 예를 들면, 고대 바빌로니아 인들은 같은 지역의 유대인들을 꿈을 잘 해석하는 전문가들로 보아 존중했다. 이의 사례로, 구약성서의 다니엘(Daniel)서에 보면, 기원전 6세기경에 신 바빌론 제국의 왕인 느부갓네살(Nebuchadnezzar)이 유대 선지자인 다니엘을 불러 자신의 꿈을 해석하도록 했다. 그 결과 다니엘은 왕이 7년 간 광기에 시달릴 것임을 예언했으며 이는 나중에 적중했다. 또 창세기(Genesis)에서, 형제들의 농간에 휘말려 이집트에 노예로 팔려온 요셉은 7년의 풍년과 7년의 흉작을 예시하는 파라오의 꿈을 정확하게 해석하여 높은 권세를 누렸다. 이는 결국 꿈이 현실과 무관하지 않다는 증거이며, 전자는 후자의 기원이자 후자는 전자의 동기가 된다.

꿈이 우리에게 인지되기 위하여 말/글이라는 이차적인 수단을 동원함으로서 꿈은 문학과 접선한다. 일반적으로 꿈은 "현시몽"(manifest dream)과 "잠재몽"(latent dream)으로 구분되는데, 전자는 드러난 것이며, 후자는 감추어진 것이다. 이를 문학에 적용하면 전자는 텍스트의 표층구조이며,

---

7) 아리스토텔레스는 비극이 대중에게 미치는 특이한 심리적 효과를 묘사하기 위해 이 개념을 소개했는데, 이는 억압된 무의식의 에너지의 배설을 통한 자아의 회복을 목표한다.

후자는 그것의 감추어진 의미로 볼 수 있다. 또 꿈은 현실을 압축하고, 전위함으로써 현실을 수사적인 장치, 즉 은유와 환유로 왜곡하는 텍스트와 동일하다. 이 점이 문학과 정신분석학의 교류 가능성이며, 문학 텍스트에 대한 프로이트의 해석은 문학에 대한 정신분석학적 적용의 전범(典範)으로서 중요한 의미가 있다.

프로이트는 『꿈의 해석』에서 정신분석학적 통찰이 서구 문학의 고전들을 해석할 수 있는 하나의 새로운 방법이라고 주장한다. 그는 특히 『햄릿』의 비극과 소포클레스(Sophocles)의 『외디푸스 왕』의 비극과의 차이에 대해 다음과 같이 분석한다.

> 비극 시의 가장 위대한 또 하나의 작품인 셰익스피어의 『햄릿』은 『외디푸스 왕』과 같은 토양 속에 근거한다. 그러나 같은 제재의 변화된 취급은 상당한 간격이 있는 이 두 문명 시기의 정신 생활에서 전적인 차이 — 인류의 정서 생활에서 억압의 세속적 진전 — 를 드러낸다. 『외디푸스 왕』에서, 내재하는 아이의 소망적 환상은 그것이 꿈인 것처럼 공공연하게 실현된다. 『햄릿』에서는 그것이 억압된다; 그리고 — 신경증의 경우와 같이 — 우리는 단지 그것이 금하는 결과들로부터 그것의 존재에 대해 안다.

> Another of the great creations of tragic poetry, Shakespeare's *Hamlet*, has its root in the same soil as *Oedipus Rex*. But the changed treatment of the same material reveals the whole difference in the mental life of these two widely separated epochs of civilization: the secular advance of repression in the emotional life of mankind. In the *Oedipus* the child's wishful phantasy that underlies it is brought into the open and realized as it would be in a dream. In *Hamlet* it remains repressed; and — just as in the case of a neurosis — we only learn of its existence from its inhibiting consequences. (*Freud Vol.* 4 264)

그는 이 두 비극의 차이가 문화화의 정도에 관한 것이라고 본다. 그것은 『외디푸스 왕』의 경우, 당시 사회적 억압의 정도가 햄릿의 시대보다 덜하였기 때문에 "부친살해"(patricide)의 비극이 실행되었으나, 『햄릿』의 경우,

당시 "억압의 세속적 진전"인 문화화로 인하여 "부친살해"라는 터부(taboo)에 관한 인식이 강화되어 그 비극이 실행되지 못하고 억압되었다는 것이다. 따라서 프로이트는 "부친살해"의 비극이 "금지하는 결과들"로 인해 우리의 "신경증"으로 잔존한다고 본다. 그러니까 햄릿은 외디푸스에 비해 일반적으로 "부친살해"의 죄를 금하는 문화적 억압 때문에 행동이 제약되고 마비된다. 이렇듯 프로이트는 『햄릿』에 대해 그때까지 구축된 고정관념들을 해체했다.

이 작품에 대한 그간의 논의들은 주로 삼촌인 부왕에 대한 햄릿의 복수 지연과 그 부왕과 여왕인 어머니사이에서 고뇌하는 햄릿의 방황, 그리고 햄릿의 우유부단한 성격에 관한 것이었다. 프로이트가 보기에, 복수의 동기가 되는 아버지를 죽인 삼촌의 행위는 원래 햄릿에게 잠재된 "부친살해"의 욕망과 같은 것이기 때문에 결과적으로 삼촌은 햄릿을 대신하여 외디푸스적 과업을 제대로 수행한 셈이 된다. 이와 관련하여 프로이트는 다음과 같이 말한다.

> 그러면, 그의 아버지 유령에 의해 그에게 부과된 과업을 방해하는 것은 무엇인가? 그 해답은, 새삼, 그것이 그 과업의 특수한 본질인 것이다. 햄릿은 어떤 일이라도 할 수 있다 ─ 그의 아버지를 죽이고 그의 어머니와 함께 그의 아버지의 자리를 차지한 자와 그의 어린 시절에 억압된 소망의 실현을 그에게 보여 준 자에 대한 복수를 제외하고. 그러므로 그[삼촌]를 보복하도록 충동하는 혐오감이 그[햄릿]의 내부에서 자책으로, 그 자신[햄릿]이 자기가 처벌해야 할 죄인보다 문자 그대로 더 나을 것이 없음을 상기시켜 주는 양심의 가책으로 대체된다.

> What is it, then, that inhibits him in fulfilling the task set him by his father's ghost? The answer, once again, is that it is the peculiar nature of the task. Hamlet is able to do anything ─ except take vengeance on the man who did away with his father and took that father's place with his mother, the man who shows him the repressed wishes of his own childhood realized. Thus the loathing which should drive him on to revenge is replaced in him by

> self-reproaches, by scruples of conscience, which remind him that he himself is literally no better than the sinner whom he is to punish. (*Freud Vol.* 4 265)

외디푸스의 경우처럼 햄릿에게도 태어나기 전에 이미 부여된 "부친살해"라는 숙명적인 신탁이 부여된다. 여기서 프로이트는 이 저주의 신탁이 실천되지 않도록 햄릿이 제도적인 방어기제들에 의해 엄청난 억압을 받아 왔으나 삼촌이 이를 대신 수행했으니 햄릿의 유아기적 소망은 간접적으로 실현된 셈이며, 삼촌과 여왕인 어머니의 관계는 정당하다는 것이다. 결국 삼촌은 햄릿의 "대리 자아"(alter-ego)이며, 삼촌과 햄릿의 입장이 동일시 된다. 이러한 점에서 우리는 『햄릿』을 통해 어머니와의 일체화를 저지하는 아버지에 대한 살해를 음모하는 아들의 숙명을 공유하고 이 작품은 역사를 초월한 공시적 보편성을 확보한다.

『맥베스』(*Macbeth*)에 대한 프로이트의 해석은 주로 맥베스의 부인과 그녀에 의해 조종되는 맥베스 장군에 관해서 집중된다. 이때 전자는 후자에 대해 모성적인 힘을 행사하고, 후자는 전자에 예속된 유아의 입장에 선다. 이에 대한 프로이트의 설명은 참고할 만하다.

> 우리가 집요한 정력을 쏟아 분투한 후 성공이 이루어지자 파멸해 버리는 한 인물을 예로 선택한다면, 그 인물이 맥베스 부인이다. 예전에 그녀에게 동요도, 어떤 내적인 갈등의 징후도 없었으며, 그녀는 오로지 야망으로 가득 차 있으면서도 온화한 성품을 지닌 자기 남편의 근심을 없애 주는 일만을 추구했다. 그녀는 자신의 모성 마저 희생하고, 앞으로 범죄를 통해 얻어지는 자신의 야심에 찬 목표를 지키는 일이 일어날 때, 모성이 어떤 결정적인 역할을 하게될 지에 대한 고려를 하지 않고 살인을 의도한다.

> We may take as an example of a person who collapses on reaching success, after striving for it with single-minded energy, the figure of Shakespeare's lady Macbeth. Beforehand there is no hesitation, no sign of any internal conflict in her, no endeavor but that of overcoming the scruples of her ambitious and yet tender-minded

husband. She is ready to sacrifice even her womanliness must play when the question afterwards arises of preserving the aim of her ambition, which has attained through a crime. (*Freud Vol. 14* 318)

맥베스 부인은 아들과의 일체화를 시도하는 모성애를 발휘하고, 이에 부응하듯 맥베스는 모성과의 단절을 원하는 아버지를 살해한다. 이는 아들과 어머니와의 관계가 그만큼 절대적인 것이며 아버지의 차원인 현실 세계로의 이행에 대한 퇴행적인 저항이다. 따라서 맥베스의 부인은 자신과 맥베스와의 일체화를 방해하는 모든 신하들의 아버지 격인 덩컨(Duncan) 왕의 시해를 음모한다. 프로이트는 이에 대한 근거로 이 극의 1막 5장에 나오는 다음의 대사를 인용한다(*Freud Vol. 14* 318).

오라, 그대 정령들이여
그대들은 사람 죽일 생각을 하고, 여기서 나의 모성을 앗아간다
[...] 나의 가슴으로 오라,
내 젖을 먹고 쓴 담즙만 남겨라, 그대 살인을 돕는 자들이여!

Come, you spirits
That tend on mortal thoughts, unsex me here
[...] Come to my woman's breasts,
And take my milk for gall, you murdering ministers!

프로이트가 보기에 이 작품은 "부친살해"의 서사다. 아버지와 아들의 갈등은 끝없이 순환되며, 어머니는 거세된 자신의 남근을 보충하는 아들과의 일체화를 계속 도모한다. 일반적으로 아들은 유아 시절엔 수유와 일상의 신변관리를 위해 모정을, 청년기 이후 사회로의 진출을 위해 부득이 부정(父情)을 택하여야 하는 반-외디푸스적 경로를 이행해야 한다. 그러나 덩컨 왕의 살해는 모성과의 질긴 유대감을 계속 유지하기 위한 맥베스의 모성에 대한 강한 "고착"의 결과로 볼 수 있다. 따라서 프로이트는 "선량한 덩컨 왕의 살해는 부친살해와 같다"(The murder of the kindly Duncan is little else than parricide)(*Freud Vol. 14* 321)고 보았다. 이런 점에서

『맥베스』에 대한 프로이트의 해석은 맥베스의 퇴행적 성향에 주목하지만 나아가 셰익스피어의 모성 지향적인 성향과 중세 유럽의 남성 중심적 사회에 대한 페미니즘적 시각의 일부를 우리에게 암시한 것으로 볼 수 있다.

지금까지 리비도의 승화로 인해 구현된 문학 텍스트에 대한 프로이트의 분석 사례들은 문학이 프로이트의 정신분석학에 큰 기여를 했다는 점을 시사한다. 그는 꿈과 문학 텍스트를 동일시하여 꿈의 본질이 억압된 소망의 성취에 있듯이 문학 텍스트 또한 작가의 의식적인 꿈, 즉 공상의 표상으로 억압의 실현으로 본다. 그것은 프로이트가 어머니의 사랑을 경쟁하며 아버지의 질투와 다투는 아이의 갈등을 그리스 신화의 텍스트에 등장하는 외디푸스의 고민과 동일시하였고, 셰익스피어가 창조한 햄릿의 갈등과 맥베스의 살인도 이와 같은 것으로 생각했기 때문이다.

정신분석학은 문학 텍스트가 아닌 일상의 사소한 대화 속에 드러나는 대화자들의 억압된 무의식에 대해서도 주목한다. 꿈과 문학 텍스트와의 유사 관계에 대한 검토와 같이 의식적 차원에서 일상의 텍스트인 농담의 심리 분석을 통해 프로이트는 정신분석학의 적용 가능성을 확대한다. 이러한 점에서 꿈을 해석하는 정신분석학자가 "현시몽"의 배후로서 억압된 소망의 표상인 "잠재몽"의 진실을 밝혀야 하듯이, 정신분석학은 문학 텍스트의 후경(後景)화된 실체를 드러내는데 기여해야 한다.

결국 문학은 욕망의 현실적 재현이므로 문학과 정신분석학의 관계는 필연적일 수밖에 없다. 이와 관련하여 노먼 홀란드(Norman N. Holland)는 "그러나 문학 비평가로서 나는 아이 성장과 관련된 여러 리비도적 국면들의 독특한 환상에 대해 우리가 아는 것을 통하여 환상을 바라볼 것이다" (As a literary critic, though, I must prefer to look at the fantasies in literary works through what we know of the fantasies typical of the various libidinal phases associated with child development)(*Dynamics* 33)라고 말하여 문학 작품의 동기가 되는 "환상"이 심리적 결과물임을 밝힌다.

2.3 외디푸스 콤플렉스와 여성

프로이트 정신분석학에서 제기되는 문제는 정신분석학에 대한 페미니스트들의 비판적인 시각이다. 그것은 프로이트가 여성을 결핍된 존재, 즉 "남근 선망"(penis envy)의 열등한 대상으로 철저히 주변화시키고, 남아의 개성화를 위한 통과의례인 외디푸스 콤플렉스의 삼각 구도에서 여아를 배제하였기 때문이다. 이는 라캉이 말하는 외디푸스 콤플렉스의 이행의 단계에서 확인된다.

1. 아들은 자신을 어머니와 완전히 동일시하며, 무의식중에 어머니에게 결여되고 있는 것을 모두 완전하게 하고 싶어한다. 그러므로 그는 어머니의 욕망의 대상인 남근과 자신을 동일시함으로써, 자신을 단순한 공백으로 제시한다.
2. 아버지는 아이가 자신을 남근과 동일시하는 것과 어머니가 이를 수락할 가능성을 다 금한다. 따라서 아이는 '거세'로 자신을 위협하는 아버지의 법을 대하게 된다.
3. 그런 후 아이는 남근을 '가진'(실지 아무도 가질 수 없지만) 아버지와 자신을 동일시하고 앞으로 아버지의 자리를 차지할 존재로서 자기 자신의 정체성을 형성한다. 아이는 본래의 욕망을 억제하는 대신 법('현실원리')을 수용한다.

1. The male child identifies completely with the mother, and wishes, unconsciously, to complete everything lacking in her. He therefore identifies with the phallus, the object of his mother's desire, and in doing so presents himself as a mere blank.
2. The father forbids both the child's identification with the phallus and the mother's possible acceptance of this identification. Thus, the child encounters the Law of the Father which threatens him with 'castration'.
3. The child then identifies with the father, as he who 'has' the phallus(no one can actually have it), and forms a sense of his own identity as a being who will one day occupy the place of the father. The child represses his original desire and accepts instead the Law(what Freud calls the 'reality principle'). (Selden,

Contemporary 142)

이렇듯 구강과 항문을 주요 성징으로 삼는 모성지향의 "전-성기기" (pre-genital phase)에서 "대상 선택"이 가능한 "성기기"로 진입하는 과정인 외디푸스 콤플렉스의 이행 과정에서 여성은 부재하며, "아버지"와 "아들"에 의해 타자화된 여성은 역사적으로 확립된 "남근 중심주의"(phallocentrism) 에 의해 억압된다. 이러한 점에서 반-여성주의적인 정신분석학에 대한 다양한 논의들 가운데 특히 토릴 모이(Toril Moi)의 의견은 참고할 만하다.

> 여성에 대한 프로이트의 강의는 여성의 신비를 그 출발점으로 삼는다. 여성성의 어두운 대륙의 과학적인 조명을 목표하면서, 프로이트는 '여성이란 무엇인가'라는 질문을 설정한다. 이리가레이가 주장하듯, 그는 빛/어둠의 이미저리를 사용하며 유사이래 '남근적인' 철학 전통에 귀의한다. 성적 차이에 대한 그의 이론은 차이의 가시성에 기초한다: 분명히 옳고 그른 것을 결정하는 것은 안목이다. 따라서 프로이트에게 성적 차이의 기초적인 사실은 남성이 하나의 명백한 성 기관인 페니스를 가지고 있으나 여성은 그렇지 않다는 것이다; 프로이트가 여성을 바라볼 때 아무 것도 보지 못한다. 여성적 차이는 남성적 규범의 부재나 부정으로 인식된다.
>
> Freud's lecture on feminity takes as its point of departure the mystery of woman. Aiming to shed some scientific light on the dark continent of femininity, Freud starts by posing the question 'What is woman?' His use of light/darkness imagery, Irigaray argues, already reveals his subservience to the oldest of 'phallocratic' philosophical traditions. The Freudian theory of sexual difference is based on the *visibility* of difference: it is the *eye* that decides what is clearly true and what isn't. Thus the basic fact of sexual difference for Freud is that the male has an obvious sex organ, the penis, and the female has not; when he looks at the woman, Freud apparently sees nothing. The female difference is perceived as an absence or negation of the male norm. (132)

모이는 정신분석학의 기초가 "빛"에 해당되는 남근의 존재 유무에 있음을 강조하고, 남성의 관점에서 여성의 정체성에 대한 논의는 무의미하다고 본다. 그것은 전통적인 남성 중심적 사회에서 여성적 규범이 "부재"하고, 여성은 이제까지 자신에게 부가된 남성의 성적 대상, 아내, 어머니로서의 역할을 규정하는 억압적인 남성적 규범을 "부정"함으로써 그 억압된 상황에 저항하기 때문이다. 그러나 여성이 남성중심주의에 대항하는 것은 오히려 남성중심주의의 현실을 인정하는 셈이며, 남성에 의한 여성의 옹호 또한 이와 같다. 이러한 점을 예이츠의「몰 매기의 노래」("The Ballad of Moll Magee")에서 살펴 볼 수 있다. 이 작품은 남성에 의해 유린당한 여성의 비극적인 운명을 표현한 것으로 여성에 대한 예이츠의 동정적인 입장이 암시된다.

>아이들아, 내게로 오라;
>제발, 내게 돌을 던지지 마라
>가면서 내가 중얼거리지 않니
>한없이 가련한 몰 매기라고.
>
>Come round me, little childer;
>There, don't fling stones at me
>Because I mutter as I go;
>But pity Moll Magee. (CP 25)

"몰 매기"는 출산 후 "아기"가 죽자 "어부"인 남편의 학대로 집에서 쫓겨나 거리를 떠도는 신세가 되어 "아이들"에게 "돌"을 맞는다. 여태 "아이들"을 키우고 가정에 헌신해 온 이 여인은 남성으로부터 그 임무를 박탈당하고, "아이들"을 사랑하는 "몰 매기"는 오히려 이들에게 배척을 당한다. 이렇듯 사회와 남성에게 박해를 당하는 여인의 모습에서 우리는 시인의 여자에 대한 연민을 느낄 수 있다. 그래서 시인은 시적 화자로 여성을 등장시켜 여성에 대한 자신의 남성성을 포기하고 여성을 남성에 의한 피해자로 인식하여 오히려 동성을 힐책한다. 이것이 시인의 여성에 대한 동정적 시각이다. 시인이 느끼는 "몰 매기"에 대한 연민은 가해자로서의 남성의 일원인 자신의 여성에 대한 반성일 수도 있을 것이며, 동시에 시인이 그 원인을 다른 남성들에게 전가하여 그들을 비난하는 "투사"의 방어 기제로 볼 수 있다.

페미니스트들은 외디푸스 콤플렉스의 구도에서 배제된 여성을 남성이 본능을 승화시켜 확립한 문명을 파괴하는 존재로 본 정신분석학을 맹렬히 비난하면서도 그것의 한 분야인 멜라니 클라인(Melanie Klein)의 "대상관계이론"에 의지하는 모순적인 태도를 취한다. 클라인의 이론은 유아의 사회성 구축의 시초가 되는, 유아와 유아가 세상에서 최초로 접하는 대상으로서의 어머니와의 관계를 규정한 것이다(Chodorow 152). 다시 말해, 유아의 개성화를 위해 어머니의 시선, 젖가슴, 목소리와 같은 "부분 대상들"(part-objects)이 강조된 것이며, 유아는 이 "부분 대상들"로부터 증오와 사랑을 동시에 감지하므로 사실 유아는 외디푸스적 이행과정에 앞서 "부분 대상들"에 의해 엄청난 영향을 받는다. 이 "부분 대상들"은 유아가 초년에 향유하는 원초적인 쾌락의 대상으로 개성화의 과정에서 그 욕망이 잉여되어 기억의 저편너머로 사라지고 영원히 도달할 수 없는 대상이 된다.[8]

이에 페미니스트들은 "대상관계이론의 도래로 정신 분석적 사고의 주변으로 추방된 어머니는 무대의 중심에 복귀했다. 유아의 발달 과정에서 어머니의 역할은 어머니의 권위와 힘이 한때 전능한 존재였던 아버지의 권위와 힘을 훨씬 능가했을 정도로 강조되었다"(With the advent of object-relations theory the mother, long relegated to the wings of psychoanalytic thought, moved to center stage. Her role in the child's development was emphasized to the point where her authority and power far exceeded the once all-powered father's)(Doane 7)고 본다. 이는 남성으로서의 프로이트가 보는 여성에 대한 관점에 대한 비판이며, 그의 시각은 대체로 연민과 무시와 같은, 여성이 보기에 치욕적인 것들이다.

고전적인 정신분석학이 현실에 대한 욕망의 좌절, 다시 말해 욕망과

---

[8] 따라서 "부분 대상"들로부터 파생된 욕망의 잉여는 나중에 논의하게 될 라캉 편에서의 "오브제 쁘띠 아"(objet petit a)의 문제로 확산된다.

현실의 대립관계를 설정하지만, "대상관계이론"은 유아와 유아의 실제적이고 환상화된 타자들과의 관계를 상정한다. 이에 유아의 심리적 현실은 상호 주관적인 사회적 현실에 의해 구성된다. 이러한 점에서 "대상관계이론"은 유아의 개성화가 성의 차이로 분열되는 것이 아니라 오히려 통합된다고 본다. 그러므로 유아의 개성화에 절대적으로 영향을 미치는 것은 심리적인 현실이 아니라 외부적인 요소, 즉 사회적 현실이므로 유아 성욕의 좌절로 인한 퇴행적 욕망보다 사회적 현실이 강조된다. 여기서 사회적인 현실을 개성화의 중요한 요소로 보는 페미니즘과 "대상관계이론"이 조우한다. 따라서 낸시 초도로우(Nancy J. Chodorow)는 페미니즘 관점에서의 남성중심주의가 노동의 성적인 분화에서 비롯되었으며, 지배 권력의 의도에 따라 점차 역사적으로 남성과 여성의 정체성에 대한 왜곡이 심화되었다고 본다(25-26).

그래서 여성은 남성에 의해 탐미의 대상이나 생산의 도구로 인식되었으며, 역사적으로 아들과 아버지가 동시에 어머니의 사랑을 다투는 사회 존립의 신화로서의 "가족 로망스"의 구심점이 된다. 결국 아들은 자신의 원초적인 감성 형성의 본향인 어머니와 결별하도록 사회적 기제들에 의해 암묵적으로 강제되어 어머니를 대체할 또 다른 여인을 찾아 나서야 한다. 이때 아들은 최초의 연인인 어머니와 같은 여성을 추구하여 그 자궁 속으로 퇴행하려 한다. 이 점에 대해 예이츠의 「아나슈야와 비자야」("Anashuya and Vijaya")에서 살필 수 있다.

> 비자야. 나는 다른 여자를 사랑했다. 지금은 아니지만
> 아득한 옛날 허물어진 숲 속에
> 당신이 살고, 마을 주변에 그녀는,
> 눈먼 나무꾼인 늙은 아버지와 함께 산다;
> 나는 조금 전에 그녀가 문에 서 있는 모습을 보았지.
>
> 아나슈야. 비자야, 더 이상 그녀를 사랑하지 않는다고 맹세하세요.

> *Vijaya*. I loved another; now I love no other.
> Among the mouldering of ancient woods
> You live, and on the village border she,
> With her old father the blind wood-cutter;
> I saw her standing in her door but now.
>
> *Anashuya*. *Vijaya*, swear to love her never more. (*CP* 13)

"비자야"는 어머니인 "그녀"의 품을 떠나 "아나슈야"의 품에 안긴다. "비자야"의 방랑은 어머니와의 일체화를 금기하는 아버지의 영(令)이며, 이에 거세 위협을 느낀 "비자야"는 "아나슈야"의 품에서 그녀와 일체화됨으로써 어머니에 대한 자신의 욕망을 대체한다. 그러나 "아나슈야"는 "비자야"에게 남아있는 어머니에 대한 원초적인 애정의 흔적을 질투한다. 또 "아나슈야"는 "비자야"를 통해 "남근 선망"이라는 자신의 결핍을 메우기 위해 "더 이상 그녀를 사랑하지 않는다고 맹세하세요"에 나타나듯이 동성인 "비자야"의 어머니를 배척하려 한다. 이렇듯 "비자야"와 어머니의 일체적 관계는 근친상간이라는 원죄적 강박감으로 인해 문명의 규칙을 지배하는 아버지의 영에 의해 단절된다.

결국 우리 문명의 질서는 근친상관의 도발 가능성이라는 원죄의식에 의해서 유지되는 셈이다. 그러므로 어머니로부터 다른 여자의 품으로 전전하는 아들의 태도는 분화된 영역과 소유를 주장하는 아버지의 영을 지켜 자신의 목숨을 보존하는 거세 회피의 생존 전략이 된다. 아니면 터부에 대한 도전인 "부친 살해"라고 하는 외디푸스의 비극이 재연될 것이다. 결국 이러한 비극의 재현 가능성은 경쟁관계인 복수의 동성이 추구하는 하나의 이성이 존재하기 때문이며, 이로 인한 근친상간의 강박감과 거세의 위협은 "성기기"에서 시작되는 인간관계의 불화와 갈등을 예시한다.

외디푸스 콤플렉스의 문제점을 제기한 페미니스트들은 "전-성기기"를 의미하는 "전-외디푸스 단계"(pre-Oedipal phase)를 인간 성장의 가장 중대한 국면이자 페미니즘의 이론적 근거로 본다. 이 점에 대해 앤소니 엘리어트(Anthony Elliott)는 유아가 남/여로 의미가 분화되어 고정되기 전에 최초로 대하는 상대인 어머니를 이 단계에서 대면하기 때문에 페미니스트들이 이 단계의 검토를 통해 역사적으로 확립된 남/여 관계의 고정된 인식을 새롭게 교정하려 하기 때문이라고 말한다(158-69). 프로이트도 "여아에 속한 이 초기 단계에 대한 우리의 통찰이 하나의 놀라움으로 다가오며, 그것은 다른 분야에 있어, 그리스 문화의 배후에 자리하는 미노스-미케네 문화의 발견과 같다"(Our insight into this early, pre-Oedipus, phase in girls comes to us as a surprise, like the discovery, in another field, of the Minoan-Mycenean civilization behind the civilization of Greece)(*Freud Vol. 21* 226)고 보아 "전-외디푸스 단계"를 여아의 성장에 있어 중대한 국면으로 인식했다.

프로이트의 친-여성주의(pro-feminism)적 관점인 "전-외디푸스 단계"는 남성의 자아 실현인 외디푸스 콤플렉스의 이행과 여성의 자아 소멸인 "남근 선망" 사이에 균형을 이루는 중립의 공간이므로 남성과 여성이라는 이분법적 구분은 원천적으로 무효이다. 남성과 여성의 구분에 관한 문제점에 대해 라캉은 소쉬르의 대상과 언어의 임의성의 원리를 사용한다. 그의 주장은 똑 같은 두개의 "문" 위에 부착된 "신사"와 "숙녀"라는 기호에 의해 "문"이라는 대상이 각각 달라진다는 것이다. 마찬가지로 대상인 여자에게 여성의 정체성을 부여하는 것은 생물학적인 여성이 아니라 기호이며, 결국 이 기호는 남근 중심주의적인 논리나 이데올로기에 편입되어 남성의 체제에 종속된다는 것이다(Selden, *Contemporary* 140-41). 그러므로 어느 한 쪽의 성에 편향되지 않는 평등한 양성(bisexuality)의 문제가 대안으로 제기된다. 이와 관련하여 프로이트는 양성적 성향은 남성보다 여성이 더 강하다고 말한다.

> 남자는 결국 단 하나의 성적 지대, 즉 하나의 성적기관이 있지만, 여자는 두 가지를 가지고 있다: 진정한 여성기관인 질(膣)과 남성기관과 유사한 음핵(陰核)[...] 여자들의 성적인 생활은 대개 두 단계의 국면으로 나누어지는데, 첫 단계는 남성적 특성이며, 두 번째 단계는 분명하게 여성적 특징이다.

> A man, after all, has only one leading sexual zone, one sexual organ, whereas a woman has two: the vagina — the female organ proper — and the clitoris, which is analogous to the male organ[...] Their sexual life is regularly divided into two phases, of which the first has a masculine character, while only the second specifically feminine. (*Freud Vol.* 21 228)

그러나 양성의 관점이 제시된다고 해서 남성과 여성이 가지고 있는 근본적인 문제점들이 해결되는 것은 아니다. 이 문제점들은 주로 생물학, 경험, 담론, 무의식, 사회 경제적인 조건들과 같이 정신적/육체적으로 관계되어 있으며(Selden, *Contemporary* 130), 이 중에서 남성과 여성의 고유한 신체적인 특징에 의한 생물학적 차이, 즉 여성만의 특유한 경험인 월경, 출산에 관한 것은 본질적인 것이므로 개선될 수 없다. 그러나 이데올로기적인 담론, 정신분석학적인 차원의 무의식, 사회 경제적인 조건들에 관한 남성과 여성의 입장은 상대주의 원칙에 의해 상당히 개선될 수 있을 것이다.

외디푸스 콤플렉스의 구도에서 배제된 여성에 대한 남근적 억압의 문제점들을 풀기 위해 루스 이리가레이(Luce Irigaray), 엘렌 식수(Hélène Cixous), 줄리아 크리스테바(Julia Kristeva)와 같은 프랑스 페미니스트들이 현재 부각된다. 이들 가운데 이리가레이는 서구 철학의 전통 속에서 남성의 전능이 여성의 배제를 통하여 확고하게 구축되기 위해 여성은 남성을 위한 토대적 존재로 기여하는 가운데, 여성의 정체성은 존재하지만 단지 비가시적인 것이며, 이 시스템 속에서 여성은 대개 부재적 존재로서 단지 남성을 반영하는 거울과 같은 존재로 비유된다고 말한다. 이에 그녀는 남성과 여성은 원래 비-환원적인 개체이므로 성의 정체성에 대한 윤리적인 재검토가 있어야 하며 항시 비유적으로 사용되는 여성의 차별성을 다시 점검하여야 한다고 본다. 따라서 그녀는 이제 여성은 평면 거울의 존재가 아니라 반사경(speculum)의 존재가 됨으로써 여태 비가시적인 자신의 위치에서 탈피하여 보거나 보이게 하는 여성으로서의 타자의 탄생을 가능하게 한다고 주장한다(Cooper 119-20). 그러나 그녀의 주장은 여성에 대해 역사적으로 구축된 고정적인 인식들을 불식시키는 점이 있으나 여성의 특수성을 부각시켜 오히려 남성을 억압할 가능성을 내포하고 있다.

또 크리스테바는 남성을 "상징계"(the symbolic order)를 지배하는 자로, 여성을 이 상징계가 참조하는 "기호계"(the semiotic)와 같은 것이라고 주장하여 여성을 밖에 서서 의식적인 말의 질서를 붕괴하려고 위협하는 타자로 본다(Cooper 141-42). 그러나 그녀의 견해는 여성이 상징계의 질서에서 배제되었다는 것인데 그렇다면 과연 의식의 수준에서 남성에 대한 자신의 권리를 주장할 수 있는가? 라는 의문이 제기될 수 있을 것이다. 그것은 여성이 상징계에 편입이 되어야 타자인 남성에 대한 상대적 권리를 주장할 수 있기 때문이다. 따라서 그녀는 남성이 여성으로부터 파생된 존재임을 주장하지만 이 또한 역차별이다. 여성에 대한 남성의 우월적 지위에 대한 크리스테바의 불만은 이해하지만 이의 개선은 현실적으로 요원하다. 라캉과 데리다의 논리를 해체한 바바라 존슨(Barbara Johnson)이 미국 해체주의의 온상인 예일 학파(the Yale School) 내에서도 "남근 중심주의"가 여전히 해체되지 않고 있음을 탄식하여 예일 학파를 "남성 학파"(Male School)라고 조소하듯이(Showalter 45), 여성에 대한 남성의 우월적인 입장은 쉽사리 해체될 문제는 아니다.

결론적으로, 페미니스트적 입장에서 남아의 경우 거세 콤플렉스에 굴복함으로써 외디푸스 콤플렉스를 해소하지만 여자아이는 스스로 이미 거세된 존재임을 인식하므로 외디푸스 콤플렉스에서 자유롭다. 다시 말해 전자는 거세를 두려워하여 생존을 위해 초자아의 억압에 순응하지만 후자는 거세를 기정 사실화하므로 초자아의 억압에서 벗어난다. 그리고 전자는 욕망의 문화적 변형인 본능의 승화를 통해 문명을 건설하지만, 후자는 전자의 원천으로서의 문명의 모태가 되는 자연의 법을 유지한다. 따라서 문명은 자연의 모방에 불과하므로 여성은 남성보다 더 근본적인 존재다. 그래서 페미니스트들이 남성/여성의 이분법적 구도에서 전자에 의한 후자의 억압을 주장하는 것은 지극히 여성주의적 강박감에 의한 것이며, 단지 각 성의 고유한 특성만은 상호 존중되어야 할 것이다.

이런 점에서 앞에서 분석해 본 두 작품에 드러난 예이츠의 여성에 대한 관점은 온정주의적이긴 하나 그 시각은 여전히 남근 중심주의적인 시각이 강하다.9) 그것은 「몰 매기의 노래」에서 나타나듯이 남성에 의해 유린되는 여성의 비극적 운명을 동정하는 차원에 머무르기 때문이다. 이는 여성의 운명을 좌우하는 것이 남성의 자비로운 손길임을 암시한다. 또 「아나슈야와 비자야」에서는 시적 화자의 모성에 대한 욕망의 향수가 부성에 의해 다른 여성에 대한 관심으로 유도된다는 점에서 외디푸스적 이행의 불가피성이 인정된다. 그것은 유아의 사회적 기반의 단초가 어머니와의 결별과 이를 강제하는 부성의 복종을 통해서 시작된다는 점을 암시하기 때문이다.

2.4 텍스트의 무의식

엘리자베스 라이트(Elizabeth Wright)는 프로이트의 원리에 근거한 정신분석학적 비평을 "고전적 프로이트적 비평"(Classical Freudian Criticism)과 "후기 프로이트적 비평"(Post-Freudian Criticism)으로 구분한다. 여기서 전자는 프로이트의 관점에 의한 비평방법이며, 후자는 그의 원리를 확대 발전시킨 융이나 라캉에 의한 비평방법이다(*Criticism* 765).

"고전적 프로이트적 비평"은 텍스트를 한 작가의 증상으로 분석한다. 다시 말해 텍스트는 작가의 환상의 소산으로 치환되고 텍스트 속의 모든 인물들은 주어진 협약을 따르는 상징들로 존재한다. 이때 텍스트는 작가의

---

9) 여성에 대한 예이츠의 남성 중심적 관점은 임종을 앞두고 완성한 『최후의 시편』(*The Last Poems*)에 나오는 작품인 「여인의 첫 노래」("The Lady's First Song")에 나오는 "내 자신이 무엇이고/어디로 가는지 모른다"(Neither know what I am/Nor where I go)에서 암시하는 정체성이 상실된 "네발로 기는 짐승"에서, 「여인의 두 번째 노래」("The Lady's Second Song")에 나오는 "어떤 남자가 와서/그대의 다리 사이에 누울까?/무슨 상관이야 우리는 단지 여자인데"(What sort of man is coming/To lie between your feet?/What matter, we are but women)에서도 일관되게 나타난다.

꿈을 현실에 드러낸 것으로 이를테면 유아적 혹은 금지된 소망의 비밀스런 성취나 만족과 같은 것이며, 욕망과 그것의 형상화 사이의 관계를 드러내는 현실적인 단서가 된다. 이 입장의 비평가는 저자와 그의 텍스트와의 관계를 몽상가와 그의 텍스트와의 관계로 치환하고, 프로이트의 원리를 적용하여 작가의 유아적 외상의 관점에서 작가를 분석한다. 그것은 주로 쾌락원리와 현실원리와의 갈등에 관한 것이다(Coyle 765-66). 이 방법에 의하여 텍스트를 통한 작가의 심리나 텍스트 속의 등장 인물의 심리, 그리고 텍스트에 대한 독자의 심리에 대한 분석을 시도한다. 이 점을 예이츠의 「오하트 신부의 노래」("The Ballad of Father O'Hart")에 적용해 볼 수 있다.

> 모두 그를 사랑했다, 단지 벼락부자를 제외하고,
> 그는 악마에 의해 머리카락 끌린다,
> 아낙네들, 고양이들, 아이들로부터
> 흰 하늘을 나는 새들에 이르기까지.
>
> 새들에게, 그는 둥지 문을 열어주었다.
> 그가 오르내릴 때;
> 그는 미소지으며 말했다, '이곳에 평화가 있으라';
> 그리고 그는 찡그리며 자신의 길을 갔다.
>
> All loved him, only the shoneen,
> Whom the devils have by the hair,
> From the wives, and the cats, and the children,
> To the birds in the white of the air.
>
> The birds, for he open their cages
> As he went up and down;
> And he said with a smile, 'Have peace now';
> And he went his way with a frown. (*CP* 24)

우리는 평범한 일상의 주변 요소들인 "아낙네들," "고양이들," "아이들," "새들"에 대해 "미소지으며" 축원하는 신부의 성자적 자세와 "찡그리며" 자신의 길을 가는 신부의 인간적 자세에 주목한다. 신부의 이타적인 자세는 자신의 범속한 욕망을 희생한 대가로 얻는 고도로 균형잡힌 정신

상태이며 이드의 추진력인 "카텍시스"(cathexis)를 억제하려는 자아와 초자아의 힘인 "항-카텍시스"의 발휘로 볼 수 있다. 그 결과, 신부의 내적 갈등과 좌절은 불가피하므로, 신부가 자신의 성스러운 사제의 길을 "찡그리며"갈 수밖에 없다는 것은 지극히 인간적인 면모로 보여진다. 이러한 점에서 신부의 사명과 시인의 사명이 동일시되는데, 그것은 전자가 속인들을 신의 아름다운 낙원으로 인도하듯이 후자 또한 속인들을 고상한 예술의 세계로 안내할 운명을 띠고 있기 때문이다. 따라서 이 작품의 끝에 나오는 "먹이를 찾는"(for bite or sup) "새들"에서 나타나는 쾌락원리, 즉 이드의 무분별한 확산을 꾀하는 속인들의 태도를 시인은 경멸하는 듯하다. 결국 신성을 추구하는 "아흔 넷"의 신부의 죽음은 세속에서 고통스런 종말을 맞이하는 시인의 운명과 같으므로 신부의 일생은 시인으로서의 예이츠의 일생을 드러내는 단서가 된다. 그러므로 이 작품의 분석의 결과는 다음과 같이 정리된다.

1. 텍스트를 통한 작가(예이츠)의 심리 - 항-카텍시스적
2. 텍스트 속의 등장인물(신부)의 심리 - 항-카텍시스적
3. 텍스트에 대한 독자(필자)의 심리 - 동일시

시인에게 "오하트 신부"는 일종의 "자아 이상"의 존재이자, 닮고자하는 존재의 삶을 인식함으로써 자기 자신을 사랑하는 나르시스적 "대상 선택"이며, 동시에 비-성(性)적인 존재인 "오하트 신부"를 시인이 의식하는 것은 리비도의 분산, 즉 자신의 리비도를 서서히 사회적인 대체물에 투사하는 거세 콤플렉스의 해소로 볼 수 있다.

이와 달리 피터 브룩스(Peter Brooks)는 전통적인 정신분석학적 비평에서 상정되는 저자/등장인물/독자에 대해 해체주의적 시각에서 정신분석학의 객관적인 접근을 요구한다. 여기서 브룩스는 "텍스트는 저자가 사라지는 중립의 공간"이라는 데리다의 언명에 동조하는 듯하다.

전통적인 정신분석학적 비평은 세 가지의 일반적인 범주로 나누어지

는 경향이 있는데, 이는 분석의 대상, 다시 말해 저자, 독자, 혹은 텍스트의 허구적 인물에 의존한다는 것이다. 이 중의 첫 번째가 정신분석학적 관심의 고전적인 궤적을 구성했다. 그것은 지금 명백하게 불신되고 있는데, 이는 가장 근절되기 어려운 문제이지만, 저자의 사라짐이 반복적으로 공표됨에도 저자의 변형들이 끝임 없이 재출현하기 때문이다[....] 저자와 마찬가지로 작중 인물은 텍스트적 약호들의 효과, 다시 말해 일종의 주제적 환상 속으로 해체되며, 허구 속에서 인물들의 가정된 무의식에 대한 정신분석학적 연구 또한 불명예에 빠지게 된다[....] 정신분석학적 문학 연구의 세 번째에 해당하는 독자가 꾸준히 갱신되는 안목 속에서 계속 번성하는 이유는, 텍스트적 의미의 창조에서 독자의 역할이 지금 우리의 마음속에 많이 집중되어 있고 독자 반응의 정신분석학적 연구가 독자의 수용과 증명이 가능한 개념을 존중하여 저자의 불가능한 개념을 기꺼이 괄호로 묶기 때문이다.

Traditional psychoanalytic criticism tends to fall into three general categories, depending on the *object* of analysis: the author, the reader, or the fictive persons of the text. The first of these constituted the classical locus of psychoanalytic interest. It is now apparently the most discredited, though also perhaps the most difficult to extirpate, since if the disappearance of the author has been repeatedly announced, authorial mutants ceaselessly reappear[....] Like the author, fictive character has been deconstructed into an effect of textual codes, a kind of thematic mirage, and the psychoanalytic study of the putative unconscious of characters in fiction has also fallen into disrepute[....] The third traditional field of psychoanalytic literary study, the reader, continues to flourish in ever-renewed versions, since the role of the reader in the creation of textual meaning is very much on our minds at present, and since the psychoanalytic study of readers' responses willingly brackets the impossible notion of author in favor of the acceptable and also verifiable notion of reader. (21-22)

이렇듯 그는 고전적 프로이트식 비평이 주관적인 관점이라고 본다. 그것은 작품 속에서 "작가"의 존재는 무의미하고, "작중 인물"은 약호의 유희에 의한 대리 자아에 불과하므로, 텍스트의 의미를 생산하는 주역으로서의

"독자"의 역할이 강화되기 때문이다. 그래서 텍스트는 정신분석학의 주장대로 작가의 증상을 대변하지 못하며 독자가 주도적으로 텍스트의 의미들을 생산하는 도착(倒錯)의 역전이의 공간으로 존재한다.

테리 이글튼(Terry Eagleton)은 텍스트의 무의식에 대한 접근 가능성에 대해 무의식에 접근하는 꿈의 논리 중 "압축"과 "전위"에 대한 로만 야콥슨(Roman Jakobson)의 언어적 대응, 즉 은유와 환유의 적용에 대해 언급하면서 실수나 농담의 배후적 실체가 되는 무의식을 인정하고, 이런 점에서 꿈은 해독할 필요가 있는 상징적 텍스트이며, 무의식에서 치솟는 욕망에 대해 이를 저지하려는 에고와의 갈등의 결과가 현실에 표출된 신경증의 형성물이므로 환자는 무의식적인 욕망을 방어하면서 그것을 절충적인 형태로 현실에 표현해내는 강박적, 히스테리적, 공포적(phobic)인 증세를 발달시킨다고 본다(*Theory* 193-95). 따라서 텍스트는 작가의 꿈이며, 그 속에 담긴 복합적인 정서, 즉 콤플렉스는 해석의 동기로 치환된다. 그러나 꿈 그대로의 재현은 사실상 불가능하여 현실적으로 언어적 차원에 수용될 수밖에 없듯이 텍스트 또한 작가의 상상력을 다 수용할 수 없다. 다시 말해 꿈과 상상력은 항상 그 일부가 잉여된 후 명시되는 것이다. 이 점을 한 사냥꾼의 최후가 그려진 예이츠의 「여우 사냥꾼의 노래」("The Ballad of the Foxhunter")에서 살펴보기로 한다.

죽기 직전에 다시 한번 사냥의 일과를 경험하고 싶은 늙은 사냥꾼의 의지는 생에 대한 강한 집착이자 예정된 죽음을 잠시 망각하고 싶은 고통 회피의 전략으로 보인다. 다가 올 최후를 맞이하는 자에게 주변의 낯 익은 물상들이 각별한 의미가 있어 보이는 것은 사냥꾼의 욕망이 일상에 지속적으로 투사되었기 때문이며, 그 물상들은 사냥꾼이 사후에 남기는 욕망의 잔재나 잉여를 반영한다.

>그 의자를 잔디밭 위에 놓고:
>로디와 그의 사냥개를 데려 오라,
>내가 만족스럽게 떠날 수 있도록
>이 세상의 경계로부터.

Put the chair upon the grass:
Bring Rody and his hounds,
That I may contented pass
From these earthly bounds. (*CP* 27)

우리가 주목하는 것은 죽음이 일상의 연속으로 자연스럽게 다루어진다는 것이며, 곧 임종을 맞이하는 "사냥꾼"의 자세는 도전적이고 의연하다. 그러나 "세상의 경계"를 떠나는 사냥꾼의 삶이 "만족"스러워야 한다는 점에서 리비도의 세속적인 완성을 암시하며, 이때 "사냥꾼"이 최후의 순간에 대면하려는 사냥의 조력자이자 도구인 "로디와 사냥개"는 리비도의 강렬한 연속성을 암시한다. 그것은 사냥꾼의 일과에 동원된 "의자", "로디", "사냥개"가 시인의 꿈이 잉여됨을 의미하기 때문이다. 그러면 잉여된 시인의 꿈은 이 도구들의 목표를 초월하는 무엇이다. 따라서 시인의 욕망이 현실과 절충하며 생산된 콤플렉스는 대상을 포획하는 "사냥꾼"의 집념처럼 강박적인 것이라고 볼 수 있다. 이것은 시인이 현실에 대한 참여적 인식을 강화하는 입장의 표명으로 볼 수 있으며, 앞의 작품에서 "오하트 신부"에게 나타난 성자적 관점과 대비되는 세속적인 관점이다.

꿈이 재현되는 의식적 경로에 대해 데리다는 프로이트의 제 1 위상학을 해체주의적인 시각에서 검토한다. 여기서는 인식적 동기를 부여하는 대상에 대한 경험이 우선되고 무의식은 이에 이차적으로 부가되어 제 1 위상학이 전복된다. 다시 말해, 데리다는 꿈은 원초적인 것이 아니라 오히려 대상의 재현에 불과하다고 본다.

> 그러므로 나의 이론에서 본질적으로 새로운 것은 기억이 한번이 아니라 여러 번 현전한다는 것이며, 그것은 지시물의 다양한 양상 속에 설정된다[....] 인지는 뉴런에 기원하고 그곳에 의식이 수반되지만, 본래 무슨 일이 일어났는지 흔적이 없다. 이는 의식과 기억이 상호 배제적이기 때문이다. 인식의 지시: 인식의 첫 번째 등록; 그것은 의식으로는 불가능하고 동시적으로 연상에 따라 배열된다[....] 무의식은 두 번째 등록이다[....] 전의식은 세 번째 전사(轉寫)이며, 언어적 표상에 수반되고 우리의 공식적 자아와 관련된다[....] 이 두 번째 의식적 사

고는 시간 속에 연속되며 언어적 표상의 환영적 활동으로 이어진다.

> Thus, what is essentially new about my theory is the thesis that memory is present not once but several times over, that it is laid down(*niederlegt*) in various species of indications[....] These are neurones in which perceptions originate, to which consciousness attaches, but which in themselves retain no trace of what has happened. For consciousness and memory are mutually exclusive. Indication of perception: the first registration of the perceptions; it is quite incapable of consciousness and arranged according to associations by simultaneity[....] Unconscious is second registration [....] Preconscious is the third transcription, attached to word-presentations and corresponding to our official ego[....] This secondary thought-consciousness is subsequent in time and probably linked to the hallucinatory activation of word-presentations. (Meisel 154)

그는 무의식에 선행되는 것은 선험적인 것이 아니라 경험적인 것이라서 일차적 인식을 바탕으로 무의식이 형성된다고 보며, 이때 전의식은 "언어적 표상"의 과정에 기여하는 의식의 보조 수단이 된다. 이를 근거로 그는 다음과 같이 말한다.

> "꿈은 흔히 고대의 촉진물들을 따른다"라고 그 연구에 나타난다. 그러므로 꿈속에서의 지형학적, 잠정적, 형식적 퇴행은 쓰기의 환경으로 회귀하는 통로로서 해석되어야 한다. 단순히 전사하는 글쓰기, 즉 침묵하는 낱말들의 반향이 아닌 낱말들에 선행된 석판술이다: 초음성적, 비언어적, 비논리적(논리는 의식, 혹은 전의식, 즉 언어 영상들의 공간을 따르며, 이는 정체성의 원리, 현전의 철학의 확고한 표현이다)이다.

> "Dreams generally follow old facilitations," said the project. Topographical, temporal, and formal regression in dreams must thus be interpreted, henceforth, as a path back into a landscape of writing. Not a writing which simply transcribes, a stony echo of muted words, but a lithography before words: metaphonetic. nonlinguistic, alogical (Logic obeys consciousness, or preconsciousness, the site of verbal images, as well as the principle of identity, the founding expression of a philosophy of presence). (Meisel 155)

무의식인 꿈에 선행되는 고대의 관습의 틀을 먼저 고려하는 그의 관점에서 볼 때 꿈은 고대로부터 축적된 환경의 고정 틀로서의 원형에 대한 "기의"(signified)[10]이며, 그 틀은 일종의 확립된 "기표"(signifier)가 된다. 이 기표의 틀에 의식이 부어져 우리의 정체성이 형성되며 이는 원형의 주변에 무수히 배회하는 의미의 각 집합체인 "현전의 철학"으로서 우리를 억압하는 기제가 된다. 다시 말해 무의식이 문자에 선행되는 것이 아니라 문자가 무의식에 선행된다는 것이며, 이때 무의식의 선험적 차원은 해체된다. 따라서 드러난 언행의 동기인 텍스트의 심층에 대한 무의식적 탐색은 다시 의식적 차원으로 회귀한다. 그것은 유사이래 무수히 생성된 의식의 침전물이 무의식이기 때문이다. 이처럼 데리다의 무의식에 대한 해석은 정신분석학에서 사고의 기원, 즉 하나의 확립된 "현전"(presence)[11]인 무의식에 대한 해체주의적 관점이다.

텍스트의 무의식에 대한 고정관념의 해체는 텍스트의 해석에 대한 독자들의 다양한 시각들을 초대한다. 특히 프로이트의 텍스트들에 대한 시각에 대해서 「저자란 무엇인가?」("What Is an Author?")라는 논문에서 푸코는 확고한 정전으로서의 정신분석학을 부정하고 하나의 담론으로서의 정신분석학에 대한 다양한 관점들의 적용과 생산이 가능함을 밝힌다.

> 프로이트에 의해 확립된 정신분석학과 같은 어떤 형태의 담론을 확대하는 것은 정신분석학에게 정신분석학이 처음부터 허용하지 않는 어떤 형식적 보편성을 부여하기 위한 것이 아니라, 정신분석학에 대해 어떤 다양한 적용 가능성들을 열어 둔다는 것이다. 어떤 형식의 담론

---

10) "기표"와 "기의"는 소쉬르에 의해 정의된 기호(sign)의 두 가지 구성요소로서, 전자는 "음성적 이미지"(acoustic image) 혹은 "소리 영상"(sound image)을, 후자는 "정신적 개념"(mental image)을 의미한다. 즉 전자는 대상(object)이나 문자를, 후자는 전자에게 부여되는 개념/의미를 뜻한다(Brooker 201).
11) 이는 데리다에 의해 제기된 것으로 오랫동안 구축된 서구의 형이상학적 토대나 이념을 말한다. 이는 그 존재성이 확인될 수 없으나 마치 존재하는 듯이 서구인들의 삶을 억압하는 기제가 된다. 데리다가 보기에, 이것은 정당화되지 않는 "형이상학적 가정"(metaphysical assumption)이다(Sim 342).

으로 정신분석학을 제한하는 것은 사실상 확고한 기록 속에, 우리 스스로 하나의 확고한 가치를 인정한, 프로이트에 의해 채택된 어떤 개념들이나 이론들이 파생되고, 이차적이며, 부수적인 것들로 간주될 수 있는 다수의 영구적으로 제한된 전제들이나 진술들을 고립시키려는 것이다.

To expand a type of discursivity, such as psychoanalysis as founded by Freud, is not to give it a formal generality that it would not have permitted at the outset, but rather to open it up to a certain number of possible applications. To limit psychoanalysis as a type of discursivity is, in reality, to try to isolate in the founding act an eventually restricted number of propositions or statements to which, alone, one grants a founding value, and in relation to which certain concepts or theories accepted by Freud might be considered as derived, secondary, and accessory. (Harari 156)

2.5 텍스트와 독자

앞에서 논의하였듯이, 정신분석학의 목적은 분석가가 피분석자의 내재된 정신적 외상을 의식의 차원에서 파악하여 피분석자의 억압된 정서를 해소하기 위한 것이다. 이때 분석가는 피분석자의 정신적인 상황을 해독하는 독자로, 피분석자는 정신적인 상황이 담긴 텍스트로 치환될 수 있다. 이는 역으로 현실이라는 억압구조 속에서 현실을 반영하는 텍스트 속에 등장하는 인물들의 언행을 통해 독자가 간접적으로 심적 해방을 맛보는 심적 정화작용(abreaction)으로서의 카타르시스와 대비된다. 이것이 소위 텍스트에 대한 "독자 반응"(reader-response)의 효과이며, 이때 텍스트는 독자의 심적 외상을 치유하는 황홀한 해방구로 기능한다. 이와 관련하여 텍스트가 독자들의 심리 질서를 회복하는 독서 과정에 대한 리처즈(I. A. Richard)의 말을 참조한다.

눈은 일련의 활자를 읽는 것으로 묘사된다. 그 결과 반응의 흐름이 수반되고 그것은 사건들의 여섯 개의 분명한 종류들로 구분된다.

1. 활자에 대한 시각적 감각.
2. 이 감각과 매우 밀접하게 연관되는 영상들.
3. 상대적으로 자유로운 영상들.
4. 다양한 일들에 대한 '사고'와 참조.
5. 감성.
6. 정서적-의지적 태도.

The eye is depicted as reading a succession of printed words. As a result there follows a stream of reaction in which six distinct kinds of events may be distinguished.

Ⅰ. The visual sensations of the printed words.
Ⅱ. Images very closely associated with these sensations.
Ⅲ. Images relatively free.
Ⅳ. References to, or 'thinkings of,' various things.
Ⅴ. Emotions.
Ⅵ. Affective-volitional attitudes. (90)

리처즈에 의하면, 독서과정은 시각을 통한 사물의 인지에 대한 정서적 반응에 관한 것이며, 텍스트에 대한 어떠한 시각의 결과도 이 과정을 벗어날 수 없을 것이다. 단지 텍스트에 대한 사고의 수준만이 문제가 될 뿐이며, 텍스트에 대한 다양한 시각들이 기대되므로 여러 의미들의 생산이 불가피하다. 이러한 점에서 텍스트에 대한 독자의 반응은 텍스트에 대한 해석을 위임받는다는 점에서 전이와 같으며, 텍스트는 고정된 "물 자체" (thing-in-itself)이므로 이에 대한 독자들의 역전이는 텍스트에 대한 감정의 과잉 반응을 의미한다. 이러한 점에서 예이츠의 「골왕의 광기」("The Madness of King Goll")에 대한 해롤드 블룸(Harold Bloom)의 반응을 감상할 필요가 있다.

골은 일종의 아타나스[불멸의 존재]인 "한 젊은 현군"인데 황금시대를 회복한 업적으로 칭송을 받으며, 전장의 한 가운데에서 환영의 광기에 사로잡혀 창을 분지르고 숲 속에서 방황하는 시인이 되기 위하여 달려나간다. 그는 "소리나지 않는" 하프를 발견하고 그것에 맞추어 노래한다; 그의 노래는 "나에게 열정 없이 노래했지만," 지금 "나의 노래는 사라지고, 현은 끊어졌다." 그는 초기의 판에 나오듯이 "바닷가에서 울부짖고," 지금은 시인도 왕도 아니며, 자연에 쫓기는 광인이다. 전체적으로 이 시에서 후렴이 [각 연에]잘 나타난다: *그들은 내 주위의 잠잠한 잎사귀들과 마른 너도밤나무 잎사귀들을 춤추게 할 것이다.* 이 긴 행은, 이 시의 모든 판에서 불가사의한 힘을 가지고 있는데, 그것은 이 행의 의미가 그것이 반복될 때 미묘하게 변하기 때문이다.

Goll is a kind of Athanase, "a wise young king," praised for bringing back the age of gold, who in the midst of battle yields to the madness of vision, breaks his spear, and rushes off to become a wandering poet in the woods. He finds a "songless" harps, and sings to it; his singing "sang me fever-free," but now "my singing fades, the strings are torn." He is left, in one early version, to "wail beside the sea," now neither poet nor king, but madman oppressed by the natural. All through the poem beats the refrain: *They will not hush, the leaves a-flutter around me, the beech-leaves old.* This long line, in all the poem's versions, has uncanny force, for the line's meaning changes subtly as it is repeated. (109-10)

블룸은 자신의 감정을 절제하고 텍스트에 충실하여 전체적으로 조망하려한다. 그는 텍스트에 나오는 어구들을 바탕으로 하여 자기의 반응을 논리적으로 전개한다. 이는 텍스트가 독자에게 부여한 전이적 사명을 망각하지 않은 정신분석학적 입장이며, "영향의 오류"(affective fallacy)[12]의 방지에 애를 쓴 신비평적 관점이다. 그러나 이는 "골"왕이 "현군"에서 "시인"으로, 다시 "광인"으로 변모되어 가는 시적 서사를 따른다는 점에서 해체주의를 기조로 하는 예일 학파의 시각과는 거리가 있다. 그것은 텍스트에 대한 해체주의적인 시각이 독자가 텍스트를 하나의 유희의 대상으로

---

12) 이는 1946년에 윔셋(W. K. Wimsatt, Jr.)이 『언어적 성상』(*The Verbal Icon*)에서 제기하고 몬로 비어즐리(Monroe C. Beardsley)가 동조한 것으로 한 편의 시작품이 그 작품의 독자에게 미치는 영향을 의미하며, 이 정서적 효과(emotional effect)로 인해 비평의 대상이 되는 작품 자체는 사라지고 독자의 인상이 부각된다(Holman 7).

삼아 텍스트의 표층과 심층을 넘나들며 텍스트와 독자가 각각의 임의성을 만끽하는 것이며, 중립적인 공간인 "텍스트의 즐거움"(pleasure of text)13)을 "작가적 독자"(writerly reader)가 향유하는 것이기 때문이다. 그러므로 이 작품에 대한 또 다른 해석이 가능하다.

> 나는 푹신한 수달의 모피 위에 앉았다:
> 내 말은 이즈에서 에메인까지 법이었고,
> 인버 아멜긴에서 놀라게 했다
> 세상을 어지럽히는 해적의 심장들을,
> 나는 소동과 전쟁을 쫓아 버렸다
> 소녀와 소년과 남자와 짐승으로부터;
>
> I sat on cushioned otter-skin:
> My word was law from Ith to Emain,
> And shook at Inver Amergin
> The hearts of the world-troubling seamen,
> And drove tumult and war away
> From girl and boy and man and beast; (*CP* 17)

시적 화자는 "수달의 모피"위에 앉아 자신의 말이 곧 "법"이 되는 늠름한 "골 왕(王)"의 입장을 취하며 그 맡은 사명을 완수하기 위해 "해적"을 몰아 내고 "소동"과 "전쟁"을 평정하여 백성들에게 평화를 준다. 이는 물론 시적 환상이며 "언술 행위의 주체"(subject of enunciation)14)인 유약

---

13) 이는 롤랑 바르트(Roland Barthes)가 『텍스트의 즐거움』(*The Pleasure of the Text*, 1976)에서 제기한 것으로, 여기서 그는 "쾌락"(*plaisir*)의 텍스트와 "희열"(*jouissance*)의 텍스트를 구분하는데, 전자는 독자에게 안락함을 제공하지만, 후자는 독자에게 상실감을 준다고 본다(Brooker 165).
14) 이는 에밀 방브니스트(Emile Benveniste)가 제기한 것으로, 담론의 실천과정에서 말하는 화자(speaker)를 말하며, 이때 이 화자의 언술 속에 언급되는 주체를 "언술 속의 주체"(subject of enounced)라고 한다(Easthope, *Discourse* 40-41). 방브니스트는 언어를 사고의 토대로 보아 소 논문 「언어 속의 주체」("Subjectivity in Language")에서 언어와 발화를 구분하며 후자의 관점에서 의사소통을 설정한다. 이는 언어의 속성이긴 하나 본질은 아니며 언어는 구성적이라 주체로서의 인간을 구성한다. 담

한 시인에게 현실적으로 불가능한 상황이다. 여기서 우리는 자신의 연약함을 감추는 시인의 역동적인 언술과, 자신의 심약한 면을 위장하기 위해 자신의 주변에 의식적으로 조장된 위엄의 과시를 볼 수 있다. 이는 자기 방어 기제의 일종인 "반동 형성"(formation of reaction)으로 그 기저에 세상에 대한 불안이 잠복해 있음을 암시한다.

이 작품에 대한 전체적인 정신분석학적 반응은 이드의 승화에 관한 것이다. 그것은 정복자 "골 왕"을 의미하는 시적 화자가 사방을 정복하는 도구인 검 대신 "낡은 현"을 취했기 때문이다. "수달의 모피"에 앉아 점령지의 "법"을 집행하는 시적 화자는 악한 존재인 "해적"을 퇴치하고 선한 존재들인 "어린이," "사람," "짐승"을 지켜, "논밭"과 "들새"들을 풍성하게 한다. 시적 화자의 패기에 찬 인생 행로는 "진창," "늪," "파도"가 시사하듯이 위기의 연속이지만, "나는 껄껄 웃으며 속보로 바위 많은 해안과 잡초 무성한 늪을 지나갔다"(I laughed aloud and hurried on/By rocky shore and rushy fen)(*CP* 18)에서 시사하듯이 이 위기들을 극복한다. 그러나 상황은 반전되어 사철을 숲에서 헤매는 시적 화자는 휘하의 병사들을 지휘하는 대신 "사슴"과 "토끼"를 벗삼아 소일하다 "작은 마을"에서 "낡은 현"을 하나 줍는다. "내가 손가락을 현에서 현으로 옮길 때 소용돌이치고 헤매는 불이 낙하하는 이슬처럼 진정된다"(When my hand passed from wire to wire/ It quenched, with sound like falling dew,/The whirling and the wandering fire)(*CP* 19)에서 보듯이 이제 시적 화자에게 종전의 전쟁과 정복의 "광기"는 "노래"라는 예술적 희망으로 승화된다. 하지만 "현"이 이어지다 끊어지고, "여름의 더위"와 "겨울의 추위"를 "숲과 언덕"에서 견디어야 한다는 것은 승화의 과정인 "현"의 울림이 순탄하지 않음을 암시한다. 그것은 이성과 광기를 배태하고 있는 우리의, "골 왕"의 모순적인 운명에서 파생되는 당연한 연옥(purgatory)의 과정이다.

론의 주체인 일인칭 주어(I)는 언어학적 창조물이며, 일인칭과 이인칭(you)의 양극성(兩極性)은 언어의 산물이다(Adams and Searle 724).

리처즈가 말한 독서과정을 통하여 독자는 텍스트의 상황에 대한 정서적 연대, 즉 정서적 동일시를 통해 자신의 억압된 욕망을 해소하며, 텍스트는 독자들의 욕망을 대리하여 수용하는 완충지대로 기능한다. 이와 관련하여 홀란드의 언급은 상당한 의미가 있다.

> 사실상, 작품은 우리 대신에 꿈을 꾸어 준다. 그것은 우리 내부에 하나의 중심적 환타지를 구현하고 환기시킨다; 그런 후 마음속에서 방어 기제라고 부르는, 지면에 나타날 때 "형식"이라고 부르는 장치들에 의해 그 환타지를 다루고 통제한다. 그리고 환타지를 소유하고, 그것을 느낄 때 우리는 쾌감을 느낀다. 그러므로 우리는 "불신의 자발적 중단"을 가능케 해 줄 두 가지 기대를 가지고 작품을 대하는 것이다: 우리는 외부세계에 능동적으로 행동하리라는 기대를 하지 않는다; 우리는 쾌감을 기대한다. 작품이 우리로 하여금 고통, 죄의식, 불안 등을 느끼게 할지라도, 우리는 작품이 그 감정들을 만족스러운 경험으로 변형시켜 줄 것으로 기대한다.
>
> In effect, the literary work dreams a dream for us. It embodies and evokes in us a central fantasy; then it manages and controls that fantasy by devices that, were they in a mind, we would call defences, but, being on a page, we call "form." And the having of the fantasy and feeling it manages give us pleasure. We bring, then, to works of art two expectations that permits a "willing suspension of disbelief": we do not expect to act on the external world; we expect pleasure. Even if the work makes us feel pain or guilt or anxiety, we expect it to manage those feelings so as to transform them into satisfying experiences. (*Dynamics* 75)

홀란드는 텍스트의 구성 요소들에 대한 정확성 혹은 개연성의 문제들에 대한 판단을 유보한다는 점에서 낭만주의적 사고로 흔히 회자되는 "불신의 자발적 중단"을 가능하게 하는 것이 독자가 텍스트 밖의 세계에 관심을 갖기보다는 텍스트 안의 세계에 몰두하여 쾌감을 얻는 것으로 본다. 다시 말해, 텍스트에 대한 독자들의 기대는 대리적 현실로서의 텍스트에 대한 독자들의 만족을 의미하는, 즉 모순적 현실에 대응하는 텍스트의 상상력이 현실적으로 실현이 불가능한 독자들의 욕망을 배설하는 심리적 방어기제가 될 수 있다는 것이다.

이는 독자가 텍스트를 통해 심적인 안정과 즐거움을 획득한다는 점에서 에이브람(M. H. Abrams)이 『거울과 등불』(*The Mirror and the Lamp*)에서 밝힌 텍스트의 네 가지 효용 가치인 "모방적/실용적/표현적/객관적 가치" 중에서 "실용적 가치"(pragmatic value)에 해당된다고 볼 수 있을 것이다. 엘리자베스 프로인트(Elizabeth Freund)도 "정신분석과 문학분석사이의 공감과 일치는, 설사 언어적 상징주의 속에서 인간 경험의 불가해한 혼란에 대한 물음을 부정하거나 괄호로 묶더라도, '문학'이 아닌 '독자들'의 영역에 즉시 한정될 때만 자주 인정된다"(The correspondence or sympathy between psychoanalysis and literary analysis is frequently acknowledged only to be rapidly confined to the realm of 'people' rather than 'literature' as though to deny or bracket the question of the inextricable entanglement of human experience in linguistic symbolization)(113)고 말하여, 텍스트 중심주의를 거부하고 텍스트에 대한 독자의 권리를 주장하며, 정신분석과 문학과의 관계는 텍스트에 대한 독자의 감응을 의미한다고 본다. 다시 말해, 이는 텍스트에 대한 독자의 주관적 정서를 봉쇄하는 차가운 객관주의나 텍스트의 의미가 천상에 머무는 권위의 해석학에 대한 하나의 도전이 된다.

2.6 정신분석학의 계승적 반성

정신분석학에 대해서 루드비히 비트겐슈타인(Ludwig Wittgenstein)은 언어 철학의 대가로서의 입장을 밝힌다. 그것은 프로이트의 공적은 인정하면서도 의식적 현상과 그 무의식적 배후와의 관계에 대한 회의에 근거한다. 그는 의식 차원에서 현상의 억압에서 비롯되는 현상의 무의식적 잉여나 거세를 부정한다.

그[비트겐슈타인]는 프로이트가 실제로 앞서 알려지지 않은 현상과 연결고리를 발견했으나, 그는 인간의 마음속에 "무의식적" 증오, 의지와 같은 것이 존재함을 발견했으며, 이것은 우리가 "눈에 띄는" 의자와 "눈에 띄지 않는" 의자와의 차이와 같이 "의식적" 증오와 "무의식적" 증오와의 차이를 생각하기 때문에 잘못된 것이라고 말했다. 그는 "인공적인" 꽃이 "푸른" 꽃과 아주 다르듯이, 실제로 "느껴지는" 증오와 "느껴지지 않는" 증오의 문법이 "보이게 되는" 의자와 "보이게 되지 않는" 의자와 아주 다르다고 말했다. 그는 "무의식"이 프로이트가 사용한대로 사용된다면, "무의식적 치통"은 반드시 육체와 밀접한 관계가 있지만, 반면에 "의식적 치통"은 그렇지 않다고 말했다.

> He[Wittgenstein] said that Freud had really discovered phenomena and connections not previously known, but he talked as if he had found out that there were in the human mind "unconscious" hatreds, volitions, etc., and that this was very misleading because we think of the differences between a "conscious" and an "unconscious" hatred as like that between a "seen" and an "unseen" chair. He said that, in fact, the grammar of "felt" and "unfelt" hatred is quite different from that of "seen" and "unseen" chair, just as the grammar of "artificial" flower is quite different from that of "blue" flower. He suggested that "unconscious toothache," if "unconscious" were used as Freud used it, might be necessarily bound up with a physical body, whereas "conscious toothache" is not so bound up. (Levy 13-14)

인간의 "의식적" 차원과 "무의식적" 차원은 엄연히 다른데 어떻게 후자가 전자의 배후가 되며 관련이 있는지 회의하는 비트겐슈타인은 양자의 관련성을 부정한다. 그러나 사물이 구분되기 위해 사물과 전혀 상관없는 이름이 부여될 때, 비로소 무의식적인 사물은 의식적 차원에 존재하게 된다. 다시 말해 사물에 이름을 부여하지 않는 것은 사물을 무의식적인 상태로 방치하는 것이며 우리의 주위에서 철학적 논의의 대상이 사라지는 것이다. 따라서 "인간의 무의식은 단지 그것이 그 자체를 언어로 명시할 때에만 알려진다"(The human unconscious may be known only insofar as it manifests itself as language)(Orlando 124)는 프로이트의 언명은 당연한 것이다. 비트겐슈타인의 지적은 무의식과 의식의 연관성을 주제로 하는 프로이트주의의 논리적 애매성에 관한 것이나, 우리 일상의 저변에 미치는 프로이트주의의 지대한 영향력을 너무 의식한 탓이다.

　루이 알튀세(Louis Althusser)는 프로이트 원리의 의의를 분석적 실천, 치료의 기법, 실천과 기법의 이론으로 정리하며, 프로이트로 되돌아가기 위해서 1) 거친 신비화로서 그 이론의 반작용적 탐구의 이데올로기적 부피를 거부하기, 2) 정신분석학적 수정주의에 관한 여러 과학적인 원리들의 권위에 의해 유지되는 애매성에 빠지지 않기, 3) 프로이트의 개념과 내용 사이에 존재하는 인식론적인 관계의 정의나 인식에 대한 역사적-이론적 비판에 몰두하여야 하며, 프로이트의 원리는 우리의 기호에 따라 존재하여야 한다고 말한다(14-17). 다시 말해, 알튀세는 프로이트 원리의 보편적 고착과 신화화를 거부하고 라캉에 의한 정신분석학적 수정주의에 대해서도 경계한다. 그러나 오랫동안 신비화된 인간의 정체성의 탐구에 대한 프로이트주의는 모든 이론들이 그러하듯 후학들의 욕망에 의해 확대 재생산되어 일부 신봉자들의 구축적 입장에 대한 비판가들의 보완적 논의에 의해 더욱 교조화될 수밖에 없다. 그래서 이에 대한 다양한 논의, 즉 정신분석학적 수정주의, 해체주의, 페미니즘, 마르크스주의에 의한 접근이 바람직하며, 그 결과의 수용과 거부는 오랜 시간에 걸쳐 여러 사회적 기제에 의한 검열과 억압의 과정을 거칠 것이다.

　특히 이글튼은 사회 구성원들이 집단적 동기에 의해 추구하는 "헤게모니"(hegemony)[15]를 대중 지배의 중심 원리로 인식하는 안토니오 그람시(Antonio Gramsci)의 관점에서 프로이트주의를 바라본다.

　　프로이트의 관점이 지닌 문제점은 그 헤게모니적 과정들이 신속하게 자멸적이라는 것이다. 우리는 그렇지 않으면 반사회적으로 될 우리의

---

15) "헤게모니"는 소수가 다수에게 물리적인 힘을 직접 행사하지 않고 권력을 유지함을 의미하는데, 지배 세력에 의해 사회에 부가되는 전체적인 노선을 일반 대중들이 자발적으로 수락함으로써 발생한다(Hawthorn 84).

본능을 이런 저런 문화적 이념들 속으로 승화시키며, 이러한 문화적인 이념들은 그렇지 않으면 서로 맹렬하게 싸우게 될 약탈적인 이기주의자들의 인류를 단합시키는 기능을 한다. 그러나 이러한 이념은 폭력적으로 그들의 요구 속에 과도하여 우리가 적절하게 조절할 수 있는 것보다 한층 더 본능의 포기를 요구하여 결국 우리를 신경증에 빠지게 한다. 게다가 이 헤게모니는 몇 사람들이 다른 사람들보다 더 거부함이 명백할 때 곧 위협을 받는다. 이 상황에서 프로이트는 '불만의 영구한 상태'는 사회 속에서 지속되고 '위험한 반란'으로 향할 것이라고 말한다. 소수의 만족이 다수의 억압에 의존한다면, 이때 후자는 그들의 노동이 가능한 문화에 대하여 '정당한 적의'를 표시하게 될 것이나, 그 문화 안에서 빈약한 몫을 가진다.

The problem in Freud's view is that such hegemonic processes can quickly become self-defeating. We sublimate our otherwise anti-social instincts into cultural ideals of one kind or another, which serve to unify a race of predatory egoists who would otherwise be at each other's throats. But these ideals can then become tyrannically excessive in their demands, demanding more instinctual renunciation than we can properly manage and so causing us to fall ill of neurosis. Moreover, this hegemony is threatened as soon as it becomes clear that some are being forced into more renunciation than others. In this situation, Freud comments, 'a permanent state of discontent' will persist in society and may lead to 'dangerous revolts.' If the satisfaction of the minority depends on the suppression of the majority, then it is understandable that the latter will begin to manifest a 'justifiable hostility' to the culture which their labor makes possible, but in which they have too meagre a share. (*Ideology* 180)

이글튼은 프로이트주의의 "헤게모니"적인 점을 말하면서, 우리가 집단화된 문화화의 동기에 의해 각자의 본능을 거세당한 후 "신경증"에 빠지고, 전체화의 일관된 문화적 목표를 지향할 때 우리의 욕망이 순화되는 것이 아니라 오히려 "위험한 반란"을 야기할 반체제적인 동기를 품게된다고 본다. 그것은 프로이트주의라는 보편적 문화가 다수를 억압하고 소수에게 부여하는 "헤게모니"는 외디푸스 콤플렉스의 이행을 통해 아들과 딸을 가부장

체제에 종속시키기 때문이다.

　한편 제임슨은 정신분석학에 대한 외재적 접근으로서의 사회적 관점을 제시한다. 이는 프로이트의 정신분석학에 대한 근본적인 이의 제기로 볼 수 있다.

> 정신분석학의 출현인 그 새로운 사건으로 되돌아가기 위해, 부르주아 사회의 초기 공적인 영역 안에 한 개별적인 공간으로서, 그리고 어린 시절과 가족 상황이 다른 생물학적인 경험들과 질량적으로 차이가 있는 "특별화"로서 가족의 자동화가 사회 발달의 한층 일반적인 과정의 유일한 양상들이며, 그 또한 성의 자동화를 포함하고 있음이 분명하다.
>
> To return to that new event which was the emergence of psychoanalysis, it should be clear that the autonomization of the family as a private space within the nascent public sphere of bourgeois society, and as the "specialization" by which childhood and the family situation are qualitatively differentiated from other biographical experiences, are only features of a far more general process of social development, which also includes the autonomization of sexualiy. (*Political* 64)

제임슨은 정신분석학과 사회와의 관계를 필연적인 관점에서 바라본다. 이러한 관점에서는 개성화의 과정에서 유아가 겪는 존재의 위기감인 거세의 공포가 원초적이고, 퇴행적인 것이 아니라 성장과정에 수반되는 일종의 통과의례이며, "성의 자동화"에 수반되는 성욕은 유아가 사회의 소단위로 포섭되는 "가족"의 일원으로 성장함에 따라 점차 이성과의 관계를 고려하는 단계에서 당연히 발생하는 욕망일 것이다.

　따라서 제임슨은 다음에서 밝히듯이 현재 사회 전반에 확산된 원죄적 억압기제로서의 외디푸스 콤플렉스의 영향에 불안을 느낀다.

> 참으로, 해석에 대한 최근의 급진적인 경향들 가운데 가장 극적인 것의 하나가 바로 질 들뢰즈와 가타리의 『앙띠 외디푸스』인데, 그것은 오브제로 마르크시즘적이 아닌 프로이트적 관점을 취하며, 구체적인

일상의 경험들의 전체적으로 풍성하고 간혹 다양한 현실들을 가족 서사라는 봉쇄적이고, 전략적으로 미리 제한된 개념으로 환원하거나 다시 쓰는 것으로 특징 지워진다 — 이것은 그리스적 비극인 "가족 로망스"의 신화로, 혹은 외디푸스 콤플렉스에 대한 라캉적 해석으로 보일지 모른다.

Indeed, one of the most dramatic of such recent attacks on interpretation — *The Anti-Oedipus*, by Gilles Deleuze and Felix Guattari — Quite properly takes as its object not Marxian, but rather Freudian, interpretation, which is characterized as a reduction and a rewriting of the whole rich and random multiple realities of concrete everyday experience into the contained, strategically pre-limited terms of the family narrative — whether this be seen as myth, Greek tragedy, "family romance," or even the Lacanian structural version of the Oedipus complex. (*Political* 21-22)

외디푸스 신화에 대한 비판적 논의가 오히려 그 신화의 확산을 초래한다고 보는 제임슨은, "앙띠 외디푸스"에 대해 "외디푸스화란 정신분석이 무의식을 거세하고 거세를 무의식에 주입하는 조작이다[....] 우리는 무의식이 알지 못하는 것들에 대한 연도를 노래하기를 그치지 않았다; 무의식은 외디푸스도 모르지만 거세도 모른다"(97)라고 말하는 들뢰즈와 가따리의 외디푸스 콤플렉스에 대한 비판에도 불구하고 이마저도 프로이트적으로 환원된 "가족 로망스"라고 규정한다. 결국 외디푸스 콤플렉스는 원만한 가족 관계를 형성하기 위해 모든 사회 구성원들이 참조해야할 일종의 관습이며, 동시에 아들을 거세로부터 보호해주는 방어 기제이고, 아들이 스스로 남근적 헤게모니를 차지하는 과정에 동원되는 규범이다.

결론적으로, 프로이트주의를 둘러싼 우호적 저항적 논의들은 모두 프로이트라는 사상적 아버지를 둘러싼 이념적 헤게모니를 쟁취하기 위한 아들들의 담론이므로 클로드 레비-스트로스(Claude Lévi-Strauss)의 말처럼 선대의 논의를 계속 유지 확산하는 후대의 계승적인 "브리콜라주"(bricolage)[16]

---

16) 이는 레비-스트로스에 의해 제기된 것으로 전통의 차용이나 계승을 의미한다. 즉, 과거의 거대이론에서 나온 개념과 사상이 현대의 문화적 수단이 된 것을 의미한다.

적 실천이며, 아들들이 아버지의 위치를 차지하기 위해 투쟁하는 외디푸스 콤플렉스의 "반복 충동"에 불과하다.

지금까지 우리는 예이츠의 『십자로』를 프로이트적 관점으로 읽어보았다. 그러나 이 시집의 전체를 다 취급하지 않았으며, 분석의 제재로 선택된 작품들도 전체를 다 분석하지 않았다. 그것은 분석가가 피분석가의 모든 진술을 다 청취하고 난 후 분석할 수 없으며, 설사 다 청취하더라도 무의식의 일부만 청취한 셈이 되기 때문이다. 다시 말해, 어떤 개인의 전체성을 파악하기 위해 그/그녀의 말을 다 청취하려는 시도는 불가능하다. 따라서 텍스트에 대한 정신분석학적 접근은 텍스트의 환유적 진실에 대한 접근일 것이다.

프로이트적인 관점에서 텍스트를 읽는다는 것은 텍스트를 피분석가의 진술로 보아 여기에 나타난 증상들에 대한 정신분석학적 진단이 가능하다는 것이며, 이것이 텍스트에 대한 정신분석학의 시적 진실이 된다. 따라서 피분석자의 각 증상들을 설명하고 진단하는 메타언어들이 텍스트라는 증상에도 똑같이 적용될 수 있다고 본다. 그러나 사물에 대한 시인의 안목이 다르듯이 피분석자의 증상에 대한 분석가들의 진단이 다르며, 텍스트에 대한 독자들의 반응 또한 다를 것이다.

이 지적인 작업의 수행자인 "브리콜뢰르"(bricoleur)는 과거의 체계가 공급하는 지적 조각을 가지고 작업하는 문화적 공동체의 구성원이다. 나아가 데리다는 계승된 텍스트로부터 개념을 차용할 필요성을 "브리콜라주"라고 명한다면 모든 담론이 "브리콜뢰르"가 된다고 말한다(Brooker 20-21).

Ⅲ. 『장미』(*The Rose*)와 『탑』(*The Tower*)에 대한 융적 접근

- 3.1 융의 원리와 문학
- 3.2 원형과 개성화
- 3.3 집단 무의식과 리비도
- 3.4 상징과 원형
- 3.5 분석과 연금술
- 3.6 능동적 상상력
- 3.7 영웅 신화와 "태모"

Ⅲ. 『장미』(The Rose)와 『탑』(The Tower)에 대한 융적 접근   89

3.1 융의 원리와 문학

융의 심리학은 개성화의 중심에 위치하는 셀프의 진실을 탐구하는 "셀프-심리학"(self-psychology)이며, 성적 욕동의 변형을 위한 에너지를 의미하는 리비도를 거부하고 원형에 해당되는 원초적 이미지들을 반복 투기함으로써 주기적으로 정신을 충전하는 구분되지 않는 에너지의 유동을 리비도의 개념으로 재설정하여, 모든 문화에 보편적이며 개인과 인류를 연결하는 집단 무의식을 핵심의 원리로 삼는다. 이 집단 무의식의 발현인 꿈이 원형적 심상이라면 우리의 전형적이며 보편적인 표현은 그것이 생리적이든, 심리적이든 간에 어떤 원형적 바탕에 근거한 현실화된 원형의 결과물일 것이다. 이러한 점에서 텍스트는 집단 무의식의 의식화된 실체, 다시 말해 원형의 은유이며 분화되지 않는 원형의 흔적을 엿보는 현실적인 단서가 된다.

프라이는 원형을 "한편의 시와 다른 시를 연결하여 우리의 문학적인 경험의 통합에 조력하는 상징"(a symbol which connects one poem with another and thereby helps to unify and integrate our literary experience) (99)으로 본다. 여기서 그는 원형들을 여러 텍스트를 거쳐 역사적으로 확립되는 의미에 따라 범주화시킴으로써 원형들을 문학에 제한하는 원형의 문학적 보편성을 유도하여 텍스트에 대한 외재적 접근을 시도한다. 이와 달리 융의 관점을 이용하는 비평가들은 문학 텍스트에서 발견되는 원형적 이미지들이 모든 인류의 심리적 의미를 함축하는 상징의 콤플렉스를 구성한다고 보고, 융의 용어와 이론을 도입하는 경우를 제외하고는 텍스트에 집중하는 내재적 접근을 시도한다. 또 프라이는 원형을 개인과 사회의 운명을 결정짓는 "심리적 결정요소"(psychic determinants)로 보지 않고 문학적 보편 양식의 추구로 이해하므로 서사에 대한 신화적 입장을 취하지만, 융의 관점을 이용하는 비평가들은 원형을 사회와 개인의 상황과 운명에 연결시키는 무의식의 신화를 조명한다. 그러나 이들의 공통점은 프라이의 원형 이론이 자신의 창조물이듯이 융의 원형 이론 또한 자신의 창조물이라는 것이며 양자의 원형들이 하나의 가정이자 증명될 수 없는 문학적 현실이라는 것이다(Natoli 15).

융은 "심리학적"(psychological)인 것과 "몽환적"(visionary)인 것으로 문학을 구분한다. 그는 전자에 해당하는 작품이 괴테(Goethe)의 『파우스트』(Faust)의 첫 장이며, 후자에 해당하는 작품이 블레이크의 그림과 시, 단테(Dante)의 『헤르메스의 목자』(The Shepherd of Hermes), 조이스의 『율리시즈』(Ulysses)라고 말한다: 전자는 주로 자기 명증적인 차원에서 텍스트의 의미가 투명하게 드러나므로 심리학적인 해석의 필요성이 덜하며, 후자는 집단 무의식을 중시하여 텍스트의 의미가 투명하게 드러나지 않아 고도의 심리학적인 해석이 필요하다(Spirit 89). 이에 독자는 작가별로 다른 텍스트의 심리적 밀도에 맞추어 독서의 태도를 결정해야 하지만, 집단무의식의 이미지들이 내재된 텍스트는 일반 독자에게 정신적 고통과 상실감을 주는 바르트가 제기한 "희열"의 텍스트가 된다. 또 클립톤 스나이더(Clifton Snider)는 의식의 편린들을 몽타주(montage)기법으로 재현하는, 윌리엄 제임스(William James)에 의해 소개된 소위 "의식의 흐름" 수법이

에이브람(M. H. Abram)의 정의처럼 텍스트가 인지, 사고, 판단, 느낌, 연상, 기억과 같이 가동되지 않은 의식의 거친 흐름을 통해 재생산된 것이 아니라 사실은 그 의식의 후배지(後背地)인 무의식의 원형들이 재현된 것이라고 본다(20). 다시 말해, 텍스트는 작가의 의도에 의해 재생산된 것이 아니라 작가의 무의식적 원형에서 비롯되는 "이미지의 원태적(原態的)확산"[1]의 결과물이라는 것이다.

홀란드는 정신분석학적 비평의 계통을 정리하면서 융적 비평에 대한 폴 카글러(Paul Kugler)의 글을 소개한다.

> 원형 비평은 1920년대 이후 비평의 중요한 세력이 되었다. 그것의 이론적 토대는 스위스의 정신분석학자 칼 융의 작품, 특히 원형 구조가 인격을 조직하는 주요한 요소라는 그의 사상에서 비롯된다. 융의 관점은 개인 무의식이 개별적 삶의 과정에서 수집된 기억들과 이미지들로 구성된다는 것이다. 한편 집단 무의식은 구조 법칙들, 즉 원형들의 부과에 국한된다. 개인 무의식은 우리 각자가 개별적인 어휘를 구축하는 사전과 같지만, 이러한 어휘적 단위들은 그것들이 원형적으로 구축되어 있는 한 가치와 의의를 가진다. 만약 정신의 무의식 활동이 내용(이마고)에 구조들(원형들)을 부과하므로 존재하고 이 구조들이 원천적으로 모든 인격체들에게 동일하다면, 심리학적으로 문학 텍스트를 이해하고 해석하기 위하여 텍스트 자체에 내재하는 무의식 구조를 분석하는 것이 필요하다. 이것이 전통적인 융적 비평 속에서 이용되는 양식이다.
>
> Archetypal criticism has been a significant force in criticism since the 1920s. Its theoretical foundation derives from the work of the Swiss psychoanalyst Carl Jung, especially his ideas that archetypal structures are the primary factors organizing human personality. For Jung, the personal unconscious consists of memories and images (imagos) collected in the course of an individual life. The collective, on the other hand, is limited to the imposition of structural

---

[1] 이는 라캉이 융과 프로이트와 자신의 이론을 비교하면서 융의 이론을 간단히 정의한 것이다: "protomorphic proliferations of the image." 나아가 라캉은 융이 원형의 이미지를 중시함으로써 언어의 기능을 경시한다고 지적한다(*Écrits* 195).

laws-archetypes. The personal unconscious is like a lexicon where each of us accumulates an individual vocabulary, but these lexical units acquires value and significance only in so far as they are archetypal structured. If the unconscious activity of the psyche consists in imposing structures (archetypes) upon content (imagos), and if these structures are fundamentally the same for the same for all personalities, then to understand and interpret a literary text psychologically it is necessary to analyze the unconscious structures underlying the text itself. This is the model used in traditional Jungian criticism. (*Guide* 37)

여기서 원형은 인격의 주요 요소이며, 개인 무의식의 "개별적인 어휘"는 어디까지나 집단 무의식의 "구조법칙"에 의지하므로 텍스트라는 의식에 재현된 "내용"은 그 배후가 되는 원형이라는 무의식의 구조에서 비롯된 것이다. 이는 마치 소쉬르의 언어원리인 발화로서의 "파롤"과 언어구조인 "랑그"와의 연관 관계를 연상시킨다.

홀란드는 원형 비평을 재구성함에 있어 가장 영향력이 있는 비평가로 제임스 힐먼(James Hillman)을 꼽는다. 힐먼은 상상력과 언어와의 관계를 고려하는 현상학적 연구에 대한 임상적 통찰을 확대하기 위하여 융의 사고 속에 암시된 것을 사용했다. 홀란드는 위니코트(D. W. Winnicott)가 잠재 영역, 즉 무의식을 열기 위하여 "자유 연상"을 사용했지만, 힐먼은 텍스트에 나타난 이미지와 수사를 해석의 단서로 이용했다고 본다(*Guide* 42-43).

따라서 융의 관점에서 볼 때, 모든 텍스트는 세상에 대한 자의적 합의의 산물이거나, 비평가나 저자의 신경증을 생산하거나, 주인공과 그 주변 인물들 사이에서 벌어지는 욕망과 방어가 상충하는 갈등의 공간이 아니다. 텍스트에 나타난 정신의 구조와 리비도의 발휘가 결국 지난 시대의 이미지, 신화, 상징의 은유적 결과물이므로, 융은 정상 혹은 비정상이라는 사회 적응에 관한 인격적 구분을 떠나 모든 인간에 보편적으로 적용되는 정신의 불균형에 관한 내/외적인 문제들, 즉 꿈과 상징화된 실체들을 취급한다. 따라서 꿈을 꾸는 개인이나 작업중인 예술가는 양자가 똑같이 불만의 현실 속에서 겪는 그 정신적 빈곤을 보상하는 "원초적 이미지들"을 생산한다. 이와 관련하여 예술과 예술가에 대한 융의 입장을 살펴보자.

> 모든 창조적인 인간은 이중적 존재이거나 모순적인 자질들의 합성체이다. 한편으로 개인적인 인생을 지닌 인간이지만, 다른 한편 그는 몰개성적인 창조적인 과정의 존재이다[....] 예술은 인간을 사로잡고 그를 도구로 만드는 일종의 본래적 욕동이다[....] 한 인간으로서 그는 기분과 의지와 개인적인 목표를 가지지만, 한 예술가로서 그는 고도의 의미를 지닌 "인간"이다 — 그는 인류의 무의식적인 정신적 생활의 매개물이자 틀인 "집단적 인간"이다. 그것이 그의 임무이고, 때때로 그것이 너무 과하여 그는 운명적으로 범인(凡人)에게 인생이 살아갈 가치가 있게 해주는 행복과 모든 것을 희생한다.
>
> Every creative person is a duality or a synthesis of contradictory qualities. On the one side he is a human being with a personal life, while on the other thing he is an impersonal creative process[....] Art is a kind of innate drive that seizes a human being and makes him its instrument[....] As a human being he may have moods and a will and personal aims, but as an artist he is "man" in a higher sense — he is "collective man," a vehicle and moulder of the unconscious psychic life of mankind. That is his office, and it is sometimes so heavy a burden that he is fated to sacrifice happiness and everything that makes life worth living for the ordinary human being. (*Spirit* 101)

융은 인간의 모순되는 두 가지 자질을 "개인적인 인생"의 산물인 개성과 "몰개성"으로 구분한다. 전자는 개별적인 차원인 개인 무의식으로, 후자는 원형적인 차원이므로 집단 무의식으로 볼 수 있다. 이는 엘리엇이 말한 예술에 대한 "전통과 개성"("Tradition and Individual Talent")의 영향론을 상기시키며, 특히 그가 "개성"보다 "전통"을 강조한 것은 융이 개인 무의식보다 집단 무의식을 강조한 것과 유사하다. 예술가가 예술을 만드는 것이 아니라 예술이 예술가를 만든다고 보는 융의 관점은 예술적 원형에 이끌리는 예술가의 운명을 의미한다. 따라서 예술가는 고도의 의식을 지닌 개인이 아니라 원형의 신탁에 의해 조종되는 매체인 "집단적인 인간"에 불과하므로, 그 고통을 감수해야 할 선택된 자는 일상의 행복을 "희생"하여야 한다고 말하는 융은 시인을 소수의 선택된 자로 보는 플라톤의 관점을 공유한다. 예술을 통한 원형의 의식적 재현은, 라이트가 보기에, 의식과 무의식의 교감으로 인하여 중단할 수 없는 인간의 창조활동을 의미하는 일종의 "자율적 콤플렉스"이다(*Practice* 72).

라이트가 말하는 문학에 대한 융적 방법론은, 텍스트에 연쇄적으로 나타나는 상징들의 의미에 대한 근원적 탐색을 시도하는 조악한 융적 상징주의(vulgar Jungian symbolism), 삶의 친숙한 대상과 과학의 특별한 대상 사이의 차이에 대한 선입견에 저항하기 위하여 원형이미지를 사용하여 상상력과 과학 사이에 존재하는 "인식론적 장애"(epistemological obstacle)를 극복하려는 가스통 바슐라르(Gaston Bachelard)적 방법, 개인으로서 시인을 찬양하는 대신 창조적 과정 자체를 찬양하는 저자의 죽음론, 역사적으로 확립된 유형들을 예시하여 비평의 가치 중립적인 객관성을 증거하는 원형의 몰개성주의에 입각한 프라이의 보편적 상징주의, 독자가 어떤 공적인 경험 속으로 흡수되어 시속에 거주하며 시와 함께 방황하고 꿈꾸는 의식의 "확충"을 도모하는 모드 보드킨(Maud Bodkin)적 독자반응주의로 요약할 수 있다(69-74).

그러나 이러한 접근 가능한 방법론에 대한 반론이 아울러 제기되는데, 그것은 융적 비평이 역사적인 반복물들을 자율적이고 보편적인 어떤 주어진 절대 현실로 환원하며, 프라이의 경우, 계절과 같은 자연의 연속과 그 문화적 의미 사이의 편의적 연관성에 대한 설명이 부족하고, 바슐라르의 경우, 상상력은 심리가 생산하는 것의 진정한 원천이라고 주장하나 상상력에 대한 분석이 부재하며, 보드킨의 경우, 경험과 인식 사이의 매개 과정에 대해 언급하고 있으나 이 과정에 대한 설명이 부재하기 때문이다(Wright, *Practice* 75-76).

우리가 앞으로 논의할 융의 원리의 문학적 적용 범위를 정리하면, 연금술적 관점에서 비평은 문학의 재생산을 촉진시키는 촉매로 기능, 원형은 일종의 타자로 기능하여 자아의 분열을 도모, 상징은 의미에 저항하는 일종의 언표로 기능, 신비주의적 경향인 사물에 대한 비유기적인 관점의 수용, 모더니즘적 경향인 분석자 혹은 독자에게 상징에 관한 기본 소양과 통찰력을 전제, 해체주의적 경향인 서구의 전통적인 인식의 하나인 인과의 율에서 탈피하여 "동시성"에 입각한 우연의 율을 강조, 포스트구조주의적 경향인 현상의 원형적 의미의 연쇄, 다문화주의(multi-culturism)와 포스트식민주의(post-colonialism)의 관련성으로 상징의 다양성과 보편성 강조 등이다.

그러므로 융의 원형이론은 현재의 대상이나 현상에 대한 과거의 흔적들을 탐색하여 이를 현재에 대한 진단의 근거로 함과 동시에 미래에 대한 예측을 가능케 한다. 이는 동양의 "온고지신"(溫故知新)에 대한 서구적 실천이며, 과거의 원천이나 소급의 신화를 비현실적이라 비판하고 표층 현상들의 화려한 유희를 중시하는 중심 부재/해체의 포스트모더니즘적 경향에 하나의 대안이 될 수 있다. 그러나 원형 이론은 신의 형상을 닮은 인간의 무한한 잠재능력을 도외시하고 문화의 구조나 상황 속에 고립된 존재로 보는 구조주의에 의해, 의식 자체가 몸에 근거하므로 몸을 떠난 의식은 무의미한 것이라 보아 유물적 토대를 중시하는 마르크시즘에 의해 비판을 받지만, 인간의 무한한 잠재적 가능성을 인식한다는 점에서, 우리 주위에 존재하는 전 세계적 상징들의 탐색을 위한 장치가 될 수 있다는 점에서, 존중되어야 한다. 그리고 이 이론이 자칫 몽환적인 신비의 비전(秘典)으로 전락할 소지가 있으나, 문화적 현상이나 대상의 근원에 대한 역사적 혹은 고고학적 탐색이 전 세계적으로 수행되어 이의 허실이 보완된다면 문명 진단의 유용한 방법으로 자리할 수 있을 것이다. 원형들의 무대인 꿈의 터전을 의식 속에 재현한 것이 문학 텍스트라면, 꿈속에 출몰하는 여러 원형들의 형상이나 작용이 의식의 검열을 받아 문화화되지만, 텍스트가 꿈의 반영이라는 점에서 원형 이론과 교통한다.

3.2 원형과 개성화

프로이트는 융을 자신의 정신적 아들이자 후계자로 보아 "내가 설립한 제국[정신분석학]이 고아원이 되었을 때[내가 죽었을 때] 융을 제외하고 어느 누구도 그 전체적인 일을 계승해서는 안된다"(when the Empire I founded is orphaned, no one but Jung must inherit the whole thing)고 말했다(Isbister 184-85 재인용). 그러나 두 사람의 이 상징적인 관계는 융이 무의식적 차원에서 원형2)을 고려함으로써 단절된다. 그것은 프로이트가 거세를 통한 리비도의 사회적 수용을 목표로 하는 외재적인 관점을 취하고 있으나 융은 사회의 전반에 출현하는 제반 상징들의 천착을 통해 그 심층부에 도달하려는 원형적인 관점을 취하기 때문이며(Ellwood 38-39), 이로 인해 융은 프로이트가 창안한 정신분석학의 칼자루와 칼날을 모두 바꾸었다(Stein 3-10).

그러나 두 사람이 절교하게 된 보다 결정적인 이유는 프로이트가 "성욕 이론"(sexual theory)을 포기하지 못한 탓이다. 융은 프로이트가 과도하게 "성욕 이론"에 치우치고 있으며 그에게 이 이론이 일종의 숭고한 신념의 대상이 되었다고 말한다(Rosen 54-55). 이렇듯 두 사람의 사상적 결별을 초래한 "성욕 이론"의 중심에 "모자간의 근친상간"(mother-son incest)에 관한 이견이 자리한다. 여기서 프로이트는 개인적이고 실제적인 관점, 즉 생물학적인 차원에서 남근의 결핍과 보충이라는 관점에서 모자관계를 이해했으나, 융은 그것의 상징적인 의미에 비중을 두어, 남성의 내부에 자리하는 여성적 원형인 "아니마"(anima)가 "태모"의 원형에 깊이 영향받고 있다고 본다. 이는 서구의 기독교적 관점에서 여태 지속된 남성중심주의적 경향에 대한 도전이며, 극(極)은 다른 극을 부르는 "에난티오드로미아"(enantiodromia)적 상황을 초래하여(Hopcke 100-01), 여성주의적인 입장이 강조되는 역전의 전기가 된다. 이렇듯 남성에 내재하여 작용하는 여성/어

---

2) 융은 "원형"이 어떤 명확한 신화적 모티브나 이미지로 오해됨을 경계한다. 그가 보기에, 후자는 의식적인 재현에 불과하며 후대에 전승될 수 없기 때문이다(*Symbols* 57).

머니의 원형은 세상을 주도하는 남성의 정신적인 원천이자 행위의 모티브가 된다.

꿈속이나 신화에서 어머니와의 결합을 시도하는 것은 의식의 무의식으로의 이행을 의미한다. 이것은 융의 관점에서 유아에 대한 어머니의 영원한 보호를 의미하는, 마치 요나(Jonah)가 고래 배속으로 들어가는 알레고리와 동일하며 이때 고래 배속은 유아가 퇴행하는 무의식의 모성적인 공간을 의미한다(*Symbols of Transformation* 330). 이 점을 예이츠의 「이니스프리의 호도(湖島)」("The Lake Isle of Innisfree")에서 살펴 볼 수 있다.

> 이제 나는 일어나 가리, 이니스프리로,
> 그곳에 진흙과 욋가지로 작은 오두막을 짓고;
> 또 그곳에 아홉이랑 콩밭과 벌집 한 통 가꾸며,
> 그리고 벌 소리 요란한 골짜기에 홀로 살리.
>
> 그러면 나는 그곳에서 평화로우리, 평화는 서서히 방울져,
> 아침 장막으로부터 귀뚜라미 우는 곳까지 내리리;
> 그곳에서 한밤중은 희미하게 빛나고, 대낮은 보라 빛,
> 그리고 저녁은 홍방울새 날개 짓으로 가득 하리.
>
> 이제 나는 일어나 가리, 밤이나 낮이나 항상
> 호수 물이 기슭에 철썩이는 낮은 소리를 듣는다;
> 길 위나 회색 포도 위에 서있을 때,
> 나는 가슴 깊은 곳에서 그 소리를 듣는다.

I will arise and go now, and go to Innisfree,
And a small cabin build there, of clay and wattles made:
Nine bean-rows will I have there, a hive for the honey-bee,
And live alone in the bee-loud glade.

And I shall have some peace there, for peace comes dropping slow,
Dropping from the veils of the morning to where the cricket sings;
There midnight's all a glimmer, and noon a purple glow,
And evening full of the linnet's wings.

I will arise and go now, for always night and day

> I hear lake water lapping with low sounds by the shore;
> While I stand on the roadway, or on the pavements grey,
> I hear it in the deep heart's core. (*CP* 44)

"이니스프리"라는 지명과 "작은 오두막, 아홉이랑 콩밭, 꿀 벌통, 숲 속, 귀뚜라미, 홍 방울새, 호숫가, 회색포도"와 같은 실상을 대변하는 구체적인 언표들이 시적 명증성을 구현한다. 이 작품을 구성하는 세 개의 스탠자에서 보여주는 시적 조형이 간단히 일별된다. 첫 번째 스탠자에서는, "골짜기"에 "작은 오두막"을 짓고 "콩밭"과 "벌집"으로 영위하는 삶, 즉 동양적인 관점에서 도가(道家)적인 인생의 모델이 제시된다. 두 번째 스탠자에서, "귀뚜라미"와 "홍방울새"가 노니는 그 곳은 안식과 평안이 있는 삶의 이상향이다. 세 번째 스탠자에서는, 그 이상향에 대한 시적 화자의 갈망과 동경이 나타난다. 삶의 치열한 투쟁의 장에서 정신적인 외상으로 피곤하고 상처받은 영혼들은 현실을 떠나 아늑한 모성적인 공간을 지향한다. 이런 점에서 "이니스프리"는 시적 화자의 마음의 본향이지만 정신적 도피처로서 좌절된 이상을 암시하고, 현실의 배후에서 생의 잠재적 동인(動因)으로 자리하여 시적 화자의 원형 회복을 도모하는 모성적인 상징으로 나타난다.

이 작품에서 특히 주목할 것은 "평화"와 안식을 의미하는 "이니스프리"이다. 물론 이것은 예이츠가 설정한 심미적인 곳일 수 있으나, 여러 원형들이 집산/합류하여 의식적 억압 없이 자유롭게 노니는 무의식의 공간으로 이해할 수도 있다. 이와 관련하여 융은 다음과 같이 말한다.

> 예를 들어, 플라톤은 동굴의 우화 속에 지식이론의 전체적인 문제를 설정하고, 예수는 비유 속에서 천국의 이념을 표명할 때, 이것들이 진정한 상징들이며, 다시 말해, 여태 언어 개념이 존재하지 않는 무엇인가를 표현하려 한다.
>
> When Plato, for instance, puts the whole problem of the theory of knowledge in his parable of the cave, or when Christ expresses the idea of the Kingdom of Heaven in parables, these are genuine and true symbols, that is, attempts to express something for which no

verbal concept yet exists. (*Spirit* 70)

따라서 이곳은 인간의 이해와 인식이 미치지 않는 언어도단(言語道斷)의 초월적인 공간이며, 여기에 불교의 이데아인 니르바나(nirvana)와 노자(老子)의 도(Tao)가 추가될 수 있을 것이다. 이 공간은 "에로스"적 열정의 종말인 "타나토스"적 결말을 예시한 것으로도 볼 수 있으므로 재생 혹은 원형회복의 실천적인 공간이 된다. 그러나 유아가 성장과정에서 모성적인 공간을 떠나 점차 세상의 이치나 법에 종속될 때, 그 반작용으로 인간의 "정신 에너지"(psychic energy)가 의식의 현실로부터 무의식의 차원으로 역류하는 것은 유아가 어머니와 분리되는 것과 마찬가지로 위험한 일일 것이다.

융의 심리학은 주로 정신을 의미하는 프시케(psyche)에 기초한 전체적인 인격에 연관되는데, 이는 세 요소로 구성된다. 그중 하나인 "의식적 자아"(conscious ego)는 인격의 전체성을 의미하는 중심적 자아인 "셀프"(self)의 명령에 부응하는 외부 자아이고, "개인 무의식과 그것의 콤플렉스"(personal unconscious and its complexes)는 개별적인 체험의 저장소와 그 속에 내재하는 증상 유발의 동기들이며, "집단 무의식과 그것의 원형들"(collective unconscious and its archetypes)은 인류의 발생학적 계통이나 본능의 근원과 직접 연결된 공간과 그 속에 내재하는 원초적인 자질들이다(Hall, *Jungian Psychology* 32-53).[3] 집단 무의식[4]은 개인 무의식에 존재하지 않는 원형들이 발현되는 공간으로서 인간의 생활에 잠재적으로 영향을 미치며 의식적 자아와 상관없이 독자적으로 기능한다. 원형은

---

[3] 여기서 개인 무의식은 자아에 의해서 의식화되지 못한 개별 경험이 은거하는 곳이고, "콤플렉스"는 평소 우리의 사고와 행동을 지배할 수 있는 "개인 무의식의 집단"이며, 집단 무의식은 개인적인 체험에 의존하지 않는 "원초적 이미지"(primordial images)라고 부르는 잠재적 이미지의 저장고다(Brooke 14-18).

[4] 이와 관련하여, 윌프레드 게린(Wilfred L. Guerin)은 신화학자 죠셉 캠벌(Joseph Campbell)이 소개한 예를 도입한다. 알에서 갓 부화된 병아리들은 그들의 머리 위로 매(hawk)가 지나가면 흠칫 놀라 곧장 숨어버리지만 다른 새들이 지나가면 아무런 반응을 보이지 않는다. 이것은 고래로부터 매에 대한 위협이 병아리의 무의식에 원형적으로 각인되어 일상에서 드러난 증상이다(158).

인생의 원초적인 전형으로서 무한한 전승에 의해 우리의 무의식 속에 각인된 것으로, 플라톤이 주장한 세상의 온갖 현상들이 근거하는 선험적인 차원인 에이도스(eidos)[5])와 유사하며, 그 종류에는 일종의 사회적 자아인 "퍼소나"(persona), 남성 속의 여성적 요소인 "아니마," 여성 속의 남성적 요소인 "아니무스"(animus), "그림자"(shadow), 그리고 "셀프"가 있다(Hopcke 13-17).

우리의 정신은 일상에서 발생하는 끊임없는 자극들에 의해 영향을 받기 때문에 항상 불안정의 상태를 유지할 수밖에 없으며, 이 자극들에 적절히 반응하기 위해 우리의 인격은 스스로 여러 정신 요소들이 참여하는 미묘한 역학관계를 조성한다. 이 요소들 중에서 "정신 에너지"는 프로이트의 리비도가 지향하는 욕망의 차원을 벗어나 모든 심리적인 활동을 수행하는 현실적이며 잠재적인 역동의 형태로 표현되며, 정신에 의해 소비되는 경험에 의해 축적된다. "정신 가치"(psychic value)는 개인의 성향에 따라 정신적 혹은 물질적인 관심의 분야에 투사되는 에너지의 척도이므로, 우리가 일상에서 보이는 관심의 방향에 의해 결정된다. "등가"(equivalence)의 원리는 정신 체계 내에서의 정신 에너지의 교류에 관한 것으로, 어떤 정신 요소에 에너지가 감소되면 다른 정신 요소에 에너지가 증가하므로 정신 체계 내에서 에너지의 상실은 없다는 것이다. 이 원리는 물리학에서 말하는 에너지 보존에 관한 열역학의 제 1 법칙과 유사하다. 융의 관점에서 "엔트로피"(entrophy)의 원리는 정신 에너지의 방향에 관한 것으로 정신의 균형을 유지하기 위해서 인격 요소의 강한 가치에서 약한 가치로 흐르는 것을 말한다. 이를테면 그림자가 강하고 아니마가 약한 남자의 경우, 정신 에너지가 후자에서 전자로 흘러 양자가 혼합되는 것을 말한다. 이것은 물리학에서 고(高)가치에서 저(低)가치로 나아가는 에너지의 전이를 설명하는 열역학 제 2 법칙에 해당된다. "정신 에너지"는 우리가 처한 환경이나

---

5) 이는 플라톤 철학의 주개념인 "이데아"에 해당하며, 동시에 아리스토텔레스 철학의 주개념으로 사물의 기능과 형식을 의미하는 형상(形象)을 의미하며, 나아가 문화적 관점에서 관념 체계와 경험의 해석 기준 혹은 문화가 갖는 형식적인 내용을 의미한다.

상황에 따라 감정과 사고의 기능에 의해 나아가고 후퇴하는데 이를 "전진"(progression)과 "퇴행"(regression)의 원리라고 한다. 전자의 경우, 우리가 가지고 있는 특별한 심적 자질을 실현하기 위해 리비도가 세상에 집중되는 감정적 원리를 의미하고, 후자의 경우, 우리가 새로운 상황에 처하여 방향 전환이 절실할 때 전진의 에너지인 리비도를 거두어들이고 앞으로의 방향을 모색하는 사고의 원리를 의미한다. 이 두 원리가 서로 조화되지 못할 때 인간은 외부세계와 원만한 관계를 유지할 수 없다. 그리고 에너지의 발현(canalization)은 정신 에너지의 현실적 반영으로 우리가 본능적 존재에서 문화적 존재로 나아가는 것을 의미하며 그것은 인간이 리비도를 그것과 유사한 문화적인 것, 즉 상징으로 변형시킴으로서 가능하다. 리비도가 상징화될 때 잉여된 리비도는 새로운 상징을 만들어 내는 원동력으로 역사적으로 자연의 시대, 미신과 마법의 시대, 과학과 예술의 시대를 초래한다(Hall, *Jungian Psychology* 57-79). 이러한 점을 예이츠의 시집 『장미』에 대한 원형적 논의에서 살펴 볼 수 있다.

산드라 길버트(Sandra Gilbert)는 전기-라파엘적 태도가 『십자로』에서 아일랜드와 인도의 주제에 대해 다소 미미하게 적용되었으나 1893년에 출판된 『장미』에 이르러 비학(秘學)의 주제에서 파생되는 이미지에 보다 직접적으로 적용되었다고 말한다(20). 이를 바탕으로 『장미』에 대한 우선적인 논의는 그것의 사회적 연관성에 대한 고려로 나아간다.

> 장미는 정신적으로 영원한 아름다움을 상징한다. 상징으로서 그것의 의미는 어떤 비교(秘敎)집단인 '금빛 새벽' 혹은 '장미 십자회'의 회원으로 예이츠가 가입함으로써 강화되었다[....] '장미 십자회'의 상징체계에서(네 개의 꽃잎이 달린) 장미와 십자가의 결합은 다섯 번째의 요소를 형성한다 — 신비적인 결혼 — 장미는 여성적인 성적 요소들을, 십자가는 남성적인 요소들을 소유한다; 장미는 십자가의 희생으로 피는 꽃이다.
>
> The Rose symbolises spiritual and eternal beauty. Its meanings as a symbol was intensified by Yeats's membership of the Golden Dawn, an occult society or Rosicrucian order[....] In the Rosicrucian

> symbolism a conjunction of rose (with four leaves) and cross forms a fifth elements — a mystic marriage — the rose possessing feminine sexual elements, the cross masculine; the rose being the flower that blooms upon the sacrifice of the cross. (Jeffares 23)

『장미』에 반영된 시인의 정신 가치는 초월적인 것이며 이때 시인의 정신 에너지는 등가의 관점에서 볼 때 세속적인 가치에서 탈 세속적인 가치로 경도된다. 이런 점에서 시인이 초월적인 가치를 지향한다는 것은 오히려 엔트로피의 원리에 의한 세속적인 가치의 결핍으로 나타나 현실적으로 갈등하게 된다. 이는 성자(聖者)가 가끔 의식하고 느끼는 육체적인 것에 대한 향수와 같은 것이다.

예이츠는 자서전에서 시집 『장미』에 대해, "나는 한동안 사랑의 시작(詩作)에 대해 생각했으며, 이를 『장미』로 부르기로 한 이유는 장미의 이중적인 의미 때문이었다; 마음속에 결코 한 점의 균열이 없는 어부와 젊은 이의 게으름을 불평하는 늙은 여자"(I thought for a time I could rhyme of love, calling it *The Rose* because of the Rose's double meaning; of a fisherman who had 'never a crack' in his heart; of an old woman complaining of the idleness of the young)(Jeffares 24)라고 말한다. 전자는 "장미"의 고결함을, 후자는 속이 없는 겉의 허세를 암시한다. 이렇듯 『장미』는 시인의 정신 에너지의 발현으로 그 본능을 대체한 상징이며, 한편 이 본능의 대상은 "장미는 또한 모드 곤(Maud Gonne)을 상징하며, 그녀는 본 편집자에게 예이츠가 자신을 "장미"로 암시하며, 그녀를 통해 아일랜드를 언급했다고 말했다"(The Rose also symbolises Maud Gonne, who told the present editor that Yeats intended to allude to her by the symbol, and through her to Ireland)(Jeffares 26)에 나타난다. 모드 곤이 "장미"의 상징으로 변형된 것은 감정적 원리보다는 사고의 원리에 의한 시인의 퇴행적인 관점 때문이다.

세상에서 수호되어야 할 고결한 것이나 오히려 세속과는 상당히 유리되는 경외의 대상으로 인식되는 "장미"에 대해서, 죠셉 헨더슨(Joseph L.

Henderson)은 "장미"의 상징과 연관하여 애니메이션인 『미인과 야수』(Beauty and the Beast)에서 감지되는 "장미"의 원형에 대해 다음과 같이 말한다.

> 이 이야기에서, 우리가 그 [영화의]상징주의를 해명한다면, 우리는 미인이 자기의 아버지와 함께 정서적인 유대감을 느끼는 어떤 젊은 소녀나 여자이며, 무릇 그 정신적인 본질로 인하여 결합함을 인식할 것 같다. 그녀의 선성(善性)은 한 송이 하얀 장미를 원하는 그녀에 의해 상징화된다.
>
> In this story, if we unravel the symbolism, we are likely to see that Beauty is any young girl or woman who has entered into an emotional bond with her father, no less binding because of its spiritual nature. Her goodness is symbolized by her request for a white rose. (Jung, *Symbols* 131)

이처럼 정신적인 가치를 보유하는 "장미"는 그 숭배자들의 의식 속에 싱그러운 봄을 간직한 아름다운 자태로 고정되어야 하며, 그들의 인격 발달의 정점에 고결한 상징으로 자리해야 한다. 그렇지 못하면 세속에 물들어 속인들의 탐욕에 의해 희생되는 타락하고 추악한 "장미"가 된다.

융은 인격의 발달에 대해 "개성화," "초월과 통합"(transcendence and integration), "퇴행," "인생의 제 단계"(stages of life)로 구분한다. 이중에서 "개성화"는 인격이 분화되어 점차 균형과 통합의 차원으로 나아가는 자율적인 과정을 말한다.[6] 그러나 이 경지에 이르는 것은 극히 어려우며 예수나 석가와 같은 몇몇 성현들을 제외한 인간들의 이상일 뿐이다. "초월과 통합"에서 전자의 목적은 인간의 잠재적 인격을 모두 실현시키고 인간의 전체성을 개화시키는 것이며, 후자는 유충이 허물을 벗고 나방이 되는 것처럼 분화와 공존하여 인격의 종합을 완수한다. 이는 남성 속의 아니마

---

[6] 이 완전한 개성화의 경지, 즉 본래의 셀프에 도달하려는 것은 종교와 이성을 초월하여 사물에 대한 완전한 인식을 의미한다는 점에서 세상의 본원적 진리와 지혜를 추구하는 영적(靈的)인식을 중시하는 초기 기독교의 영지주의(gnosticism)의 취지와 유사하다.

가 원래의 남성다움과 통합되어 생물학적인 의미 이외의 하나의 조화로운 인격체로 거듭 태어남을 의미한다(Hall, *Jungian Psychology* 81-94).

자아의 완성을 지향하는 개성화와 관련하여 예이츠가 제기한 "존재의 통일"은 단테(Dante Alighieri)의 『콘비토』(*Convito*)에 나오는 미(美)를 가장 완벽한 비율의 육체로 비유한데서 유래되어 모든 예술은 결코 분리된 것이 아니며, 모든 시대의 시인과 예술가들이 전 인류의 보편적 주제에 몰두하여야 가능한 차원을 의미한다는 점에서 개성화에 의한 인격의 완성에 관한 융의 관점을 공유한다(O'Donnell 164).

"퇴행"은, 앞에서도 언급했지만, 리비도의 역류, 즉 우리의 리비도가 환경의 외재적인 가치에서 무의식의 내재 가치로 후퇴하는 것을 말한다. 다시 말해, 이는 우리가 현실에서 때때로 불만스런 순응의 인습적인 가면을 벗어버리고 당면한 문제들에 대처하기 위해 리비도의 전진을 중단한 후 무의식에 내재된 개인적/종족적 지혜를 찾으려는 것이다. 이런 점에서 재생의 전설은 퇴행의 이점(利點)을 신화적인 형태로 표현한 것이다(Hall, *Jungian Psychology* 89-90). 그러나 과거로의 "퇴행"은 현실에 역행한다는 점에서 자아 반성적인 차원에서만 실천되어야 할 것이며, 그렇지 못할 경우, 우리는 과거 속에 유폐될 것이다.

융은 "인생의 제 단계"들을 유아기(12세까지), 청년기(12-40세), 장년기(40-65세), 노년기(65세 이상)로 나눈다. 이 가운데 유아기와 노년기에서는 정신적인 문제가 일어나지 않는다고 보는데 그것은 이 두 단계가 부모나 자식, 주위 사람들에게 의탁하는 시기이기 때문이며, 인간에게 정신적인 문제가 생기는 것은 성숙의 정도에 비례한다. 두 번째 단계는 인생의 아침이라 부를 수 있는 시기로 자기 확신과 독창력이 발휘되며, 세 번째 단계에서 개성의 고정화와 신경증이 나타난다. 마지막 단계는 자신을 남에게 의탁하는 시기로 자신의 책임이 감소된다(*Psychological Reflections* 133-42).

이러한 점들을 예이츠의 「탑」("The Tower")에 적용시켜 본다. 이 작품에 대해 로센달(M. L. Rosenthal)은 세월과 숙명을 인식하며 인격을 형성하거나 방해했던 세계, 인간, 우주에 관한 시인의 내적인 성찰이 담겨 있다고 말한다(218).

　　　이 어리석음을 어떻게 할까 —
　　　아, 마음이여, 혼란스런 마음이여 — 이 만화와 같은 모습,
　　　개꼬리와 같이 내게 붙어 있는
　　　노쇠한 나이를?
　　　나는 지금처럼
　　　흥분하고, 정열적이며, 환상적인
　　　상상력과, 불가능한 것을
　　　이처럼 기대하는 귀와 눈을 가져 본 일이 없었다 —
　　　낚싯대와 파리와,
　　　지렁이를 들고, 내가 벤 벌벤의 언덕에 올라
　　　긴 여름날을 보냈던 소년 시절에도 그렇진 않았다.
　　　아마 나는 뮤즈 신에게 짐을 꾸려 떠나라고 명하고,
　　　플라톤과 플로티누스를 친구로 택해야만 할 것 같다
　　　이때 상상력과 귀와 눈이,
　　　추상적인 대상들에 대한 논쟁과 타협에
　　　만족하든지; 혹은 발뒤꿈치에 걸리는
　　　찌그러진 주전자 같은 것에 의해 조소되든지.

　　　What shall I do with this absurdity —
　　　O heart, O troubled heart — this caricature,
　　　Decrepit age that has been tied to me
　　　As to a dog's tail?
　　　Never had I more
　　　Excited, passionate, fantastical
　　　Imaginations, nor an ear and eye
　　　That more expected the impossible —
　　　No, not in boyhood when with rod and fly,
　　　Or the humble worm, I climbed Ben Bulben's back
　　　And had the livelong summer day to spend.
　　　It seems that I must bid the Muse go pack,
　　　Choose Plato and Plotinus for a friend
　　　Until imagination, ear and eye,
　　　Can be content with argument and deal

In abstract things; or be derided by
A sort of battered kettle at the heel. (*CP* 218-19)

육체와 정신이 대비되면서 전자와 후자의 불균형에 대해 시적 화자가 불평한다. 전자의 경우 자신이 보기에도 우스운 "만화같은 모습"과 노쇠한 육신을 의미하는 "찌그러진 주전자"는 "흥분," "정열," "환상," "상상력"을 추구하기에 이미 늦다. 그러나 "불가능한 것을 이처럼 기대하는 귀와 눈을 가져본 일이 없었다"는 부분에서 시사하듯이 늙어 갈수록 "소년 시절"의 낭만보다 지나친 노인의 헛된 망상은 시인이 보기에도 역겨운 것이다. 그러나 여기 보이는 시인의 반성적 인식은, 인격의 변형과 생성이 공존하는 개성화의 과정에서 자아의 현재를 직시해야 한다는 점에서, 인격의 균형과 통합을 위해 불가피한 성찰이다.

그 결과, 시인은 공허한 감상과 신체적 무력감을 조장하는 "뮤즈"를 거부하고 차라리 세상의 허위 인식을 폭로함으로써 정치적 현실을 조성하는 "플라톤"으로의 전향을 검토한다. 이것이 역동적인 리비도의 역류를 의미하는 퇴행이며, 리비도의 전진은 인생의 새로운 채널을 찾을 때까지 중단된다. 따라서 사물을 감지하는 수단인 "귀"와 "눈"과 "추상적인 대상들"을 창조하는 "상상력"에 의해 유지되는 인간의 의식과 분별력은 계속적인 "논쟁과 타협"에 의해 자아 실현을 위한 초월과 통합의 과정으로 나아간다. 이 부분에서 데이비드 린치(David Lynch)는 시적 화자의 노령에 대한 불평과 정신적인 노쇠가 아니라 육체적인 노쇠가 드러난다고 말한다(11).

그러나 시인이 "뮤즈"를 포기하고 현실적으로 "플라톤"과 "플로티누스"를 선택하는 것은 셀프의 추구에 대한 강박감으로 인생의 제 단계 중에 장년기의 특징인 개성의 고정화에 따른 신경증의 결과라고 볼 수 있다. 그것은 "이때 상상력과 귀와 눈이/추상적인 대상들에 대한 논쟁과 타협에/만족하든지; 혹은 발뒤꿈치에 걸리는/찌그러진 주전자 같은 것에 의해 조소되든지"에 잘 나타나듯이, 장년이 되어서도 사물에 대한 깊은 인식의 경계에 이르지 못함에 대한 자괴감을 반영하기 때문이다. 이에 시인은 미혹되기 쉬운 감각기관인 "귀"와 "눈"에 의지하는 사물의 인식에 회의하고 세상에 대해 유동적이고 피상적인 개별 안목들의 "논쟁"을 떠나 이 차원을 벗어나는 궁극적 실재, 즉 개성화의 완성을 동경한다.

3.3 집단 무의식과 리비도

융은 알프레드 아들러(Alfred Adler)[7]와 함께 프로이트의 리비도에 함의된 성애(sexuality)에 대해 반대하고, 무의식의 과정을 천착한다. 그는 무의식의 심층을 주로 다루면서 균형이 잡힌 인간들에 보이는 이성적 자아가 이드와 초자아를 통제한다고 보고 이성적인 의식과 비이성적인 무의식 사이의 협동 관계를 옹호한다(*Two Essays* 128). 프로이트는 무의식을 의식으로 조절하는 과학적인 방법론과 경험론을 혼합하는 합리론을 적용했으나, 융은 무의식이 의식적인 사고와 추론으로 재현될 수 없다고 본다. 그는 우리가 개인 무의식에 영향을 주듯이 집단 무의식이 우리에게 영향을 준다고 보아 현실의 억압에서 비롯되는 프로이트적 개인 무의식의 원리를 수정한다. 이러한 관점에서 집단 무의식의 세계는 현실 세계의 경험이 잠재된 개인 무의식을 넘어 선다. 이와 관련하여 융은 다음과 말한다.

> 의식적 마음은 스스로를 앵무새처럼 훈련시키도록 허용하지만, 무의식은 그렇지 않다 - 그것이 성(聖) 아우구스티누스가 자신의 꿈들에 대해 자신이 책임을 지지 않도록 해준 신에게 감사드리는 이유이다. 무의식은 자율적인 정신적 실체이다; 그것을 훈련시키려는 어떠한 노력들이 외관상 성공하지만, 의식에 한층 해롭다. 그것은 주관적이고 자의적인 통제의 범위를 벗어나 존재하는, 자연과 그 비밀들이 개선되거나 도착(倒錯)될 수 없으며, 우리가 들을 수 있으나 개입할 수 없는 영역이다.

---

[7] 아들러는 인간의 문제를 열등감을 극복하기 위한 힘의 추구로 보아 비성적(非性的)인 요소가 신경증(neurosis)에 작용하고 이는 성격 양상(character pattern)과 자아 충동(ego drive)의 측면에서 야기된다고 말한다(Thompson 11).

> The conscious mind allows itself to be trained like a parrot, but the unconscious does not - which is why St. Augustine thanked God for not making him responsible for his dreams. The unconscious is an autonomous psychic entity; any efforts to drill it are only apparently successful, and moreover harmful to consciousness. It is and remains beyond the reach of subjective arbitrary control, a realm where nature and her secrets can be neither improved upon nor perverted, where we can listen but may not meddle.
> (*Psychological Reflections* 27)

융은 의식을 현실 적응의 상징인 "앵무새"로 보며, 무의식은 개인들을 현재의 인류에 연결하고 그들을 과거의 인류에게로 회귀시키는, 인간의 의지가 전혀 미치지 못하는, 이성적 "개선"과 의식적 "도착"(倒錯)이 불가능한 미지의 영역으로 본다. 이렇듯 무의식은 과거의 침전물이자 미래의 창조물이므로, 융은 결정론적 목적론자가 된다. 그래서 융은 무의식에 나타나는 꿈을 고통스런 인생의 변형이 아닌 모든 원형들을 조율하는 셀프의 창조적인 표현으로 본다(*Psychological Reflections* 73).

예이츠는 『책임』(*Responsibilities*)이라는 시집에서 "꿈속에서 책임이 시작된다"(In dreams begins responsibility)(*CP* 110)고 말하여 세상에서 인간에게 부여된 원형적 본질의 사명을 언급한다. 여기서 시인이 말하는 "책임"은 개인 무의식에서 비롯된 "반복 충동"에 의한 관습적인 임무가 아니라 "존재의 통일"에서 암시되듯이 선대로부터 계승된 사명의 완수인 집단 무의식으로의 이행을 의미하며, 이는 시인이 상실한 진정한 셀프의 회복을 통하여 가능할 것이다. 그러나 이것은 그 시집의 서문에서 "나는 사십 아홉의 문턱에 이르렀지만,/아이는 없고, 오직 한 권의 책뿐,/그 외에 선조의 피와 내피의 증거는 없다"(Although I have come close on forty-nine,/I have no child, I have nothing but a book,/Nothing but that to prove your blood and mine)*(CP* 113)라고 하듯이 그리 용이한 문제가 아니며, 이때 셀프의 회복을 위해 조절되어야 할 정신 에너지가 리비도이다.

프로이트의 정의에 따라 성적인 에너지로 규정된 리비도는 융의 의해 목적론적인 일종의 소모성의 "생의 약동"(elan vital) 혹은 의욕의 정신 에너지로 갱신된다. 우리는 리비도에 대한 이들의 관점을 다음의 글에서 살펴 볼 수 있다.

> 성적인 갈등이 신경증에 대한 심리학적 이유라고 전제하면서, 프로이트는 리비도라는 용어를 특히 성적인 에너지를 나타내는, 상당히 제한적인 의미로 사용하게 되었고[...] 융이 보기에[...] 성적 에너지를 함의하는 그 용어의 절대적인 사용이 너무 제한적이어서 원래 라틴어에서 비롯된 그 낱말이 뜻하는 욕망, 동경, 충동과 양립할 수 없었다[....]그러므로 성욕에 관한 프로이트의 자만을 거부하면서 융은 "나에게 리비도는 정신적 에너지를 의미하며, 그것은 정신적 내용물들이 부가되는 강도에 상당하는 것이다"라고 쓴다....
>
> In positing that sexual conflicts were the psychological cause of neurosis, however, Freud came to use the term libido in a considerably restricted sense, to denote sexual energy in particular [....] Jung[...] felt that an exclusive usage of the term to connote sexual energy was too narrow and not in keeping with the original Latin meaning of the word as desire, longing, urge[....] Thus, in rejecting Freud's overweening emphasis on sexuality, Jung writes, "libido for me means psychic energy, which is the equivalent to the intensity with which psychic contents are charged.... (Hopcke 21-22)

나아가 융은 리비도의 개념을 말로 표현할 수 없는 신비스러운 차원으로 확대시켜, 인간이 내부와 외부의 대상에 몰두하는 것, 인간 사이의 끌림, 대상을 포섭하는 것도 리비도의 기능에 속한다고 본다(Hopcke 22). 이처럼 융의 리비도는 프로이트의 강박적 리비도와는 달리 자아의 완성을 추진하는 정신 에너지로 기능한다. 이와 관련, 라캉은 융이 프로이트가 밝히지 못한 정신병의 원인에 대해 그 해답을 제공했다고 말하고 그것을 리비도의 "내향화"(introversion)라고 정의한다(*Book I* 119). 이것은 인간의 외부/내부에 리비도의 안배나 변형이 적절하지 못할 때 발생하는데, 이를테면 너무 "내향화"된 인간이 현실을 오독하는 경우와 같은 것이다. 이처럼 융은 리비도를 생물학적인 차원에서 정신적인 차원으로 승화시킨다.

이 점에 대한 시적 표현을 예이츠의 「늙은 연금 수령자의 비탄」("The Lamentation of the Old Pensioner")에서 살펴볼 수 있다.

내가 비록 비를 피해
부러진 나무아래 앉아 있지만,
사랑이나 정치에 대해
모든 이들과 노변(爐邊) 정담을 나누었다,
시간이 나를 변모시키기 전에.

청년들이 비록 어떤 음모를 위해서
다시 창끝을 벼리고,
미친 악한들이 인간의 폭정에
격분하고 있지만,
나는 나를 변모시킨
시간에 대해 명상한다.
이 부러진 나무를
돌아보는 여자는 없고,
그러나 내가 사랑했던 미녀들은
아직도 내 기억 속에 있다;
나는 나를 변모시킨 시간의 얼굴에
침을 뱉는다.

Although I shelter from the rain
Under a broken tree,
My chair was nearest to the fire
In every company
That talked of love or politics,
Ere Time transfigured me.

Though lads are making pikes again
For some conspiracy,
And crazy rascals rage their fill
At human tyranny,
My contemplations are of Time
That has transfigured me.

There's not a woman turns her face

> Upon a broken tree,
> And yet the beauties that I loved
> Are in my memory;
> I spit into the face of Time
> That has transfigured me. (*CP* 52)

시적 화자는 "사랑이나 정치"가 화제로 등장하는 시류의 토론에 민감하게 참여했던 시절에 대해 언급하고 있지만, 지금은 단지 그것을 회상하는 "노변 정담"의 차원에 머물고 있다. 그러나 이 소극적인 참여마저 회의하게 하는 것이 "시간"의 경과다. "청년들이 비록 어떤 음모를 위해서 다시 창끝을 벼리고, 미친 악한들이 인간의 폭정에 격분하고 있지만," 이 또한 시적 화자의 관심을 끌지 못하는 것은 이러한 "음모"나 "격분"이 "시간"의 추이에 따라 분명 그 결과에 대한 반성을 초래할 것임을 확신하는 데서 비롯된다. 시적 화자의 관심은 주로 "나를 변모시킨 시간"에 대해서 인데, 그것은 사물들이 시간의 흐름 속에 각각의 원형을 점차 상실하기 때문이다. 따라서 시인의 리비도는 인간 사이의 "사랑"과 "정치"에 국한되지 않고 인간의 운명을 압박하는 "시간"을 초월한 또 다른 차원으로의 승화를 탐색한다. 이러한 점에서 시인의 자아를 상징하는 "부러진 나무"[8]는 남성의 퇴조, 즉 남근의 승화를 의미하지만, "이 부러진 나무를 돌아보는 여자는 없고"에서 나타나듯이 리비도의 생물학적인 회복을 향수한다.

그리고 "시간의 얼굴에 침을 뱉는다"는 것은 현상의 부침(浮沈)을 초월하려는 궁극적인 것, 즉 원형의 추구에 대한 시인의 확신이다. 그것은 "연금"(年金)이 의미하는 의식주의 보장에 대한 사회적 메커니즘이 시적 화자를 만족시키지 못하고 오히려 "비탄"에 빠지게 하기 때문이다. 전체적으로 이 작품은 리비도의 생물학적 의지를 축소하고 정신적인 가치를 확대한다.

---

[8] 이와 관련하여, 융은 고대 인도의 제례에서 불을 지피는 의식에 사용되는 나무 막대기가 남근(phallus)을, 그 막대기가 마찰하는 나무판자가 여성의 성기(vulva)를, 이로 인해 발생하는 불이 갓난아기를 상징한다고 말한다(*Symbols of Transformation* 147).

리비도가 관류하는 재현이 불가능한 무의식의 탐구는 어디까지나 의식적인 차원에서 모색될 수밖에 없는데, 그것은 의식이 무의식의 전제조건이기 때문이다. 무의식의 현실적인 탐구 방법에 대해 융은 단어 연상(word association), 꿈의 분석, "능동적 혹은 창조적 상상력"(active or creative imagination)을 소개한다. 이중에서 단어 연상은 무의식의 자율적 본질을 발견하는 데에 유용하며, 대화자들 사이에 행해지는 자극 단어(stimulus word)에 대응하는 반응 단어(response word)의 반작용에서 교차되는 정서를 검토한다(Hall, *Jungian Psychology* 23). 융은 프로이트가 꿈을 잠자는 동안 일어나는 마음의 활동이라는 아리스토텔레스의 견해(Pasotti 13)에 근거하여 억압된 "소망 실현"(wish-fulfillment)의 무의식에서의 성취라고 보는 것에 반하여, 무의식에서의 실제적인 상황에서 상징적인 형태로 드러나는 자연발생적인 자화상이라고 정의한다(*Psychological Reflections* 57). 다시 말해 프로이트는 꿈을 현실의 억압이나 왜곡의 결과물로, 융은 꿈이 현실의 억압이나 왜곡이 아니라 자연 발생적인 원초적 경험의 결과물로 본다. 따라서 꿈의 분석에 대한 프로이트와 융의 입장이 다르다. 전자는 꿈이 주관적 현실의 반영이라는 인과론적인 점에 치중하는 반면, 후자는 목적론적인 관점에서 꿈이 주관적 현실인 개별 체험과 객관적 현실인 집단 체험의 동시적 반영이라고 본다.

그리고 능동적 상상력은 의식적인 창조와 대립되는 것으로 어떤 대상에 몰입하여 의식적인 의심없이 환상의 터널 속으로 빠져 들어가는 정신적 상황을 의미하며, 여기서 발생하는 이미지들은 의식적 현실과는 상관없이 자율적인 논리에 따라 유희한다. 이처럼 무의식의 틈새를 엿보려는 융의 탐색은 결국 무의식의 상징화를 위한 것이며, 과거와 미래를 지향하는 원형의 편재를 강조하는 "동시성"(synchronicity)[9]의 원리 또한 리비도의

---

[9] 이는 융의 난해한 원리중의 하나로 인과(因果)의 관점과는 달리 주관적인 관점에서 볼 때 사건들이 서로 연결되어 있다는 것이다. 이 점을 서구인들이 이해하기에 다소 힘들어 보인다. 또 이 원리는 영혼과 육체가 서로 분리되지 않았다는 사고 방식이며, 이에 적합한 라틴어는 "하나의 세상"(one world)을 의미하는 "unus mundus"이다.

목적론적 안배를 통한 공동체 의식의 강화를 도모하는, 다시 말해 인간의 문화 개선에 관한 인류학의 원리의 하나로 볼 수 있다.

3.4 상징과 원형

인류학에 대한 융의 관심은 주로 상징과 상징화에 관한 것으로 볼 수 있다. 일반적으로 상징은 무의식의 배경에 단서를 주는 의식적인 내용이며, 프로이트에게 상징은 증상이나 억압된 무의식의 의식적 승화의 대체물로 인식되지만, 융은 대상에 대한 언어, 사물에 대한 영상들, 꿈속의 재현물들을 상징으로 보며(Symbols 4-5), 이때 각각의 대립 쌍들은 반대로 달리는 상극의 "에난티오드로미아"적 상황에 처한다. 왜냐하면 상징의 참조 대상인 원형이 상징화에 저항하고, 상징 또한 이성적 인식인 의미화(signification)에 저항하기 때문이다. 그러나 인간은 보이지만 볼 수 없는 모순적인 상징의 세계 속에 위치하는 자족적인 "상상의 세계"(mundus imaginalis)를 구축한다.[10]

융은 상징을 "자연적 상징들"과 "문화적 상징들"로 구분하는데, 전자는 무의식에 내재하는 원초적인 상징인 본능적 상징으로 이를 거슬러 올라가면 인간의 근원에 이를 수 있고, 후자는 영원한 진리로 표현되는 종교적인 관점인 이성적 상징을 의미한다(Symbols 83). 이러한 점에서 상징은 현실에서 좌절된 본능적 충동을 보상하기 위한 시도를 재현하는 것이며, 또 정신의 재현으로서 세계에 대한 인류의 축적된 지혜와 세상에서 개별

따라서 이 원리는 주체와 객체가 근본적으로 하나이며, 이 양자는 근본적으로 동일한 현실의 두 가지 상이한 명시임을 의미한다(Hopcke 72).

[10] 이렇듯 융의 원형 이론은 상징이 원형을 지향한다는 점에서, 전자는 시간과 공간에서 생성되고 인과적으로 규정되는 "의식 작용"(noesis)으로, 후자는 초역사적인 객관적 "의식 대상"(noema)으로 볼 수 있다는 점에서 현상학(phenomenology)의 원리와 교류한다.

적으로 획득된 경험을 재현한다. 이는 세계의 질서를 가능하게 하는 무의식의 대체물이며 인류의 비전을 제시하는 미래의 나침반으로 기능할 수 있을 것이다. 그리고 우리가 존재하는 상징의 세계에서 삶에 대한 태도는 "외향성"(extraversion)과 "내향성"(introversion)으로 나타난다. 전자는 외재적이고 객관적인 삶을 지향하므로 외부의 사물에 대해 많은 리비도가 투기되며, 후자는 내부적 자아에 고립되어 리비도가 주관적이고 정신적인 과정에 투기된다(Hall, *Jungian Psychology* 101-09). 그러므로 이 양자는 자아 실현을 위한 삶의 태도이며 개성화의 수단이 된다. 이를 위해 삶의 여러 상징들에 투기되는 정신 가치의 정도가 중요한데, 인간은 가치가 있는 상징을 추구함으로써 그 원형에 이를 수 있으며 자신과 주위의 여러 대상들과 조화로운 관계를 유지할 수 있다. 이 점을 예이츠의 「퍼거스와 드루이드」("Fergus and the Druid")에서 살펴 볼 수 있다.

퍼거스. 하루 종일 바위틈을 뒤쫓아 다녔지만,
그대는 자유자재의 모습으로 나타났소,
처음엔 낡은 날개에 깃털이 다 빠진 갈가마귀처럼,
그 다음엔 바위 사이로 움직이는 족제비처럼 보였고,
마침내 사람의 모습으로 나타나는군요.
밤이 다가 오자 반쯤 몸을 숨긴 여윈 백발 노인의 모습으로.

드루이드. 자랑스런 붉은 나뭇가지 왕들의 왕이시여,
무엇을 원하시오?

퍼거스. 내가 하고 싶은 말은, 살아있는 인간 중에서 가장 현명한 분이시여:
젊고 예민한 코누하가 내 옆에 앉아
내가 심판할 때, 그의 말은 현명했고
내게는 끝없는 부담이 되었던 일이
그에겐 쉬운 듯하여, 나는 슬픔을 던져 버리려
그의 머리에 왕관을 씌워 주었소.

Fergus. This whole day have I followed in the rocks,
And you have changed and flowed from shape to shape,

> First as a raven on whose ancient wings
> Scarcely a feather lingered, then you seemed
> A weasel moving on from stone to stone,
> And now at last you wear a human shape,
> A thin grey man half lost in gathering night.
>
> *Druid.* What would you, king of the proud Red Branch kings?
>
> *Fergus.* This would I say, most wise of living souls:
> Young subtle Conchubar sat close by me
> When I gave judgement, and his words were wise,
> And what to me was burden without end,
> To him seemed easy, so I laid the crown
> Upon his head to cast away my sorrow. (*CP* 36)

시인의 현실적 좌절이 드러난다. 그것은 한 때 얼스터(Ulster)의 자랑스런 왕이며 "자랑스런 붉은 가지 왕들의 왕"인 "퍼거스"가 "드루이드"에게 "그대는 자유자재의 모습으로[...] 내게는 끝없이 부담이 되었던 일이 그에겐 쉬운 듯하여"라고 말한 부분에서 나타나듯이 현실에 대한 퍼소나의 부적응이 감지되기 때문이다. 이러한 태도는 외부세계의 현상이나 사람들과의 관계를 지속하려는 의지의 부족을 의미하고, 현상과 유리된다는 점에서 "내향성"의 일단을 보여주지만, 아울러 "외향성"에 의해 주도되는 객관적인 현실에 대한 주관성의 보충을 시사한다. 따라서 "퍼거스"는 객관적 현실을 한탄하고 현자(賢者)인 "드루이드"의 주관적 안목을 동경하며, 현상계만을 지배하는 왕으로서의 한계를 인식한다. 그가 진실로 추구하려는 것은 "더 이상 왕이고 싶지 않소/하지만 그대의 꿈꾸는 지혜를 배우고 싶소"(Be no more a king/But learn the dreaming wisdom that is yours) (*CP* 36)에서 잘 나타나듯이 현실의 옥좌를 초월한 정신 가치이며, 자신의 진면목을 탐구하는 개성화의 과정이다.

"드루이드"는 "현자"의 원형으로, 셀프의 전형적인 개성화를 재현한다. 이때 "퍼거스"는 왕의 지위가 부여된 퍼소나로서 왕의 배후에 자리하는 "현자"와 대립하며, 어떤 문제와의 절충을 위한 자아의 갈등 구조를 보여준다. 그러나 외부 현실에 치중하는 "퍼거스"는 셀프의 재현인 "드루이드"

의 계시를 이해하지 못한 듯 자신을 "어리석은 노동자"로 격하시킨다. 이 때 "드루이드"가 그에게 줄 수 있는 것은 "작은 꿈 주머니" 뿐인데, 이것은 퍼소나에 대한 셀프의 조정작용에 해당되지만, "얼마나 큰 슬픔의 그물이 작은 암회색 주머니에 감추어져 있단 말이오!"(how great webs of sorrow/Lay hidden in the small slate-coloured thing!)(*CP* 37)에서 나타나듯이 현실에 대한 시적 자아의 체념으로 셀프의 실현은 무산된다. 이렇듯 시인은 퍼소나의 외향적 속성에 회의하여 이를 보충하려 "현자"의 원형을 추구하지만 현실적으로 이미 고착된 퍼소나의 영향을 벗어나기가 어렵다.

자아와 타자들과의 평화를 유지할 수 있도록 그 사이를 매개하여 완충하는 사회적 인격으로서의 퍼소나는 그리스어로 마스크(mask)를 의미한다. 이것은 리비도의 폭력성의 조절, 다시 말해 무질서한 본능적 자아를 대신하여 사회의 협약을 준수하여 원만한 공동체를 구성하기 위한 각 자아의 대리인이자 사회적 관계 속에서 형성된 개별의식이다(Whitmont 156-59). 이와 관련하여 예이츠의 "마스크 이론"을 살펴볼 필요가 있다. 이 이론에 대한 리처드 엘만(Richard Ellmann)의 설명은 참고할 만하다.

> 하나의 밀접하게 관련되는 의미는 마스크가 개인의 본질과 그 개인의 인격에 대한 타자들의 인식 사이의 모든 차이점들을 포함하는 것이다. 이런 종류의 마스크를 구성하는 모순을 의식하는 것은 한 개인을 다른 사람처럼 간주하는 것이다. 나아가, 마스크는 방어적인 무기다: 우리는 가벼운 연인처럼 상처받지 않기 위해 그것을 쓴다. 그렇게 보호되므로, 우리는 무슨 일이 일어나든지 단지 가볍게 연루(連累)된다. 이 이론은 배우가 무대와 분리되듯이 우리가 경험으로부터 분리될 수 있다는 것을 가정한다.
>
> A closely related meaning is that the mask includes all the differences between one's own and other people's conception of one's personality. To be conscious of the discrepancy which makes a mask of this sort is to look at oneself as if one were somebody else. In addition, the mask is defensive armour: we wear it, like the light lover, to keep from being hurt. So protected, we are only slightly involved no matter what happens. This theory seems to assume that we can be detached from experience like actors from a play. (175-76)

작품과 시인의 임의적 관계를 의미하는 일종의 개성회피 전략인 "마스크 이론"을 통해 시인은 모든 사물에 대한 자신의 경험과 무관한 작품을 쓸 수 있다. 이는 작품 속에 시인이 부재한다는 점에서 포스트구조주의자들에 의해 제기된 "저자의 죽음"을 예시한다. 따라서 이 원리의 요지는, 시인은 제작자이며 작품은 제작자의 의도에 따라 삶의 양상들이 재조정되고 변형된 것이므로 시인의 삶이 곧 작품자체는 아니라는 것이다(이창배 41-42). 그러나 자아의 중심에 의해 조종될 수밖에 없는 "마스크"의 겉과 속은 모순되지만 본래 하나이며, "마스크"라는 존재 체계의 배후에 그것의 본질 체계가 자리한다. "마스크 원리"에 따라 사물에 대한 시인의 태도가 작위적인 것이라 하더라도 본유의 사물은 시인이라는 인식 주체에 포착되어 의미가 부여된 것이므로 시인의 정신적 가치와 절대 무관할 수 없다. 마찬가지로 지킬(Jekyll)의 "마스크"인 하이드(Hyde)는 원형적 관점에서 지킬의 셀프에 의해 조절되는 인격의 한 구성 요소일 뿐이다. 그러므로 원형적 관점에서 외향성의 퍼소나가 내향성의 원형들과 갈등을 유발하는 "마스크 원리"에 의해 시인의 "마스크"로 위장되어 생산된 작품도 실은 일그러진 원형의 모습을 취하고 있는 것이다.

예이츠가 "마스크 이론"을 제시한 것은 어쩌면 융의 관점에서 한 사회적 주체로서 내부적 자아에 대한 확신, 즉 사회적 존재로서의 자아 인식에 대한 목적론적인 관점인 소명(vocation)의식의 결과로 볼 수 있을 것이다. 이제 이 점들을 예이츠의 「그대 늙었을 때」("When You Are Old")에 적용시켜 볼 수 있다. 이 작품은 전체적으로 퍼소나적 존재 양식으로서의 미(美)의 거부에 관한 것이다.

> 그대 늙어 백발이 성성하고 졸음이 많을 때,
> 난로 가에 졸다가, 이 책을 꺼내어,
> 천천히 읽으며, 한때 그대의 눈이 지녔던
> 부드러운 눈길과, 그 깊은 그늘을 그립니다.
>
> 얼마나 많은 사람들이 그대의 즐겁고 우아했던 순간들을 사랑했고,

거짓 혹은 진실한 사랑으로 그대의 아름다움을 사랑하였던가를,
그러나 한 남자가 그대의 마음속에 순례자의 영혼을 사랑하였고,
그대의 변하는 슬픈 얼굴을 사랑하였던 것을;

그리고 빛나는 창살 가에 고개 숙여,
조금 슬프게 중얼거립니다, 어떻게 사랑이 달아났고
먼 산을 거닐며
별들의 무리 속에 그의 얼굴을 감추었던 가를.

When you are old and grey and full of sleep,
And nodding by the fire, take down this book,
And slowly read, and dream of the soft look
Your eyes had done, and of their shadows deep;

How many loved your moments of glad grace,
And loved your beauty with love false or true,
But one man loved the pilgrim soul in you,
And loved the sorrows of your changing face;

And bending down beside the glowing bars,
Murmur, a little sadly how Love fled
And aced upon the mountains overhead
And hid his face amid a crowd of stars. (*CP* 46)

그 시제(詩題)가 시사하듯이 청춘이 퇴조한 만년에도 늙은 그녀에 대해 변함없이 편집적인 사랑을 다짐하는 시적 화자의 맹목적인 감정이 부각된다. 여기서 "그대"에 대한 구애의 상대로 시적 화자만 유일하게 고려된다. 이는 현재적 아름다움을 중시하는 차원을 떠나 주름진 얼굴에 한 때나마 존재했었던 미(美)의 흔적, 즉 그 "부드러운 눈길"과 사색적인 눈의 "깊은 그늘"마저 추억하자고 하는 영원한 사랑의 지순한 갈망이다. 이렇듯 "그대"에 대한 시적 화자의 일방적인 연모는 "얼마나 많은 사람들이 그대의 즐겁고 우아했던 시절을 사랑했고/거짓 혹은 진실한 사랑으로 그대의 아름다움을 사랑하였던가를"에서 잘 나타나듯이 주위의 여러 상대에 대해 혹 그르칠 수 있는 "그대"의 순진한 판단력에 대한 경각심을 환기시킨다.

이는 결국 "그러나 한 남자가 그대의 마음속의 순례자의 영혼을 사랑하였고"에서 드러나듯이 시적 화자의 아니마가 "그대"의 퍼소나를 관통하여 그 심층의 아니무스와의 일체감을 도모하려는 리비도의 강렬한 투사를 반영한다.

시적 화자는 "그대"에 대한 영원한 사랑을 다짐하면서 일반 남성들의 성향이 주로 피상적인 미의 추구에 있다고 우려하며, 시적 화자로 치환되는 다만 "한 남자"가 육체적인 미를 떠나 "그대의 마음속에 순례자의 영혼"과 세월의 모진 풍상에 의한 "그대의 변하는 슬픈 얼굴"마저 사랑할 수 있는 유일한 존재임을 밝히지만, "어떻게 '사랑'이 달아났고/먼 산을 거닐며/별들의 무리 속에 그의 얼굴을 감추었던 가를"에서 나타나듯이 그 기대는 좌절되고 만다. 여기서 우리는 "그대"의 미에 대한 현상적인 측면에 집착하지 않는 시적 화자를 통해 요즈음 "화려한 표층"의 의미가 부각되는 포스트모더니즘의 시류와는 다른 미의 관점을 본다. 이는 미에 대한 깊이의 통찰, 즉 원형적 탐색을 시사한다. 따라서 시인은 "그대"의 피상적인 미를 숭배하는 존재 체계에 대한 통속적인 가치관을 부정하고, 심원한 보편적인 가치인 미를 추구함으로써 "그대"의 황홀한 본질 체계에 도달하려 한다. 그러나 "그대"는 시적 화자의 시야를 벗어나 도달할 수 없는 공간적인 거리를 유지하며 오직 의식의 "확충"을 통한 향수만이 가능한 대상이다.

상징의 배후인 영원한 원형들은 각 시대마다 다른 모습으로 등장하지만 원래 원형들은 인류가 공유하는 "원초적 이미지"(primordial image)들이며 대개 "역동적 양상"(dynamic aspects)과 "형식적 양상"(formal aspects)으로 나타난다.[11] 이는 인간이 자의로 제거할 수 없는 스스로 존재하는 자연적인 잔존물이며, 원형들이 상징화의 과정을 통해 의식화되는 "모티프"로 나타난다. 이 자율적인 원형들의 각 시대별 현현(顯現)은 긍정적으

---

11) 전자는 "정신적 에너지"에 기초한 표현, 즉 행위, 반작용, 정서와 태도의 양식을 나타내며, 후자는 지각적 실체, 즉 꿈과 환상에 등장하는 재현물의 형태를 의미한다 (Whitmont 73).

로는 시대의 사조나 유행을 확산하고, 부정적으로는 정신 질환이나 집단 광기를 유발한다.

원형은 영원히 소급되는 인간의 형질이라는 점에서 비개인적인 서사로서 막연히 향수되는 신화와 연관된다. 그리스어로 입(mouth)을 뜻하는 "미토스"(mythos)에서 유래되는 신화는 원형들에 관한 이야기이자 원형들에 대한 메타포이며, 우리의 현실은 신화라고 하는 원형의 변형된 서사일 뿐이다. 신화의 추구는 현실로부터의 "퇴행"(regression)을 의미할 수도 있지만 융이 보기에 현실을 재구성하기 위한 추구, 즉 일그러진 우리의 원형 회복을 위한 추구일 수 있다. 이와 관련하여 미르세 엘리아드(Mircea Eliade)는 "신화와 의식은 항상 역사적인 상황뿐만 아니라 인간의 한계상황을 드러낸다. 한계상황은 인간이 우주 속에서 자신의 위치를 의식하게 될 때 발견하는 것이다"(Myths and rites always disclose a boundary situation of man-not only a historical situation. A boundary situation is one which man discovers in becoming conscious of his place in the universe)(Whitmont 77)라고 말한다. 여기서 인간의 "한계상황"을 허무는 것은 현실에 대한 배후적 근거를 회의하는 것이며 이에 우리는 "우주 속에서 자신의 위치를 의식하는" 현 존재의 기원적 진실을 파악하기 위해 원형들의 신화를 탐색하려한다. 그 신화를 참조함으로써 우리는 현실의 과거를 반성하고 현실의 미래를 동시에 꿈꾼다. 그러나 원형들의 신화가 현실적으로 제대로 해독이 되지 않거나 강력한 자성(磁性)을 발휘하여 개인들을 결집하고 집단화된 세력을 구성할 때 비극이 발생한다. 이것이 인간의 어두운 심성을 반영하는 원형인 "그림자의 실현"(realization of shadow)이다.[12] 이 점을 「탑」("The Tower")의 두 번째 스탠자에서 살펴볼 수 있다.

시적 화자는 성 위의 "흉벽"(battlements)을 거닐며 상념에 잠긴다. 그는 "폐허"와 "고목"의 역사성을 반추하며 현재의 진실을 탐문한다. 이때

---

[12] 이에 대한 사례로 융은 독일의 "나치"(Nazi) 당과 미국의 "큐 클럭스 클랜"(Ku Klux Klan)을 들고, 각각 만(卍)자와 하얀 십자가를 구심적인 상징으로 사용한다 (*Symbols* 171-82).

스치는 연상의 목록에 환기되는 사건들의 주인공이 현재에 부활한다.

> 나 자신도 한라한을 창조하여
> 취하거나 깨어 있게 하여
> 새벽녘에 인근 어느 오두막으로부터 내쫓았다.
> 그때 어떤 노인의 요술에 걸려서
> 그는 비틀거리고, 넘어지며, 앞뒤로 더듬거려
> 그 대가로 얻은 것은 무릎을 부러뜨린 것,
> 그것이 욕망의 엄청난 발휘였다;
> 나는 그 모든 것을 20년 전에 생각해냈다.
>
> 이골이 난 한량들이 낡은 헛간에서 카드놀이를 했다.
> 그 늙은 악한의 순서에
> 그가 엄지손가락 밑에 카드를 넣어 슬쩍 마술을 걸자
> 한 장 이외에 모든 카드가
> 한 갑의 카드가 아닌 한 무리의 사냥개로 변했고,
> 남은 한 장의 카드마저 토끼로 변했다.
> 그 순간 한라한은 미친 듯이 벌떡 일어나
> 짖어대는 개 무리를 쫓아갔다.

> And I myself created Hanrahan
> And drove him drunk or sober through the dawn
> From somewhere in the neighbouring cottages.
> Caught by an old man's juggleries
> He stumbled, tumbled, fumbled to and fro
> And had but broken knees or hire
> And horrible splendor of desire;
> I thought it all out twenty years ago:
>
> Good fellows shuffled cards in an old bawn;
> And when that ancient ruffian's turn was on
> He so bewitched the cards under his thumb
> That all but the one card became
> A pack of hounds and not a pack of cards,
> And that he changed into a hare.
> Hanrahan rose in frenzy there
> And followed up those baying creatures towards (*CP* 219-20)

시인이 창조한 "변화가 격심하여 영원한 소유물들을 수집할 수 없는 상상력의 단순성으로 전형화된"(... typified as Hanrahan as the simplicity of an imagination too changeable to gather permanent possession (Conner 83) 아일랜드의 신화적 존재인 "한라한"은 기만적인 세속에서 "노인의 요술"에 걸리고 "악한"들과 "카드"게임을 하는 등 거친 삶을 영위한다. 이렇듯 인생의 목표인 "탑"을 향해 나아가는 영웅의 장도에 숱한 장애물과 유혹이 등장하며, 위에 보이는 "노인," "한량," "악한," "사냥개" 같은 것들이 이에 해당된다. 이들은 "협잡꾼"(trickster)이라는 "그림자"(shadow) 원형과 연관되는 부정적인 상징들로서, 그리스 신화에 나오는 도둑과 사기꾼의 수호신인 헤르메스(Hermes)에 필적하는 원형들이며(Hopcke 121), 마술적인 신비한 힘을 보유한 "마성(魔性)적 인격"(mana personalities)의 일종이다(새뮤얼 248). 그러나 이러한 난관들을 극복해야 할 영웅의 고된 역정에 대해 시인은 "오, 무엇을 쫓아갔는지 나는 잊었지만 — 이제 그만두자!"(O towards I have forgotten what — enough!)(*CP* 221)에 나타나듯이 "탑"의 추구에 대해 근본적으로 회의한다. 그것은 시인의 퍼소나로 작용하는 "한라한"의 변덕(whim)과 함께 "한 장 이외에 모든 카드가 한 갑의 카드가 아닌 한 무리의 사냥개로 변했고, 남은 한 장의 카드마저 토끼로 변했다"에서 나타나듯이, 인간들의 흉중(胸中)에서 단속(斷續)적으로 일어나는 주변의 시류에 민감하게 대응하려는 심리적 동요에 대한 환멸이다. 이런 점에서 "한라한"은 시인의 "그림자"가 투사된 경멸적인 상징이며, 그의 자질인 변덕 또한 "그림자"의 부정적인 자질 가운데 하나로서 신화적 비극의 모티브가 된다.

현재의 원천이자 미래의 잠재적 징후인 신화는 인간성 회복 혹은 인간의 완전성 추구를 위한 일종의 정전 혹은 종교일 수 있다. 융의 관점에서 종교는 삶의 수범적 토대가 되는 원형의 자율체제를 의미한다. 우리가 은연중에 종교와 더불어 살고 종교의 상징들을 체험할 때 이 종교의 중요한 원형인 신(神)을 숭배하게 된다. 이 신에 관해서 융은 다음과 같이 말한다.

"신"은 인간의 원초적인 체험이며, 먼 과거로부터 인류는 이 불가해한 경험을 묘사하거나 해석, 사색, 교리에 의해 그것을 이해하거나, 아니면 그것을 부정하느라 상상할 수 없는 고통을 겪어왔다. 그리고 거듭 그러한 일이 발생해왔으며, 현재 발생하여, 인간은 "좋은" 신에 대해 너무도 많이 듣고 있고, 그를 매우 잘 알고 있으므로, 인간은 그와 그의 고유한 사상을 혼동하여 그 사상을 신성한 것으로 간주하는데, 그 이유는 그것이 2천년을 거슬러 올라갈 수 있기 때문이다. 이는 "신"이 존재하지 않는다고 가르치는 볼셰비스트적 망상과 같이 모든 면에서 나쁜 미신이자 우상숭배이다.

"God" is a primordial experience of man, and from the remotest times humanity has taken inconceivable pains either to portray this baffling experience, to assimilate it by means of interpretation, speculation, and dogma, or else to deny it. And again and again it has happened, and still happens, that one hears too much about the "good" God and knows him too well, so that one confuses him with one's own ideas and regards them as sacred because they can be traced back a couple of thousand years. This is a superstition and an idolatry every bit as bad as the Bolshevist delusion that "God" can be educated out of existence. (*Psychological Reflections* 349)

융은 "신"이 초월적인 존재가 아니라 인간의 경험에서 비롯된 것임을 밝히고 현재까지 지속되는 "신"과 그의 "교리"와의 혼동에 대해, 전자는 원형이며, 후자는 변형되어 시대별로 나타나는 종교적 원형의 상징임을 말한다. 그러나 중요한 것은 현재 인간들에 의해 "미신"적으로 신성시되는 후자가 아니라 그것의 배후적 근거가 되는 전자이다. 그런데 "신"이라는 원형적 실재는 인간들과의 교류를 통하여, 다시 말해 신에 대한 인간들의 의미부여로 인하여 우리로부터 멀어진다. 이 점에 대해 예이츠의 「레다와 백조」("Leda and the Swan")에서 살펴 볼 수 있다.

    급습. 비틀거리는 처녀 위에
    조용히 요동치는 큰 날개, 그녀의 허벅지를 애무하는
    검은 물갈퀴, 그녀의 목덜미는 주둥이에 잡힌 채,

백조는 무력한 그녀의 가슴을 끌어안는다.
저 공포에 질린 힘없는 손가락들이
힘 빠진 허벅지에서 어떻게 깃털의 영광을 밀어낼 수 있을까?
백조에 습격 당한 육체가 누인 곳에
어찌 이상한 심장의 박동을 느끼지 않을 수 있을까?

이 허리의 전율이
무너진 성벽과, 불타는 지붕과 탑
그리고 죽은 아가멤논을 잉태한다.

그렇게 사로잡혀서,
하늘의 야수 같은 피에 정복당했으니,
그녀는 그 무관심한 새 주둥이가 그녀를 놓아주기 전에
그의 힘과 함께 그의 지식도 받았을까?

A sudden blow: the great wings beating still
Above the staggering girl, her thighs caressed
By the dark webs, her nape caught in his bill,
He holds her helpless breast upon breast.

How can those terrified vague fingers push
The feathered glory from her loosening thighs?
And how can body, laid in that white rush,
But feel the strange heart beating where it lies?

A shudder in the loins engenders there
The broken wall, the burning roof and tower
And Agamemnon dead.

Being so caught up,
So mastered by the brute blood of the air,
Did he put on his knowledge with his power
Before the different beak could let her drop? (*CP* 241)

우선 이 작품의 신화적 배경은 이 작품의 이해를 위한 첩경이다. 그리스 신화에 의하면, 스파르타(Sparta)의 왕 틴다레우스(Tyndareus)의 아내인 레다(Leda)가 유로타스(Eurotas) 강에서 목욕을 할 때 이에 반한 제우스가 백조의 모습으로 하강하여 그녀와 교합한 결과, 그녀는 폴룩스(Pollux)와 헬렌(Helen)을 잉태한다(Hamilton 41). 헬렌은 트로이 전쟁을 유발한 결정적인 동기를 제공한 미녀이며, 이 신화에서 나타나는 제우스와 레다의 통정은 신과 인간의 결합이며 이는 곧 그리스 문화의 탄생을 의미한다.

"백조"가 "처녀"를 "급습"하여 "그녀"는 "백조는 무력한 그녀의 가슴을 끌어안는다"에서 보듯이 "백조"의 포로가 된다. "그녀"는 "백조"를 거부할 힘을 상실하고 오히려 피학적 환희(masochism)를 암시하는 "이상한 심장의 박동"을 경험한다. 여기서 "그녀"는 서구사회를, "백조"는 신의 원형적 상징인 제우스를 의미한다고 볼 때, 이 상황은 그리스 문화에 서구사회가 완전히 포섭됨을 의미한다. 이에 성애를 의미하는 "허리의 전율"은 신성의 수용과 확산을 의미한다. 나아가 이 신화는 성녀 마리아(Virgin Mary)의 신성에 의한 수태의 알레고리로 확대된다. 이 또한 신과 인간의 통정을 의미하며 기독교에 포섭된 서구적 상황을 반영하기 때문이다. 따라서 시인은 이 작품을 통해 그리스 문화와 기독교 전통에 함몰된 서구적 상황을 반성하고 종교의 기원으로서의 신의 원형적 실재를 탐문한다. 그러나 여기서 시인이 재구성한 "레다와 백조"의 신화는 사실 융의 관점에서 볼 때 허구적인 것이 아니라 임상적인 것이다.

융은 자신을 영혼을 치유하는 의사로서 환자의 노이로제보다 환자의 "누미노제"(numinose), 즉 두려움을 자아내는 자아 내부의 신적인 존재를 치료하는 자로 보았으며, 인간은 원래 종교적인 존재로서 인간이 신과의 밀접한 관계를 인식하는 것은 자기의 내면에 자리하는 신적인 원형의 탓이라고 보았다(베어 192-97). 따라서 융의 관점에서 "레다와 백조"의 신화, 다시 말해 인간과 신의 교류는 현실적인 당위에 속한다. 이 양자의 사생아인 헬렌은 신에게 결여된 신체성과 "아니무스"를 구현하며 시인의 "아니마"로 자리하여 현실적으로 쟁취되기 어려운 대상임을 암시한다. 이 교접의 결과 신의 사명과 계시를 받은 인간들은 종교라는 미명하에 "무너진 성벽과, 불타는 지붕과 탑/그리고 죽은 아가멤논"에서 나타나는 동족상잔의 참혹한 비극을 연출한다. 이렇듯 시인은 신과 인간의 교접과 그 영향을 인간에게 오히려 해로운 것이라고 보고, "하늘의 야수 같은 피"에서 비롯된 종교적 전통에 여태 종속된 서구 사회의 어리석음을 반성한다.

　　종교적 비극이 인간의 통제되지 않은 막강한 힘인 "그림자"에서 비롯된 것이며, 이를 통제할 인간 내부에 존재하는 신이라는 원형의 상실을 우려하는 융은 "기독교가 인간을 위하여 간직해 온 내적인 인간에 대한 신화를 잃어버릴 수 있다는 사실을 알고 있는가?[....] 신화의 상실이 재앙이 될 수도 있다는 사실을 알고 있는가? 결국 결정적인 역할을 할 사람은 한 사람 한 사람의 개인이라는 것을 알고 있는가?"(베어 202)라고 묻는다. 다시 작품으로 돌아가 이기적인 신의 "무관심한 부리"가 "여인"을 취한 것은 자기 중심적인 것이어서 "여인"으로 대표되는 서구의 운명과는 상관이 없으며, 이는 마치 신이라는 원형의 자율성과 동일하다. 신의 "지식"과 "힘"까지 부여받은 듯한 여신인 "여인"은 종교를 상징하며 신을 대리하여 인간에게 폭력을 행사하며, 시인은 "그녀는 그 무관심한 새 주둥이가 그녀를 놓아주기 전에/그의 힘과 함께 그의 지식도 받았을까?"라고 반문하며 강하게 저항한다. 그러므로 이 작품은 역사적으로 신과 인간의 교접의 결과 탄생하여 서구의 전통이 된 그리스 문화에 대한 부정적인 입장과 아울러 열등한 존재로서의 여성에 대한 시인의 외상을 암시한다.

　　신이라는 원형은, 융의 관점에서 볼 때, 인간의 문화적/정치적인 의도에 의해 인위적으로 영향을 받을 수 없는 기독교의 2천년 역사를 초월하는 영원한 정신적인 대상이다. 이 원형은 삶의 동기를 제공하여 인격의 부조화로 나타나는 신경증과 정신병의 처방에 대한 하나의 대안이 될 수 있다. 아니면 적어도 지난한 인생의 여정에서 지친 우리의 마음을 위로하는 보상의 원형으로 기능한다. 따라서 종교는 인격의 "분리"(dissociation)를 의미하는 의식과 무의식의 단절이나 충돌에서 야기되는 인격간의 대립이나 개인과 사회와의 갈등을 조율하는 초월적 실체로서 성자적 원형을 재현한다. 따라서 융은 영원한 원형과 그것의 수시로 변형되는 상징들의 의미에 대한 이해가 중요함을 강조한다.

3.5 분석과 연금술

융의 분석 심리학에서 분석가는 자신의 모든 선입견을 버리고 자신을 순수한 변증법적 과정에 맡겨야 한다. 또 분석가는 자신이 치료 수행의 대리인이라는 사실을 잊어야 하며 피분석자와 동료가 되어서도 안 된다. 그것은 분석가도 피분석자와 마찬가지로 분석의 과정에 있기 때문이다. 그러므로 분석가는 치료과정에서 피분석자의 무의식을 검토하듯이 자신의 무의식을 반성하여야 하며, 피분석자의 증상에 대한 변증법적인 진실을 도출하기 위해 분석가는 철저히 중립의 입장을 고수하여야 한다. 이렇듯 융은 변증법적인 과정을 통해 증상의 원형에 대한 다양한 의미의 생성을 기대한다. 그가 취하는 분석의 동기는 "환원적 관점"(reductive view)과 "합성적 관점"(synthetic view)인데, 전자는 유아기의 환상으로 퇴행하여 그곳에 고정되는 원인을 분석하는 일종의 프로이트식 방법론이며, 후자는 개성화가 가능한 인격의 특정한 부분이 미숙한 원인을 조명한다(새뮤얼 208-10). 그러나 현실적으로 이 두 가지 방법의 정확한 실천이 어렵고, 객관적으로 이를 확인하는 것은 더욱 어려운 일이다.

융은 1920-30년대에 이르러 프로이트와 아들러의 분석 방법론과 완전히 결별한다. 여기서 후자는 프로이트가 제기한 유아와 부모 사이에서 초래되는 신경증의 성적 원인론을 거부하고, 유아와 사회환경과의 관계에 주목하여 유아 성욕을 인정하지 않고 신경증은 열등감을 보상하기 위한 시도의 결과라고 본다(Thompson 154-61). 융은 분석의 단계를 네 가지로 구분하지만 전적으로 새로운 것은 아니고 프로이트와 아들러의 방법론이 혼용되어 있다. 첫 번째는 피분석가의 감추어진 외상을 분석가가 청취하는 고백 혹은 카타르시스의 단계이며, 두 번째는 "명시"(elucidation) 혹은 유아기 정신에 대한 해석의 단계인데, 이는 신경증에 대한 유아기적 원인을 분석과정에서 탐구하는 프로이트의 내재적 관점을 취한다. 세 번째는 교육의 단계인데 이는 분석가가 피분석자로 하여금 사회적 요구의 수용을 검토하게 하는 아들러의 외재적 관점을 취하며, 마지막 단계는 변형 혹은 개성화의 단계인데, 여기서 피분석자는 자신의 개성을 고려한 삶의 양식을 선택한다(Kirsch 238). 따라서 융은 분석의 단서로서 유아기의 근원, 실존적 대립, 적응과정, 심리과정을 중시했다.

피분석자의 증상에 대한 분석가의 촉매적인 기능으로 조성되는 양자의 변증법적 과정을 중시했음에도, 융은 분석가의 개성을 완전히 무시하지는 않았다(Salman 56). 그것은 분석이 분석가와 피분석자의 무의식과 의식 사이에 전개되는 개별적인 체험이기 때문이다. 그는 분석가와 피분석자의 대등한 유대나 공감이 분석에 중요하다고 인식하고 이를 "개별 등가"(personal equation)라 명한다. 그러나 분석과정에서 절대적인 것은 분석가 자신에 대한 분석, 즉 내적인 검토인데, 이는 분석가가 피분석자의 증상에 쉽사리 포섭되는 것을 막기 위한 것이다. 따라서 분석가는 분석과정에서 절대적인 존재는 아니며, 분석가가 전지자적인 입장에서 피분석자를 대상화하는 고전적 정신분석학과는 달리 융의 분석은 분석가와 피분석자와의 "개별 등가"를 강조하는 상호 교환적인 관계를 중시한다. 그럼에도 증상의 치유나 교정은 피분석자의 인성의 변형을 초래하므로 분석가의 중립적인 역할이 강조된다. 이는 비금속에 촉매를 사용하여 귀금속을 생성하려했던 중세의 연금술과 관련이 있다.

융은 분석작업에 참여하는 분석가와 피분석자를 연금술사인 "숙련가"(adept)로, 연금술의 메타포를 의미하는 "결합"(coniunctio)을 분석가와 피분석자의 의식과 무의식의 중첩이나 양자의 협력작용으로, 연금술에서 새로운 물질이 형성되는 "발효"(fermentatio)의 과정을 분석가와 피분석자 사이의 상호 영향력을 의미하는 전이와 역전이로, 연금술에서 물질들이 결합한다는 점에서 신성한 결혼을 의미하는 "신성혼"(hierosgamos)을 "투사적 동일시"(projective identification)로, 연금술에서 마지막 단계인 "임프레그네이쇼"(impregnatio)는 새로운 물질의 탄생을 의미하는데 이는 피분석자가 새로운 인물로 거듭나는 개성의 변화로 본다. 여기서 분석가는 수많은 변형을 취하면서도 본질은 변하지 않는 촉매인 "메르쿠리우스"(mercurius)적 존재가 되어야 한다(새뮤얼 27-28). 이렇듯 융이 연금술을 분석과정의 비유로 사용함으로써 분석심리학의 실천에 대한 많은 어려움을 시사한다. 그러나 연금술은 인격의 완성을 위한 개성화의 과정에서 갱생의 수단으로 비유되는 유용한 상징적 제재일 것이다. 이 점을 예이츠의「비잔티움으로의 항행」("Sailing to Byzantium")에서 살펴보기로 하자.

"비잔티움"은 동 로마 제국의 고도로서 지금은 터키의 수도인 이스탄불(Istanbul)에 해당된다. 예이츠는『비전』(A Vision)에서 그곳에 대한 동경과 향수에 대해 다음과 같이 말한다.

> 나에게 고대의 1개월이 허락되어 내가 원하는 곳에서 생활할 수 있다면 유스티니아누스 학파가 성 소피아 사원을 열고 플라톤의 아카데미를 폐쇄하기 직전의 비잔티움에서 지내고 싶다[....] 내가 생각하기에 초기의 비잔티움에서는 역사상 유례가 없이 종교, 예술, 실생활이 하나였으며, 건축가와 예술가들이 - 언어가 논쟁의 도구이자 추상적이라 시인들은 그러하지 못했으리라 보지만 - 대중이나 소수나 막론하고 대화를 하였다. 화가, 모자이크 장인, 금은 세공가, 비전(秘典)의 계몽가는 거의 개인적 의도가 없는 몰개성 상태에서 그들의 주제와 인간 전체의 비전에 몰입했다.

> I think if I could be given a month of Antiquity and leave to spend it where I chose, I would spend it in Byzantium, a little before Justinian opened St. Sophia and closed the Academy of Plato[...] I think that in early Byzantium, maybe never before or since in recorded history, religious, aesthetic and practical life were one, that architect and artificers - though not, it may be, poets, for language had been the instrument of controversy and must have grown abstract - spoke to the multitude and the few alike. The painter, the mosaic worker, the worker in gold and silver, the illuminator of sacred books, were almost impersonal, almost perhaps without the consciousness of individual design, absorbed in their subject-matter and that the vision of a whole people. (279-80)

"비잔티움"은 우리들이 사는 모순, 갈등, 생성, 변화의 자연과 대조되는 질서와 조화의 영원한 예술적 이상향의 상징으로 묘사된다(이창배 206). 그러나 현실과 유리된 이상향을 추구하는 것은 범인과는 다른 선택된 자로서의 시인의 본질이자 사명이다. 이때 시인의 창조력은 시인의 이성이나 의식의 차원을 벗어나 시인에게 새로운 비전의 세계로 인도한다. 이 창조력은 융의 관점에서 의식적인 차원에서 나아가 무의식에 경계에 이르는 몽환적인 환상, 즉 "능동적 혹은 창조적 상상력"에 해당된다고 볼 수 있다.

I

그곳은 늙은이를 위한 나라가 아니다. 젊은이들은
서로 팔짱을 끼고, 나뭇가지 속에서 새들은
— 저 죽어 가는 세대들은 — 노래를 부르며,
연어가 튀어 오르는 폭포, 고등어가 우글대는 바다,
물고기, 짐승, 혹은 새들이 온 여름을 찬미한다
잉태되어 태어나고 죽는 모든 것들을.
저 관능의 음악에 사로잡혀
모두 영원한 지성의 기념비를 무시한다.

That is no country for old men. The young
In one another's arms, birds in the trees
— Those dying generations — at their song,
The salmon-falls, the mackerel-crowded seas,
Fish, flesh, or fowl, commend all summer long
Whatever is begotten, born, and dies.
Caught in that sensual music all neglect
Monuments of unageing intellect. (*CP* 217)

시인이 디오니소스적 광란의 세태를 경멸하는 이유는 "관능의 음악"에 도취한 "죽어 가는 세대"는 "영원한 지성의 기념비"의 아름다움을 모르기 때문이다. "연어", "고등어", "새", "짐승"같은 존재들은 아무런 분별이 없이 본능에 따라 쾌락을 추구한다. 그런데 이들이 의식이 없는 무생물이나 동물이 아니라 의식이 있어야 하는 인간들을 의미한다는 점에서 그 심각성이 더하다. 이런 점에서 시인은 인간의 생물학적 요소를 배제하고 신성에 가까운 형이상학적 요소를 강조하며, 인간의 어두운 부분인 "그림자"

에 대한 경계를 표명한다. 따라서 시인은 현재의 삶에 대한 연금술적 갱생을 위해, 『파우스트』(Faust)에서 파우스트 박사에게 연금술의 기적을 선사하는 메피스토펠레스(Mephistopheles)처럼 생물학적인 차원에서 "짐승"같은 인간을 초월적인 "지성"의 존재로 변모시키기를 꿈꾼다. 이에 시인은 "관능의 음악"에 취해 "죽어 가는 세대들"을 구제하기 위해 그들과의 연금술적 "결합"을 시도한다. 그것은 당면한 현실에 집착하지 않는 엄격한 자기 부정을 요구한다.

II

늙은이는 사소한 물건,
막대기에 걸린 넝마,
영혼이 손뼉치고 노래부르지 않는다면, 더욱 소리 높여
썩을 넝마 조각을 위해 노래하지 않고,
또 영혼의 숭엄한 기념비를 탐구하지 않는다면;
노래하는 학교는 있을 수 없다.
그래서 나는 바다를 건너 왔노라
성스러운 도시 비잔티움으로.

An aged man is but a paltry thing
A tattered coat upon a stick, unless
Soul clap its hands and sing, and louder sing
For every tatter in its mortal dress,
Nor is there singing school but studying
Monuments of its own magnificence;
And therefore I have sailed the seas and come
To the holy city of Byzantium. (*CP* 217)

육체를 의복에 비유하고 육적인 차원에서 영적인 차원으로 나아가야 함을 강조하는 시인은 "늙은이"가 암시하는 낡은 육신은 우리가 언젠가 벗어 던져야 할 "넝마"에 지나지 않는다고 보아 육신을 벗어야 할 허물로 보는 불교적 관점을 취한다. 이에 시적 화자가 "바다"를 건너 "비잔티움"으로의 나아감은 새로운 차원에 대한 소망이며, 개성의 변화를 위해 새로운 비전을 마음에 품는 과정이므로 연금술적 관점에서 "발효"의 과정으로 볼 수 있다. 여기서 시인은 외재적 자아인 퍼소나보다 셀프를 강조하여 위선과 기만이 가득한 세계에 대항하여 인간의 진정성(authenticity)을 회복하려 한다. 그러나 그것은 기성의 "마스크"를 제거해야 하는 연옥의 고통을 수반한다.

III

신의 성스런 불꽃 속에 서있는 오 현자들이여
벽의 황금 모자이크 속에서처럼
성화(聖火)로부터 걸어나와, 가이어 속을 맴돌며,
내 영혼의 노래 선생이 되어 다오.
내 심장을 태워 없애 다오; 욕망으로 병들고
죽어 가는 동물에 매달려
그것은 자신을 모른다; 그리고 나를 모아
영원한 예술품으로 만들어다오.

O sages standing in God's holy fire
As in the gold mosaic of a wall
Come from the holy fire, perne in a gyre,
And be the singing-masters of my soul.
Consume my heart away; sick with desire
And fastened to a dying animal
It knows not what it is; and gather me
Into the artifice of eternity. (*CP* 217-18)

시적 화자는 세상의 고뇌로 가득한 "내 영혼"을 구해내기 위한 선지자로서의 "현자"의 도래를 갈망한다. "성스러운 불 속"에 존재하는 "현자"는 "욕망"과 "동물"의 굴레에서 시적 화자를 해방시켜줄 성자이며, 인간에게 희망을 주기 위해 "영원"의 책략을 구사한다. 아울러 "가이어"는 완전성을 의미하는 상징으로 보아 원형의 회복에 대한 시인의 갈망을 드러낸다.[13]

---

13) 이와 관련하여 융은 오늘날 세상의 무질서와 폭력이 원형의 일그러짐과 관련되어 "유에프오"(Unidentified Flying Object)현상으로 나타난다고 말한다(Hopcke 151).

여기서 "불"의 의미는 "내 심장을 태워 없애 다오"에서 나타나듯이 개성화의 과정에서 "욕망"을 불사르는 정화하는 수단으로 법열(法悅)이 암시하는 인간의 완전성을 함의한다. 그래서 "나를 모아 영원한 예술품으로 만들어다오"에서 잘 나타나듯이, 연금술사가 새로운 물질을 창조하기 위해 여러 물질들이 뒤섞인 시험관에 지피는 "불"은 조화된 자아를 창조하기 위해 인격의 여러 요소들을 결합하는 수단으로, 이는 연금술의 세 번째 과정인 새로운 물질들의 융합을 의미하며 신성에 이르는 "신성혼"(神聖婚)에 해당된다.

IV

한번 자연에서 벗어나면 나는 결코 취하지 않으리라
자연계의 한 사물을 닮은 내 육신을,
그러나 그리스의 공예가가 만든 그런 형상을 취하리라
망치로 두드리고 도금하여
졸리는 황제를 깨워두기 위해;
혹은 노래하려 황금가지에 앉아
비잔티움의 귀족들과 귀부인들에게
지나갔거나 지나가는 또 다가 올 일들을 노래하는 그런.

Once out of nature I shall never take
My bodily form from any natural thing,
But such a form as Grecian goldsmiths make
Of hammered gold and gold enamelling
To keep a drowsy Emperor awake;
Or set upon a golden bough to sing
To Lords and ladies of Byzantium
Of what is past, or passing, or passing, or to come. (*CP* 218)

육신의 질곡을 벗어나 새로운 환생(transmigration)의 차원으로 나아가려는 시적 화자는 "내 육신"을 "자연계의 한 사물"에서 취하지 않고 "그리스의 공예가"의 손으로 빚어진 "황금"의 장식품과 같은 한낱 미물로 거듭나려한다. 이는 기독교의 묵시론적 계시에 따라 지상에 하늘의 왕국이

임할 때 모든 죽은 이들이 무덤에서 일어나는 찬란한 부활의 초대에 대한 거절이다. 대신 "황금 가지"위에서 "비잔티움의 귀족들과 귀부인들에게" 과거, 현재, 미래를 노래하는 "황금"의 불사조가 되려는 시적 화자의 갈망은 다름 아닌 개체의 지속적인 희생을 통하여 개인과 사회를 변화시키려는 예술가의 숭고한 연금술적인 발상이며, 이때 이 새는 개성화의 결과물인 "임프레그네이쇼"에 해당된다. 따라서 이 영원과 불변을 상징하는 "황금"의 새는 시인이 갈망하는 완전한 인격의 결정이며 상징이다. 전체적으로, 시인은 동물의 차원에서 벗어나기 위해 정신적 갱생을 추구하는 대신 현실의 쾌락에 탐닉하는 세대들에 경고를 보내고, 육신의 거죽인 퍼소나를 벗고 영적인 재생을 위해 자아의 중심을 지향하는 개성화의 과정에서 인격의 여러 요소들을 조화롭게 통합하려는 연금술적 기적을 갈망한다. 이런 점에서 인격의 전체성을 복원하고 그 완전성을 실현하는 원형적인 장소가 "비잔티움"이며, 그 결과 불후의 존재인 "황금"의 새가 창조된다.

증상에 대한 유아기적 외상이 탐구되기까지 현재의 삶이 연기되는, 즉 과거로의 퇴행을 주로 다루는 프로이트적 분석과는 달리, 융적 분석은 다양한 증상과 경험이 수반되는 현재의 삶과의 관련성을 중시한다. 하지만 융적 분석에 대한 비판중의 하나는 분석자가 일정한 수준의 지성, 다시 말해 무의식의 연금술을 가지고 있어야 한다는 점이다.[14] 이를 바탕으로 융은 꿈의 상징에 대한 내재적 탐구에서 피분석자의 삶의 체험을 중시하는 외재적 탐구로 나아간다. 그것은 융적 분석이 개별 주체로서 고립된 피분석자의 의식을 조명하기 위한 것이지만, 나아가 공동체 속에서 인간들이 처한 운명, 긴장, 갈등, 성장에 대한 이해와 개선을 목표로 하기 때문이다.

정신분석학에 대한 융의 위대한 업적인 상징의 해석을 추구하는 분석가는 다양한 증상들을 암시하는 상징들을 접함으로써 현상에 대한 진단과 미래에 대한 비전을 검토할 수 있다. 그것은 인간들이 왜 상징들을 만들

---

14) 그것은 융적 분석이 분석자가 말하거나 쓴 상징의 "확충"에 근거하므로 당연히 신화학(mythology)이나 원형의 상징주의에 대한 상식이 있어야 하기 때문이다.

며, 이런 저런 상징들이 어떠한 동기나 힘에 의해 만들어질까라는 물음에 답하기 위한 상징들의 본질과 배후에 대한 탐색이다. 여기에 "자극·반응 이론"(stimulus-response theory)이나 의식에 관한 모호한 개념의 틀로 이해될 수 없는 감성, 직관, 상상력, 종교적 체험들이 포함된다. 그리하여 인간은 단순한 유기체적 미물에 그치지 않고 하나의 자율적인 체제로서 완성에 도전할 뿐만 아니라 현세를 벗어난 피안의 세계에 대한 연결 가능성을 인식하는 전 우주의 일부로서의 자율적인 존재로 기능하게 된다. 그러나 상징에 대한 접근은 인간을 지배하고 있는 듯한 미지의 우주적 원리에 대한 우리의 무지를 고백해야 함을 전제해야 한다. 따라서 융의 이론은 주로 인식과 경험에 관해 범주화된 그간의 논리 양식들을 벗어나 현실에 재현된 상징의 나래 위에서 우리의 과거와 미래를 조망하게 된다.

자아의 현실에 작용하는 그 배후로서의 무의식에서 돌출한 상징들은 분석가의 연상을 통해 무의식의 파편으로서의 각가지 증상들을 대변한다. 의식과 무의식의 간극은 분석가를 분열시키는 증상이며, 이것이 상징을 통해 재현됨으로써 그 분열에 대한 회복을 요구한다. 그래서 증상의 제거를 목표로 삼는 프로이트와는 달리 융은 증상에 대한 근원적 이유에 천착함으로써 증상의 현실적 수용을 통해 보다 완전한 인간의 탄생을 기대한다. 이는 인간을 기계적 관점에 포섭하는 서구의 과학적 사실에 대항하는 것이며, 이에 융은 인간성의 이해를 위한 새로운 명제인 "심리학적 사실"(psychological fact)을 제시한다. 이것은 인간의 비유기적인 관점의 수용이며, 여기에 꿈, 비전, 사고, 망상과 같은 내적인 체험들이 포함된다. 따라서 융은 과학적인 범주를 벗어나 과거로부터 현재에 이어지는 무의식에 축적된 체험의 양식들로서의 "원초적 이미지"들이 존재하는 "내적 현실"(inner reality)을 강조한다(*Symbols of Transformation* 156). 그러나 우리가 원형들을 굳이 추구하지 않더라도 원형들은 그들의 존재를 우리에게 알리려는 듯 항상 주위에 머물며 각가지 상징들로 재현된다.

원형들은 감각의 소여(所與)에서 비롯되는 것이 아닌 내적인 기원에 근거하여 인격의 잠재적 동기가 되지만, 인간은 의식의 상태에서 인생의 절반을 사회적 제도나 관습에 적응하기 위해 소모하는 과정에서 자신의 본질을 망각하므로 나머지 인생에서 이를 경고하는 원형들이 의식에 침투하여 현재의 가치관에 저항한다. 이에 융은 헤라클라이투스(Heraclitus)에 의해 최초로 제기된 인격의 상극적 보충 원리인 "에난티오드로미아"를 제시한다. 이는 반역의 법칙으로 한 방향의 극을 지향하는 모든 것은 반드시 다른 방향의 극을 지향한다는 것으로, 예를 들면 문화에 대한 이성적 태도가 언젠가는 문화에 대한 비이성적 태도로 바뀌는 현상이다(*Two Essays* 72). 이 점은 "상보성"의 원리를 강조하는 포스트모더니즘적 원리와도 상통하며, 이 반란의 증상은 역설적으로 현재를 조정하는 기능을 수행하는 보상의 원리일 뿐만 아니라 현재의 변화를 시사하는 강력한 동기로서 현 사회의 현상들에 가역(可逆)함으로써 원만한 사회 공동체를 구성하기 위한 개성화에 기여한다.

원형들의 반란은 개성화의 결과인 인격의 "재통합"(reintegration)을 목표로 삼는다. 이 과정을 통해 인간의 단순한 삶은 점점 복잡해진다. 이는 유충이 나방으로 변하는 과정이며, 이때 발생하는 콤플렉스는 사물에 대한 다양한 분화의 수용에서 비롯된다(Hall, *Jungian Psychology* 82). 이 과정에서 인간의 원초적인 자질들은 현실의 억압에 의해 무의식에 잠복하며, 이성적인 현실에 대항하기 위해 혹은 현재 의식의 편향된 면을 보충하기 위해서 꿈을 무대로 원형들을 재현한다. 이 원형들은 새로운 중심, 즉 셀프를 구현하는데 융은 이 표현 양식을 "만다라"(mandala)라고 생각하여 다음과 같이 말한다.

> 자기의 신화적인 재현들 가운데 우리는 세상의 사각(四角)에 대한 강조를 발견하며, 많은 회화 속에서 초인이 사등분된 한 원의 중심에 재현된다. 융은 이 질서의 구조를 지시하기 위해 힌두어인 만다라(마법의 원)를 사용하는데, 이는 인간 정신의 "핵심"의 상징적인 재현이다 — 그것의 본질을 우리는 모른다[....] 만다라에 대한 응시는 마음의 평화, 즉 삶이 그 의미와 질서를 발견하는 느낌을 다시 가져오는 것을 의미한다. 또한 만다라는 그것이 이러한 종류의 종교적 전통에

영향을 받지 않고 그것에 무지한 현대인의 꿈속에 나타날 때 이 느낌을 전한다. 아마 그 긍정적인 효과가 그 경우에 더욱 큰 이유는 지식과 전통이 때때로 그 자연적인 경험을 흐리게 하거나 혹은 방해하기도 하기 때문이다.

Among the mythological representations of the Self one finds much emphasis on the four corners of the world, and in many pictures the Great Man is represented in the center of a circle divided into four. Jung used the Hindu word *mandala* (magic circle) to designate a structure of this order, which is a symbolic representation of the "nuclear atom" of the human psyche — whose essence we do not know[....] The contemplation of a mandala is meant to bring an inner peace, a feeling that life has again found its meaning and order. The mandala also conveys this feeling when it appears spontaneously in the dreams of modern men who are not influenced by any religious tradition of this sort and know nothing about. Perhaps the positive effect is even greater in such cases because knowledge and tradition sometimes blur or even block the spontaneous experience. (*Symbols* 230)

"만다라"는 정신의 전체성을 반영하며, 무의식적 관습이자 "객관적 정신"(objective psyche)인 집단 무의식의 원형들을 조율하는 구조가 된다. 인간이 신을 닮고자 하는 것도 이 무의식에서 비롯된 것이며, 인간의 유기적인 면에 치중하는 실증주의자들에 의해 인간의 비유기적인 면을 강조하는 융은 신비주의자로 매도될 수밖에 없다. 그러나 그의 원리가 분석가와 피분석자와의 변증법적 교감과 원형의 상징으로서의 일상의 사물에 대한 분석가의 시선을 중시하는 대부분 경험주의에 입각한 임상적 실천에 근거함을 고려할 때 이 오해는 상당 부분 해소될 수 있을 것이다.

분석가는 상징의 의미를 이해하기 위해 종래 서구의 관습적인 사고양식인 인과적 귀납법대신 유추(analogy)를 사용하여 그 의미를 파악한다. 이에 대해 우리는 예수조차 하나의 겨자씨나 바늘귀의 알레고리와 같이 우화나 은유를 통해 하늘 왕국의 진실에 대해 세상사람들에게 소개했음을 알고있다. 이러한 비유적 상징을 사용함으로써 상징에 대한 우리의 경험을 풍성하게 할 수 있고 우리는 상징으로부터 깊은 영향을 받는다. 이것은 현재의 편향된 의식에 대한 균형적 관점이며, 상징의 의미에 대한 의식의 "확충"을 의미한다. 따라서 이를 일종의 시적인 상상력으로 볼 수 있다.

3.6 능동적 상상력

융에 의해서 처음 제기된 "능동적 상상력"은 흐릿한 무의식의 원형들을 의식의 표면에 떠오르게 하는 동인이다. 이에 대해 융은 "능동적 상상력"은 꿈이나 환상 속에 나타나는 무의식적 제재, 즉 내적인 형상들에 대한 인간의 관계를 고양하고 발전시키며 개인이 자신의 정신 내부에 여러 무의식적이며 원형적인 요소들과 조우하거나 대처함에 있어 수용적이고 역동적인 역할을 한다고 말한다(Hopcke 34). 그리하여 그림, 글, 여러 매체들 속에 원형의 상징들이 자리하고, 자아는 대화 중에 무의식의 형상들을 끌어들인다. 비유 혹은 "능동적인 상상력"은 꿈의 이미지들을 현실화시키고 의식과 무의식의 상보적인 관계를 설정하므로 우리는 현실적인 자아와 초월적인 자아를 동시에 인식하게 된다.15) 그러므로 우리는 영혼과 육체에 대한 고정관념을 탈피하여 그 영역에 대한 의식의 "확충"을 시도한다. 이 초월적 공간에 자리하는 집단 무의식은 너-나의 개별의식이 아닌 존재하는 모든 물상들에 대한 실질적인 배후이므로 우리의 존재 이유를 설명하는 근거가 될 수 있다. 그 영역에 대한 향수와 그곳과 교통하는 현재 의식은 인간의 실체를 유지하는 원동력으로 우리에게 종교적인 본능을 촉발시켜 우리에게 초월적인 자아가 존재함을 상기시킨다. 이 점을 예이츠의 「탑」의 세 번째 스탠자에서 살펴보자.

이제 내가 유언을 쓸 때다;

---

15) 여기서 현실적인 자아는 초월적인 자아의 메타포이며 후자의 공간은 인위적인 시공이 부재하고 영혼과 물질이 하나가 되는 미분화의 초월적 공간(pleroma)이 된다.

나는 마음 곧은 사람들을 선택한다
샘이 솟는 곳까지
시내를 따라 올라가, 새벽에
물방울 떨어지는 바위 옆에서
낚싯대를 드리우는 사람들; 선언한다
그 사람들이 나의 긍지를 이을 사람들이라고,
주의(主義)나 국가에 매이지 않고,
모욕당하는 노예나
모욕하는 폭군에게 매이지 않는,
거절할 자유가 있었음에도, 베푸는
버크와 그라탄 같은 사람들의
긍지는, 강렬한 햇살이 쏟아지는
아침의 긍지,
전설상의 뿔의 긍지,
모든 개울이 마를 때
퍼붓는 소나기의 긍지,
백조가 꺼져 가는 미광(微光)을 응시할 때,
반짝이는 시내의 막바지
넓은 물줄기에 이르러
최후의 노래를 부르는
그 마지막 시간의 긍지와 같다.
이제 나의 신념을 선언한다:
나는 플로티누스의 사상을 조롱하고
감히 플라톤을 비난한다,
생과 사는 본래 존재하지 않았다
인간이 전체를 만들 때까지,
괴로운 마음에서,
삼라만상을 만들 때까지,
오, 해와 달과 별과 만물을,
거기에 더하자면,
죽을 수밖에 없지만 우리는 부활하여
꿈꾸고 창조한다
공상의 낙원을.
나는 마음의 평화를 준비하였다.

유식한 이탈리아의 학문과
그리스의 자랑스런 석조물들과,
시인의 상상의 산물들과
사랑의 추억들과,
여자들의 말에 대한 기억들과,
인간이 초인적인 거울과 같은 꿈을 만드는 데
유용한 모든 것들과 함께.

마치 저곳 성벽의 틈에서
갈가마귀들이 지저귀며 소리지르고,
잔가지들을 층층이 떨구듯.
잔가지들이 수북히 쌓일 때,
어미 새는 그 움푹한 둥지 위에
내려앉아,
이 거친 둥지를 따뜻하게 한다.
나는 신념과 긍지를 남긴다
올바른 젊은이들에게
산허리를 기어 올라와,
밝아오는 새벽에
파리 낚시를 하는;
인간의 본성은 이 앉은뱅이의 직업으로 망가질 때
만들어지는 것.

나는 이제 정신을 가다듬을 것이다,
정신으로 하여금 학문의 전당에서
배우게 하자
육체의 파괴와 서서히 부패하는 피,
성급한 정신 착란과
무력한 노쇠와,
더한 불행이 올 때까지 —
친구들의 죽음, 혹은
숨막히게 찬란히 빛나던 모든 눈의 죽음 —
그것이 한낱 하늘의 구름으로 보이고
지평선이 희미해질 때;

아니면, 어둠이 밀려올 때
졸리는 새소리가 들릴 때까지.

It is time that I wrote my will;
I choose upstanding men
That climb he screams until
The fountain leap, and at dawn
Drop their cast at the side
Of dripping stone; I declare
They shall inherit my pride,
The pride of people that were
Bound neither to Cause nor to State,
Neither to slaves that were spat on,
Nor to the tyrants that spat,
The people of Burke and of Grattan
That gave, though free to refuse
Pride, like that of the morn,
When the headlong light is loose,
Or that of the fabulous horn,
Or that of the sudden shower
When all streams are dry,
Or that of the hour
When the swan must fix his eye
upon a fading gleam,
Float out upon a long
Last reach of glittering stream
And I declare my faith:
I mock Plotinus' thought
And cry in Plato's teeth,
Death and life were not
Till man made up the whole,
Made lock, stock and barrel
Out of his bitter soul,
Aye, sun and moon and star, all,
And further add to that
That, being dead, we rise,
Dream and so create
Translunar Paradise.
I have prepared my peace

With learned Italian things
And the proud stones of Greece,
Poet's imaginings
And memories of love,
Memories of the words of women,
All those things whereof
Man makes a superhuman
Mirror-resembling dream.
As at the loophole there
The daws chatter and scream,
And drop twigs layer upon layer.
When they have mounted up,
The mother bird will rest
On their hollow top,
And so warm her wild nest.
I leave both faith and pride
To young upstanding men
Climbing the mountain-side,
That may drop a fly;
Being of that metal made
Till it was broken by
This sedentary trade.

Now shall I make my soul,
Compelling it to study
In a learned school
Till the wreck of body,
Slow decay of blood,
Testy delirium
Or dull decrepitude,
Or what worse evil come —
The death of friends, or death
Of every brilliant eye
That made a catch in the breath —
Seem but the clouds of the sky
When the horizon fades;
Or a bird's sleepy cry
Among the deepening shades. (*CP* 222-25)

시적 화자의 죽음에 대한 선지자적 태도가 제시된다. 그것은 "나의 긍지"가 담긴 "유언"이 "낚시하는 사람들"과 같은 "마음 곧은 사람들"에게 주어지기 때문이다. 이들은 이웃에게 줄 것이 없는 궁핍한 "노예"도, 백성들에게 자비를 주지 않는 무정한 "폭군"도 아닌 "베푸는 버크와 그라탄 같은 사람들"이다. 이때 제시되는 바람직한 삶의 가치는 대지의 역사를 여는 "아침의 긍지," 대지를 관통하는 "뿔의 긍지," 대지에 수분을 공급하는 "소나기의 긍지," "레다"에게 생명의 기운을 불어넣는 "백조"의 긍지이며, 모두 재생의 상징들이다. 특히 "백조"는 고독과 음악과 시를 뜻하고 그 하얀 빛깔은 진지함을 나타내는 고결한 존재의 상징으로(폰태너 87) "최후의 노래"를 준비하는 예술가로서의 시인의 운명을 대변하는 듯하다.

아울러 시적 화자는 인간의 삶에서 신-플라톤 주의(Neo-Platonism)[16]의 창시자인 "플로티누스"와 그 시조인 "플라톤"의 형이상학은 더 이상 의미가 없으며, "생과 사"는 관념적인 "전체"의 구성요소로 인간의 자의적인 구분에 불과하다고 본다. 그것은 매일의 삶이 죽음으로 전환되는 순간의 연속이므로 이는 융의 관점에서 마치 자기의 꼬리를 문 뱀의 상황, 즉 탄생과 사망이 자기 환원적인 "우로브로스"(uroboros)적 상황과 같기 때문이다. "만물"의 로고스는 인간의 "괴로운 마음"의 산물이며, 이로 인해 인간은 스스로를 구속하고 자학한다. 또 육신의 죽음 이후에 기대되는 "부활"과 "천국"도 관념의 산물이다. 따라서 생과 사는 모두 관념의 산물이며, 우리의 주변에 남아 우리를 위로하는 것은 "유식한 이탈리아의 학문," "그리스의 자랑스런 석조물," "시인의 상상의 산물," "사랑의 추억," "여자들의 말에 대한 기억," "초인간적인 거울과 같은 꿈"과 같이 현세의 물상

---

16) 창안자인 플로티누스(205-270)는 초월적인 선(善)의 실재를 "일자"(一者, the One)라고 보아 여기서 세계의 다양성이 유출(emanation)되었다고 본다. 이 미분화된 "일자"는 모든 실존의 근원이므로 그 완전함이 가득 차 넘쳐흐르는 단계에 이른다. 이에 대한 비유가 넘치는 샘과 타오르는 불이며, 이것을 융합하여 셸리(P. B. Shelley)는 "불타는 샘"(burning fountain)이라 명했다. 이 "일자"는 점차 이성, 영혼, 물질, 악(惡)으로 전파된다(이명섭 297-98).

들을 둘러싼 허위의 로고스뿐이다. 오히려 저 "성벽의 틈"에서 터 잡아 "잔가지"들로 보금자리를 쌓는 "갈가마귀"의 노력이 현재에 소중하고 가치가 있는 일이다. 이것이 인간의 "신념과 긍지"의 실천이며, "올바른 청년들"에게 전해져 수범의 원형에 보태어질 것이다.

그리고 "인간의 본성은 이 앉은뱅이 직업으로 망가질 때 만들어지는 것"이라는 것은 스스로를 소멸시켜 순간의 가치를 창조하는 역설적인 "엔트로피"적 상황을 암시한다. 삶의 과정에서 가중되는 "엔트로피"는 곧 죽음으로의 점진적 이행을 의미하며, 이 모순적인 상황은 극과 극의 역전적인 변화의 불가피성을 의미하는 "에난티오드로미아"적 상황이다. "이제 나의 영혼을 만들어야겠다"에서 나타나는 예정된 종말에 대한 인식은 현재의 가치에 대한 애정의 표명으로 나타난다. 따라서 "정신착란"과 육체의 "노쇠"가 우리들의 미래에 불원간 들어 닥칠 때까지 우리는 "학문의 전당"에서 탐구해야한다. 이때 죽음에 대한 시적 화자의 초인적 대응은 현재의 비극에 대한 연민과 동정뿐이다. 그것은 보다 더한 불행인 "친구들의 죽음" 또는 "모든 눈의 죽음"이 "지평선이 희미해질 때" 보이는 "하늘의 구름"인 듯, 황혼에 밀려오는 "어둠" 속에서 잦아드는 "새소리"인 듯한 인간의 종말에 대한 시인의 여린 감상에 근거한다.

전체적으로 "만다라"의 관점이 나타나는 이 스텐자에서 고요한 수면 위에서 "낚싯대를 드리우는 사람들"의 진지한 태도는 자아 탐구의 차원으로 이해할 수 있다. 그것은 이를 위한 덕목으로 4가지의 "긍지"가 제시되기 때문이다. 또 지/덕/체의 통합과 조화를 강조한 "플로티누스"와 "플라톤"같은 인류의 "현자"들이 등장하고, 이로 인해 "유식한 이탈리아의 학문"과 "그리스의 자랑스런 석조물"이 창조된 것이다. 이것은 "인간의 본성은 이 앉은뱅이의 직업으로 망가질 때 만들어지는 것"과 같이 인격의 재통합을 통해 비로소 가능하다. 결국 "탑"은 마음의 작용에서 비롯된 형이상학적 이상이자 인간의 완성을 의미하는 개성화의 목표이다. 그러나 그것을 향한 치열한 몸부림은 오히려 종말을 재촉하는 시위와 다름없다. 하지만 그 시위가 헛되다 하더라도 현실을 유지하기 위해서 우리는 끊임없이

"탑"을 구축하기 위한 투쟁에 참여할 수밖에 없다. 그것이 우리가 세상에 존재하는 이유이자 살아가는 즐거움이기 때문이다. 절로 노쇠해지는 육신을 방관하지 않고 육신의 에너지가 분출될 때까지 우리는 동물적인 본능을 거역하는 모순적인 정신의 "탑"을 계속 쌓는다. 그리하여 그 신화와 역사는 인간의 정신을 단련한 결과물, 다시 말해 초인을 향한 원형적 구조물로 후세에 계승되어 세계와 인간에 대한 궁극적인 비전을 발견하는 단서가 될 것이다.

초월적인 자아는 현실적인 자아가 준수하는 인과의 율에서 벗어나 우연의 율을 따른다. 전자가 적용되는 곳은 주로 시간, 공간, 영혼, 물질이며, 원래 이 요소들은 인간에 의해 간단히 구획될 수 있는 분야가 아니라 그것들을 바라보는 인간들의 다양한 입장들 속에서만 존재한다. 이 네 가지 요소들의 동일한 발생, 즉 "동시성"의 현실적인 체험은 초월적인 자아의 작용에 의한 것이다.17) 이것은 인과의 율로서는 이해할 수 없는 것으로 이때 우리는 이를 꿈과 같은 현실이라 생각한다. 이러한 점에서 우리는 현실 속에서 우리의 본질적 원천인 원형의 공간에 이르는 상상력, 환상, 꿈을 통해 주어지는 초월적 자아의 계시에 의해 현실과 미래에 전개되거나 전개될 일들을 체험할 수 있을 것이다. 이것은 육체와 정신, 이성과 야성, 인위와 자연, 신과 인간의 이분법적 구분이 없는 상태, 즉 세계와 영혼이 공존하는 공간이 있음을 의미하며, 인간의 오감이 포착할 수 없는 상태에서 물상들이 상호 밀접하게 연계되어 있음을 시사한다.

유기체적 물질주의나 물질적 인과율에 저항하는 융은, 정신이 비록 육체의 신경조직인 뉴우런(neuron)에 연결되어 있다하더라도 그것이 고유한 정체성과 법칙에 의존한다고 본다. 정신의 힘에 대한 융의 의지는 "정신적 현실"(psychic reality)을 창조한다. 이는 육체의 과정에 저항하는 모든 정신적인 것의 전체성이며, 정신 과정의 비-실체성은 육체의 현실을 이해하

---

17) 예를 들어, 어떤 자에 대한 이야기를 하고 있을 때 그가 불시에 등장하는 경우나 예언 혹은 꿈의 현실적 일치와 같은 것이다(Hopcke 72-74).

는데 결정적인 장애가 된다. 이런 점에서 융의 관점에 입각한 텍스트의 해석은 텍스트 중심의 신비평적 관점을 해체하며, 텍스트의 축어(逐語)적 실체로부터 의식의 "확충"에 의해 텍스트의 비-실체성을 검토하는 것이 가능하다. 이는 개인적 발화(utterance, parole)로서의 작품의 중심에서 작가를 배제하고 그 배후가 되는 초개인적인 근원인 랑그(langue)를 탐색하는 포스트 구조주의의 관점과 유사하며, 이때 작품의 창조과정에 기여하는 것이 작가의 개인 무의식과 유리되는 원형의 "자율적 콤플렉스"(autonomous complex)이다. 이와 관련하여 라이트의 말은 참조할 만하다.

> 융은 무엇보다 정신분석가의 임상 분석에서 예술작품을 구해냄으로써 예술과 신경증의 방정식을 거부한다. 그는 '개인으로서 시인'을 찬미하기보다 창조적 과정을 찬미함으로써 이 일을 수행한다[...] 여기서 우리는 중심으로부터 저자를 폐위하는 일이 시작됨을 알 수 있다. 하지만 그 효과가 제한되는 것은, 시인이 상징주의의 보편 언어를 위한 대변자가 된다는 점에서, 융이 개인적인 것을 초개인적인 것으로 바꾸어 이상화시키기 때문이다.
>
> Jung above all wants to save the work of art from the psychoanalyst's clinical scrutiny, from the equation of art and neurosis. He does this by exalting the creative process as such, as distinct from exalting 'the poet as person'[...] In this one might see the beginnings of the dethronement of the author from a central position. The effects of this are limited, however, because Jung replaces one idealization, a personal one, with another, supra-personal one, in that the poet becomes a mouthpiece for a universal language of symbolism. (72)

융의 관점이 포스트구조주의적임을 시사하지만, 그것은 텍스트의 기원을 추구하여 그 원형적 실체를 파악하려 한다는 점에서 기원을 부정하는 포스트구조주의와 다르다. 따라서 텍스트에 대한 블룸의 독서 관점인 독자의 "오독"은 텍스트 속의 상징들에 대한 정독을 통해 그 배후적 실체를 파악하려는 융의 비교적(esoteric)관점과 배치된다. 그래서 융은 피분석자의 병인적(etiological) 요소로서 드러난 제반 상징들을 통해 비-실체적인 원형에 대해서 언급할 때 신비주의자나 몽상가로 인식될 수도 있다. 그러나 융을 그렇게 보는 유물론자들의 편협한 시각은 아마 그들이 육체에 대해 과도한 "성적 환상"(sexual fantasy)을 가지고 있다는 점을 자인한 셈이된다. 결국 융은 가시적인 상징을 통해 그 비가시적인 원형적 본질을 추구한다는 점에서 정신과 육체가 하나의 실체로서 상호의존적임을 말하여 구상(具象)과 비-구상(非-具象)의 등식인 "색즉시공"(色卽是空)이 곧 "공즉시색"(空卽是色)이라는 합일의 불교적 관점을 공유함으로써 동/서양의 사물인식이 교감하는 "동시성"의 예를 보여준다. 환언하면, 융이 비-실체적 존재인 영혼을 현실적인 인격으로 표면화되는 기호적인 증상으로 보아 육체처럼 객관화시킨다는 점에서, 텍스트는 저자와 유리된 것이 아니라 저자의 영혼이 드러난 객관적 단서가 된다.

융이 프리드리히 휠덜린(Friedrich Hölderlin)의 시작품인 「한 송이 장미에게」("To a Rose")를 실제로 분석한 예를 살펴보는 것은 원형이론의 창시자가 실천하는 문학적 적용의 예로서 그 의의와 가치를 지니며, 여태 우리가 앞에서 시도해 본 시집 『탑』과 『장미』에 속한 여러 작품들의 분석과 비교해 보는 것도 의미가 있을 것이다.

       영원한 어머니의 자궁 속으로,
       모든 초원의 가장 달콤한 여왕,
       여전히 살아 움직이는 천상의
       자연이 당신과 나를 데려간다.
       작은 장미, 끔찍한 폭풍우가
       우리의 꽃잎을 벗기고, 우리를 늙게 한다;
       그러나 죽지 않은 씨앗들이 기적적인 새로운 개화(開花)를
       열망한다.

       In the mother-womb eternal,
       Sweetest queen of every lea,
       Still the living and supernal
       Nature carries thee and me.

       Little rose, the tempest dire

> Strips our petals, ages us;
> Yet the deathless seeds aspire
> To new blooms, miraculous.

이 시행들에 대해 융은 다음과 같이 분석한다.

> 장미는 사랑 받는 자의 상징이다. 그래서 시인이 자신과 장미가 자연의 자궁 속에 있음을 꿈꿀 때, 이는 심리적으로 그가 여전히 어머니의 자궁 속에 있음을 의미한다. 그곳에서 그는 영원한 발아와 갱생, 그 전에 모든 것을 지닌 잠재적 생명체를 발견하며, 그들에게 형체를 부여하도록 하는 노력에 굴하지 않고 실현의 모든 가능성들을 스스로 수용한다. 플루타크는 오시리스와 이시스가 그들 어미의 자궁 속에서 짝짓는다는 순수한 신화 속에서 똑같은 모티프를 기록한다. 횔덜린은 이같이 영원한 유년기를 향유하는 것이 신들의 부러운 특권임을 깨닫는다.

> The rose is a symbol of the beloved. So when the poet dreams that he and the rose are in the womb of nature, it means psychologically that he is still in the mother. There he finds eternal germination and renewal, a potential life that has everything before it, containing in itself all possibilities of realization without his having to submit to the labour of giving them shape. Plutarch records the same motif in the naive myth of Osiris and Isis mating in their mother's womb. Hölderlin likewise feels that it is the enviable prerogative of the gods to enjoy everlasting infancy.
> (*Symbols of Transformation* 398)

융은 여기서 "장미"의 이미지를 "자궁"의 신화로 확대한다. 횔덜린의 "장미"는 고대 그리스의 전기 작가인 "플루타크"가 기술한, 고대 이집트에서 저승을 관장하고 사자(死者)를 심판하는 신 "오시리스"와 그의 누이이자 아내인 풍요의 여신 "이시스"가 그들 어미의 자궁 속에서 짝짓는다는 "발아와 갱생"의 신화를 공유함으로써 그 원형적 "모티프"를 계승한다.

3.7 영웅 신화와 "태모"

융은 프로이트의 자유 연상이 저자와 독자의 개인 무의식에 국한되므로 분석의 수단으로서는 부적합하다고 보고, 대신 개인 무의식의 이미지들이 집단 무의식의 이미지들로 확대되는 것을 즉시 포착하는 "확충"에 의해 텍스트 혹은 피분석자를 해석한다. 이에 대한 예로 전통적인 서사에 등장하는 리비도적 주체의 상징인 이른바 영웅의 비극적인 운명을 "확충"해 볼 수 있다. 그 속에서 영웅은 어떤 목표의 추구나 대상의 획득을 위해 장도에 올라 무의식을 의미하는 동굴, 물, 미로, 위험 지역을 넘나들며, 영웅적 용기와 기지를 발휘하여 세인들의 존경을 받지만 실상은 융이 말하는 "태모"의 원형과 원초적으로 대적하는 유아기 콤플렉스의 확산에 불과하다. 그것은 유아가 모태에서 벗어나 점차 고양된 수준을 지향할 때 유아와의 이별에 당면한 어머니는 현실적으로 유아를 떠나 보내야 하지만 본능적으로는 이를 거부하므로, 이 원형은 현실에서 유아를 좌절시키려 하고 그를 모성의 공간으로 퇴행시키려하기 때문이다. 이러한 곤경 속에서 그는 퇴행적인 리비도와의 연대를 거부하는, 다시 말해 유아기이래 지금까지 소중히 유지해온 심리적 태도와의 단절을 의미하는 희생의 의식을 치러야 한다(새무엘 217). 따라서 영웅의 일생은 "태모"와의 궁극적인 단절을 위한 과정으로, 영웅의 죽음은 모성적 공간으로의 퇴행으로 볼 수 있다. 이 점에 대해 예이츠의 「학교 아이들 속에서」("Among School Children") 살펴보자. 이 작품은 전체적으로 유아와 "태모"와의 관계에 관한 것이다.

블룸은 이 작품이 예이츠의 시와 사상의 한계를 보여주며, 이 시인이 플라톤, 아리스토텔레스, 피타고라스보다 더 자연에 접근할 수 없었다고 말한다(369). 그러나 블룸의 견해는 다분히 신비평적인 관점에 의한 것인데, 그것은 텍스트 속에서 언급되는 내용에만 집착하기 때문이다. 또 엘만은 늙은 시인이 아이들의 얼굴에 중첩되는 젊은 모든 곤의 이미지를 반추하듯이 플라톤, 아리스토텔레스, 피타고라스가 명성을 얻었을 때 사실상 남은 것은 이미지뿐이라고 말한다. 그가 보기에, 어머니와 수녀가 각각 사랑하고 숭배하는 것은 아이의 이미지와 신의 이미지이며 단지 이 이미지들만이 현실적이다(255-56). 이는 어느 면에서 장 보드리야르(Jean Baudrillard)적 관점18)을 공유하는데, 그것은 소멸하는 물상에 머무는 공시적 이미지만이 삶의 현실이라고 보기 때문이다.

"학교 아이들 속에서" 시적 화자에게 환기되는 것은 유년시절의 기억들이다. 모성적 공간인 자궁에서 어머니와의 연대감에서 소외되어 사회에 투기된 유아는 차차 자신의 원천을 상실하고 거짓된 로고스에 육신을 맡긴다. 이에 "태모"는 유아를 그리워하고 영원히 소유하려 하지만 아버지의 명령에 따라 유아는 "태모"와의 관계를 청산하고 오디세이처럼 유랑을 떠난다. 그러나 끊임없이 "태모"는 유아의 개성화를 좌절시켜 자신의 품속에 포용하려 하고, 결국 유아는 "태모"의 품속으로 퇴행한다. 이런 점에서 "태모"에서 벗어나려는 유아의 이상을 아더 왕(King Arthur)의 서사에 그려지는 영웅적 이상으로 볼 수도 있다.

I

질문하며 나는 긴 교실을 걷는다;
흰 두건을 쓴 친절한 늙은 수녀가 답한다;
아이들은 셈본과 노래,
독서와 역사공부,
재단과 바느질도 배우고, 모든 것을 단정하게
최신식으로 배운다 — 아이들은
잠시 놀라움으로
미소짓는 나이 육십의 공인을 쳐다본다.

I walk through the long schoolroom questioning;
A kind old nun in a white hood replies;

---

18) 보드리야르는 지금의 세계가 지시대상(referents)이 없는 "환영"(simulacra)의 세계이며, 현실은 이미지와 기호의 엷은 안개 속으로 모두 소멸하므로 텍스트나 담론은 불안정한 구조로 나타나며, 세계는 경계가 없고 현실과 환영의 비차별적인 흐름 속에서 내파(implosion)된다고 주장한다(Best 118-22).

> The children learn to cipher and to sing,
> To study reading — books and histories,
> To cut and sew, be neat in everything
> In the best modern way — the children's eyes
> In momentary wonder stare upon
> A sixty-year-old smiling public man. (CP 242-43)

시적 화자는 학교에서 "아이들"이 사회 속에서 생존하기 위해 관습과 상식에 관한 "모든 것을 단정하게 최신식으로 배운다"고 말한다. 자연에서 태어난 "아이들"은 서서히 역사 속의 "공인"(公人)들로 재 탄생한다. 이는 그들이 "셈본," "노래," "독서," "역사 공부"와 같은 인간적인 전통을 학습하여야 가능하다. 이렇듯 "아이들"은 감성적인 파토스(pathos)의 세계에서 이성적인 로고스의 세계로 나아가며 의식의 강렬한 햇살을 쏘이면서 자궁의 습하고 컴컴한 공동(空洞)의 기억을 서서히 상실한다. 이제 "아이들"은 "태모"에 대한 원초적인 기억을 함축한 채 현실에 부상하는 의식적인 주체들이며 타자와의 관계 속에서 세계와 자아를 의식한다. 이런 점에서 "아이들"은 모태와의 단절을 통해 세상의 목표를 실천하는 영웅적 상징들이다.

II

> 나는 레다와 같은 육체를 꿈꾸며,
> 잦아드는 난로 불 위에 몸을 굽히고,
> 그녀가 말했던 가혹한 책망의 이야기,
> 어린 시절을 비극이 되게 한 그 사소한 사건을 생각한다 —
> 그 이야기를 듣고, 우리들의 두 마음은
> 어린 동정에서 하나의 공이 된 듯하다.
> 혹은, 플라톤의 우화를,
> 한 계란 속의 노란 자위와 흰자위로 변경한다.

> I dream of a Ledaean body, bent
> Above a sinking fire, tale that she
> Told of a harsh reproof, or trivial event

> That changed some childish day to tragedy —
> Told, and it seemed that our two natures blent
> Into a sphere from youthful sympathy,
> Or else, to alter Plato's parable,
> Into the yolk and white of the one shell. (*CP* 243)

　세계로의 이행과정에서 시적 화자는 과거로 회귀하려 한다. 이것은 "태모"와의 단절이 그만큼 어려우며, 유아기 콤플렉스가 여전히 잔존함을 의미한다. 시적 화자가 꿈꾸는 "레다"는 아이들의 모성적 감수성의 원형이며, "잦아드는 난로 불"은 아련한 기억의 원천으로 시적 화자를 퇴행시키는 배경적 모티브가 된다. "그녀가 말했던 가혹한 책망"은 근친상간을 의식하는 도덕률의 부과를, "어린 시절"의 "비극"은 아이가 "태모"로부터의 분리된 희생의 의식을 의미한다. 어머니로부터 소외당한 아이는 그녀와 같은 여성을 만나 그 보상을 받으려 하지만, 이것은 오히려 자신의 원형적 원천인 자궁으로의 도피를 의미한다. 이렇듯 "어린 동정에서 하나의 공이 된 듯하다"와 "한 계란 속의 노란 자위와 흰자위"에서 암시되듯이 남성과 여성이 융합하는 것은 한 양성적 개체에서 두 이성으로 분리되는 인간의 비극을 말하는 "플라톤 우화"의 전복이다. 따라서 "학교의 어린이들"은 "태모"와의 단절로 인한 유아기의 콤플렉스의 영향으로 새로운 여성을 추구하지만 이 또한 자궁으로의 퇴행을 의미하는 "유로브로스"의 신화를 반복한다.

III

> 그 슬픔과 분노의 발작을 생각하면서
> 나는 아이들을 번갈아 쳐다본다.
> 그녀가 저 나이에 저렇게 서 있었을까 하고 —
> 백조의 딸들도 모든 물새의 유산을
> 약간은 공유할 수 있으니까 —
> 그리고 뺨과 머리카락도 저 색조를 띠고 있었다고
> 생각하면 내 심장은 거칠게 두근거리고
> 그녀는 살아있는 아이처럼 내 앞에 서있다.

And thinking of that fit of grief or rage
I look upon one child or t'other there
And wonder if she stood so at that age —
For even daughters of to swan can share
Something of every paddler's heritage —
And had that colour upon cheek or hair,
And thereupon my heart is driven wild:
She stands before me as a living child. (*CP* 243)

"나는 아이들을 번갈아 쳐다본다"는 것은 시적 화자가 현재의 "아이들"을 보고 과거 "그녀"의 어린 시절을 유추하기 위해서이다. 이는 현실을 통해 과거의 진실을 진단하는 원형적 접근법이다. 고귀한 자손인 "백조의 딸들"의 본질에도 "백조"의 순수한 형질만이 아닌 초역사적인 "물새"의 원형질이 내포되어 있다. 하지만 시인은 "백조"의 실체가 "물새"의 원형을 왜곡하고 있음을 지적하며 "백조"의 본질을 회의한다. 그것은 지금의 "백조"에게 상실된 "물새"의 원형을 추구하는 동기가 된다. 이에 아이들의 얼굴에 중첩되는 "그녀"의 어린 모습은 "백조"의 퍼소나가 벗겨진 "물새"와 같은 존재로 "내 심장은 거칠게 두근거리고 그녀는 살아있는 아이처럼 내 앞에 서있다"에서 나타나듯이 시적 화자의 의식 속에 현재화된다. 따라서 시적 화자의 "그녀"의 본질에 대한 관심은 곧 "태모"에 대한 원초적 동경이 대체된 것이다.

IV

그녀의 현재의 이미지가 떠오른다 —
콰트로센토의 손가락이 그런 모습을 만들었을까?
바람을 마시고 고기대신 그림자를 먹은 것처럼 우묵한 뺨을.
나는 결코 레다의 후예는 아니지만
한때 고운 깃털을 지녔었지 — 그것으로 충분하다,
모든 미소에 미소로 답하고,
늙은 허수아비의 편안한 모습을 보여주는 것이 좋겠다.

Her present image floats into the mind —

> Did Quattrocento finger fashion it
> Hollow of cheek as though it drank the wind
> And took a mess of shadows for its meat?
> And I through never of Ledaean kind
> Had pretty plumage once — enough of that,
> Better to smile on all that smile, and show
> There is a comfort kind of old scarecrow. (*CP* 243)

"그녀의 현재의 이미지"는 과거와는 다른 "우묵한 뺨"을 지닌 여윈 모습일 것이라고 시적 화자는 유추한다. 그것은 세월의 풍화 작용 탓이며, 이때 세월은 15세기 르네상스의 황금기를 의미하는 "콰트로첸토의 손가락"을 소유한다. 세월은 어느 장인 못지 않게 사물에 대한 조형력을 가지고 있다. 이와 같이 세월의 조화(造化)를 거역할 수 없는 유기체의 종말은 누구에게나 예외 없이 적용된다. 제우스가 반할 "레다"의 미모는 아닐지라도 "한때 고운 깃털"이 의미하는 아름다운 자태를 지녔던 시적 화자는 이제 세월의 침식으로 퇴화된 자신의 모습에 그저 자위한다. 이는 "모든 미소에 미소로 답하고,/늙은 허수아비의 편안한 모습을 보여주는 것이 좋겠다"에서 나타나듯이 리비도의 투기가 육체적인 차원에서 정신적인 차원으로 전환되었음을 의미한다. 이렇듯 무심한 세월은 영웅으로 하여금 세상사에 대한 리비도의 발산을 재촉함으로써 만인의 과업을 완수하기 위해 투구하는 영웅의 힘찬 기상을 "늙은 허수아비"의 쇠약한 모습처럼 무력화시켜 "태모"의 역할에 조력한다.

V

> 어떤 젊은 어머니, 그녀 무릎 위의 한 형상이 누워 있다
> 세대의 쾌락이 배신한,
> 그것은 무릎에 잠들거나 소리지르며 도망치려 한다
> 회상과 마약이 결정한 대로.
> 그 아들을, 예순 번이 넘는 겨울을 머리에 이고 있는
> 그 형상을 보고, 어머니는

출산의 고통이나 생산의 불안에 대한 보상으로 여겼을까?

> What youthful mother, a shape upon her lap
> Honey of generation had betrayed,
> And that must sleep, shriek, struggle to escape
> As recollection or the drug decide,
> Would think her son, did she but see that shape
> With sixty or more winters on its head,
> A compensation for the pang of his birth,
> Or the uncertainty of his setting forth? (CP 244)

 시인은 존재의 궁극적인 의미에 대해 깊이 회의한다. 그것은 인간이 "세대의 쾌락"이 "배신"한 결과 잉태된 존재이며 인간은 상호 교접의 "쾌락"에 의해 스스로 구속되기 때문이다. 이는 리비도의 생물학적 환원에 대한 시인의 반성이다. "젊은 어머니"인 "그녀 무릎 위의 한 형상"인 아이가 "어머니"의 "무릎에 잠들거나 소리지르며 도망치려한다"에서 드러내는 이중성은 "회상과 마약"에서 나타난다. 이것은 인간으로 하여금 현실에서 벗어나게 하지만, 전자는 세상사로부터 잠시 벗어난다는 점에서 리비도의 퇴행을, 후자는 세상사의 재미에 한순간 탐닉하기 위한 리비도의 전진을 의미한다. 그런데 인생에서 이 두 가지 묘약이 제공하는 달콤한 정서의 향유 대상인 시적 화자는 "예순 번이 넘는 겨울을 머리에 이고 있는" 모습의 "아들"이 "어머니"의 "출산의 고통이나 생산의 불안에 대한 보상"의 결과인지를 묻는다. 이는 세상의 공간에서 신음하는 인간의 존재 이유에 대한 시인의 근본적인 물음의 제기이기도 하지만, 그 이면에 영웅의 세상사 참여에 대한 "태모"의 부정적인 반응이 자리한다. 따라서 시인은 영웅으로서의 "아들"이 세상사에 투기하는 리비도의 방향성과 그 진정한 가치를 탐문한다.

VI

> 플라톤은 자연을 물거품처럼
> 사물의 유령 같은 형식 위에 떠도는 것이라 생각했고,

용사 아리스토텔레스는 매질을 한다
왕 중 왕의 엉덩이에;
명성이 자자한 황금 허벅지를 가진 피타고라스는
바이올린의 활과 현(絃)에 손가락으로
별이 노래하고 무관심한 뮤즈가 듣는 곡을 연주했다:
새를 놀라게 하는 낡은 막대기 위에 걸린 낡은 옷가지들.

Plato thought nature but a spume that plays
Upon a ghostly paradigm of things,
Soldier Aristotle played the taws
Upon the bottom of a king of kings;
World-famous golden-thighed Pythagoras
Fingered upon a fiddle-stick or strings
What a star sang and careless Muses heard:
Old clothes upon old sticks to scare a bird. (CP 244)

전체적으로 시인은 현존하는 철학의 근간이 되는 몇 가지 정신 가치의 원형들을 검토한다. 리비도를 정신 가치에 집중한 현인 중의 하나인 "플라톤은 자연을 물거품처럼 사물의 유령과 같은 형식 위에 떠도는 것이라 생각했고"에서 나타나듯이, 시인은 사물의 궁극적 테제에 대한 철학적인 논의를 제기한다. 이러한 플라톤의 논리는 현재의 사물에 대한 소급의식으로서의 그 원형성을 탐문하는 초월적인 것이다. 따라서 세계를 구성하는 모든 사물을 기만적이고 왜곡된 것, 즉 허구로 존재한다고 보는 "플라톤"의 입장은, 각 사물이 하나의 상징으로서 그 원형적 본질을 추구하는 단서가 된다고 보는 융의 입장과는 다르지만, 양자가 모두 사물의 진정성을 회의하여 그 배후를 탐색하는 것은 상통한다. 그러나 이에 대한 반(反)전제는 "용사 아리스토텔레스는 매질을 한다/왕 중 왕의 엉덩이에"라는 부분에 나타난다. 이렇듯 현재의 아픔을 망각하려는 초월의식에 대해 현실의 아픔을 환기시키는 "아리스토텔레스"는 지극히 인간적이다. 그가 보기에 세상에 현존하는 것은 사물의 형상과 논리뿐이며, 이것이 사회를 구성하는 바탕이 된다. 그러므로 플라톤의 이데아는 아리스토텔레스의 원리를 전제해야 가능하다. 그것은 현실을 딛지 않고 어느 누구도 사고할 수 없기 때문이며,

사물의 초월적 실재인 이데아의 탄생은 사실 사물의 실체에서 비롯되기 때문이다.

이 양자의 원리에 보태어지는 것은 "피타고라스는 바이올린의 활과 현에 손가락으로 별이 노래하고 무관심한 뮤즈가 듣는 곡을 연주했다"에서 시사하듯이, 사물의 규칙성을 확립한 "피타고라스"의 원리이다. 이처럼 "바이올린"과 "활"에 주법(奏法)을 적용하여 탄주(彈奏)함은 사물에 대한 규칙의 적용의 예이다. "피타고라스"의 기하학에 동원되는 원과 삼각형, 사각형과 같은 도형들의 위치와 배열은 흡사 "만다라"를 구성하는 문양들과 같이 사물의 본질에 접근하는 법을 담고 있을 것이다. 따라서 미분화된 "태모"의 영향에서 벗어나 분화된 세상으로 나아갈 때 불가피하게 영웅은 현인들의 원리를 학습하여야 세상에서 소기의 목표를 달성할 수 있을 것이다.

그러나 현인들에 대한 시인의 정서는 부정적이다. 그것은 그들의 사상이 모든 학문적 기초로서 우리가 그것을 학습하여 세상에서 그 공식을 적용해야 하기 때문이다. 그래서 시인은 그 공식의 통시적 전승에 강력히 저항하는데, 그것은 "낡은 막대기"는 낡은 수단을, "낡은 옷가지"는 낡은 형식을 의미한다고 보아 이 "피타고라스"의 "낡은" 공식이 우리의 삶을 암시하는 "새"를 "놀라게 하는" 고정된 틀을 지시하기 때문이다. 이처럼 시인은 현자들의 보편적 원리들이 다가오는 현실에 미치지 못함을 지적하며, 그 정서가 "물거품," "매질," "무관심"으로 나타난다. 다시 말해 이는 현재의 지식의 원형이자 기준이 되는 고대 그리스의 학문 전통에 대한 근본적인 회의의 표명으로 볼 수 있다. 그러므로 "태모"를 떠난 영웅의 세상체험은 어쩌면 오디세이의 고단한 방랑처럼 "떠도는" 환영을 추구한 셈이며, 세상사의 이치를 파악하여 목표에 매진하는 영웅의 정열은 시인이 보기에 허무한 것이다.

VII

수녀와 어머니들은 모두 이미지들을 숭배한다,
그러나 촛불이 밝히는 그 이미지들은

어머니의 몽상에 생기를 주는 그런 형상들이 아니며,
대리석이나 청동의 정적을 지닐 뿐이다.
하지만 그들 역시 가슴아프게 한다 ─ 오 존재들이여
그 정열, 경건이나 애정이 알고 있는,
모든 천국의 영광이 상징하는 것이여 ─
오, 스스로 태어나 인간의 계획을 비웃는 자여;

Both nuns and mothers worship images,
But those the candles light are not as those
That animate a mother's reveries,
But keep a marble or a bronze repose.
And yet they too break hearts ─ O Presences
That passion, pity or affection knows,
And that all heavenly glory symbolise ─
O self-born mockers of man's enterprise; (*CP* 244)

시인은 모성과 여성이 공통으로 지향하는 점을 제시한다. "수녀와 어머니들은 모두 이미지들을 숭배한다"에서 나타나듯이 "존재" 대신 "이미지"를 선호하는 것은 현실을 탈피하려는 그들 의지의 반영이다. 전자의 경우, 영적인 차원에서 남성을 닮은 신을 향한, 후자의 경우, 육체적인 차원에서 바람직한 남성을 향한 그들의 욕망은 다분히 "몽상"적이다. 그러나 "촛불"이 환기시키는 아른거리는 "이미지들"은 "어머니의 몽상," 즉 어머니의 욕망을 충족시켜 주지 못하는 차디찬 "대리석"과 "청동"과 같이 의식 속에 정형화된 허구에 불과하다. 이에 허구의 원형적 실재에 대한 갈망이 더욱 고조된다. "천국의 영광"에 버금가는 실재는 궁극적인 진리를 의미하며, 이에 도달하기 위해 "수녀와 어머니들"은 "정열"과 "경건," 그리고 "애정"으로 위장된 리비도를 투기한다. 그러나 그들이 사물의 실재를 연모하여 발산한 리비도의 불꽃은 도로에 그치고, 그들이 그린 것은 "천국의 영광이 상징하는" 실재의 "이미지"뿐이다. 이에 시인은 인간을 "오, 스스로 태어나 인간의 계획을 비웃는 자여"에서 암시하듯이, 자신이 예술과 학문을 스스로 비웃는 자로 인식한다. 따라서 "학교"에서 "아이들"은 실재와는 거리가 먼, 인간이 창조한 원리들을 고통스럽게 학습하며, 마치 어떤 숭고한 이상을 향해 나아가려는 듯 충실하게 리비도를 투기하는 무의미한 행위를 반복한다. 다시 말해, 이는 허망한 "이미지"의 현실을 딛고 세상의 궁극적인 목표를 향해 나아가는 영웅으로서의 "아이들"의 비전에 대한 시인의 염려와 동정의 표명이며, 그것은 영웅에 대한 "태모"의 인식이다.

VIII

노동이 꽃피고 춤추는 그 곳에
육체가 영혼을 기쁘게 하기 위해 상처받지 않고,
절망으로부터 아름다움이 태어나지 않으며
한 밤중의 기름으로부터 흐린 눈의 지혜가 생기지 않는다.
오 밤나무여, 거대하게 뿌리 박힌 꽃피우는 자여,
너는 잎이냐, 꽃이냐, 아니면 줄기냐?
오 음악에 흔들리는 육체여, 오 빛나는 눈이여,
우리는 어떻게 춤과 춤추는 자를 구별할 수 있을까?

Labour is blossoming or dancing where
The body is not bruised to pleasure soul,
Nor beauty born out of its own despair,
Nor blear-eye wisdom out of midnight oil.
O chestnut-tree, great-rooted bloomer,
Are you the leaf, the blossom or the bole?
O body swayed to music, O brightening glance,
How can we know the dancer from the dance? (*CP* 244-45)

마지막 스탠자에서 시인은 "영혼"과 "육체"의 원형적 합일을 꿈꾼다. 현재로부터 아득히 소급되는 원초적인 공간을 의미하는 "그 곳"에서의 "노동"은 "영혼"과 "육체"에 동시에 이롭고, "아름다움"과 "지혜"는 자기 반성적 잣대에 의한 치열한 이성적 수련을 의미하는 "심야의 등불"에 의해 생성되는 것이 아닌 자연발생적인 것이다. 융의 관점에서 육체는 정신의 물질적 구체성의 표현이며 육체가 행하고 경험하며 필요로 하는 것은 정신의 명령을 반영한다는 점(새뮤얼 51-52)에서 "육체"와 "영혼"은 상호 유리될 수 없는 것이다. 그러므로 "그 곳"에서 "밤나무"를 구성하는 "잎,"

"꽃," "줄기"에 대한 학문적 구분의 의미는 없다. 사물의 구분은 사실 인간의 의식이 범주화되어 사물에 대한 전체적인 안목이 소멸되는 지점이자 인간의 의식이 스스로 분열되는 동기가 된다. 여기서 시인은 의식의 미분화된 상태야말로 자연과 진리에 한층 다가서는 첩경이므로 개성화의 실현이 미흡한 "학교 아이들"을 통해 자연과 진리에 대한 접근 가능성을 시사한다.

하지만 "춤"의 의미가 "춤추는 자" 혹은 "흔들리는 육체"에 의해 달라지듯이 세계와 자연 또한 스스로 "빛나는 눈"을 지녔다고 확신하는 인간의 의지와 신념에 의해 그 진실이 왜곡된다. 그것은 본래의 "춤"이 인간에게 내재화되어 행동으로 표현된다는 점에서 "흔들리는 육체"의 원형적 동기가 되므로 "춤"은 "춤추는 자"에 의해서 달라질 수 있으며, 이는 "춤"이라는 원형의 변형을 의미하기 때문이다. 이러한 점에서 "아이들"의 원형적 본질은 세상에 생존하는데 필요한 이기적인 상식을 주입하는 "학교"의 교육에 의해 변형될 것이다. 그리하여 학문적인 정신 혹은 이데올로기나 사상이 인간을 구속하고 억압할 것이라는 점을 시인이 우려한다.

결국 시인은 "학교 아이들 속에서" 잃어버린 유아적 원형, 즉 "영원한 소년"(Puer aeternus)[19]을 희구한다. 이 원형은 어머니와의 분리를 감수하는 용기와 자유를 추구하지만, 이를 제어하고 퇴행시키려는 "태모"의 의도와 상충한다. 따라서 시인은 "학교 아이들 속에서" 다시는 그들처럼 젊어질 수 없다는 좌절감을 보상받기 위해 개선될 수 없는 현재의 상식과 관습을 비판해 본다. 그것은 "태모"를 떠난 예술적 영웅으로서의 시인의 신화, 즉 세상사의 편력에 대한 공허한 인식이자 반성이다.

---

19) 융이 말하는 이 원형은 인간의 마음속에 내재된 영원히 늙지 않는 "아이-신"(child-god)을 의미하며, 심리학적인 견지에서 어머니에게 의지하면서 영원히 청춘의 수준을 유지하려는 노인의 정서 생활을 가리킨다(Sharp 109). 이와 상대되는 개념이 "영원한 소녀"(perpetual little girl)를 의미하는 "puella"인데, 이는 여성으로 하여금 이상적인 부성에 이끌리게 하며, 성에 조숙한 호기심을 가지게 하는 원형이다(Young 318).

Ⅳ. 『마지막 시편』(*Last Poems*)에 대한 라캉적 접근

4.1 주체와 욕망의 발생
4.2 은유와 환유의 원리와 적용
4.3 텍스트 읽기: "전이와 역전이"
4.4 「벤 벌벤 아래에서」("Under Ben Bullben")의 조망 : "오브제 쁘띠 아"의 추구
4.5 라캉적 관점의 문학적 전망

4.1 주체와 욕망의 발생

　서구의 역사에서 전통적으로 유지되어 온 소위 자아(self)나 주체(subject)의 의미에 대해서 마이클 짐머만(Michael E. Zimmerman)은 "자아는 종종 한 인생의 다양한 체험들에 정체성을 부여하는 본질적인 핵심으로 해석된다. 자아를 본질로 보는 관점은 신플라톤 주의에서 비롯된 것인데, 그것은 자아가 탄생할 때 육체 속에 위치하는 영원한 영혼이라고 주장한다[....]본질에 대한 개념은 결국 '주체'의 개념으로 향한다"(The self is often interpreted as the substantial core which gives identity to the manifold experiences of a human life. This view of self as substance can also be extracted from neo-Platonism, which holds that the self is the eternal soul placed in the body at birth[....] The concept of substance eventually led to the idea of the "subject")(24)는 하이데거의 정의를 소개한다. 여기서 정의되는 주체는 자율적인 주체가 아니라 종속되는 주체를 의미하는데, 그것은 "다양한 체험"의 구조 속에 사로잡혀 있기 때문이다.

이 구조 속에 감금된 주체에 대해 이글튼은 다음과 같이 설명한다.

> '주체'라는 낱말은 말 그대로 '낮게 위치하는 것'을 의미하며, 그것은 어떤 궁극적인 토대라는 관점에서 그러하다; 그리고 철학사를 통해서 이 [주체의] 기능에 대한 수많은 논의가 있어 왔다. 이런 점에서 개별 주체는 단지 현대에 이르러 확립된다. 그러나 언어 유희로서 '낮게 위치하기'는 '억압당하기'를 의미하는 것이 가능하게 된다[....] '주체화된다는 것'은 '종속된다는 것'이다. 왜냐하면 우리는 스스로를 정확하게 큰 주체나 법에 복종함으로써 '자유롭고,' '자율적인' 인간 주체가 되기 때문이다.
>
> The word 'subject' literally means 'that which lies beneath', in the sense of some ultimate foundation; and throughout the history of philosophy there have been a number of candidates for this function. It is only in the modern period that the individual subject becomes in this sense foundational. But it is possible by a play on words to make 'what lies beneath' mean 'what is kept down'[....] To be 'subjectified' is to be 'subjected': we become 'free,' 'autonomous' human subjects precisely by submitting ourselves obediently to the Subject, or Law. (*Ideology* 146)

그는 주체를 구조나 체제 속에 포섭된 주체로 이해하며, 여기 나오는 "큰 주체"는 프로이트적 관점에서 자아 통제 장치인 "초자아"나 라캉적 관점에서 의식 주체의 배후인 "대타자"(Other)와 동일한 개념으로 볼 수 있다.

유사이래 자아의 전체성의 확립에 조력해 온 서구의 철학은 프로이트가 무의식을 발견함으로써 자아의 분열을 검토하게 된다. 욕망의 근원으로서의 무의식의 탄생은 주체의 자명성 혹은 사물의 명증성의 원리를 존중하는 서구 근대철학의 중심이론인 경험론(empiricism)과 이성론(rationalism)에 심각한 타격을 가한다. 종래의 경험하고 사유하는 주체(cogito), 즉 의식적 주체는 자연의 중심에 서서 사물에 의식을 투사하여 진정한 의미를 탄생시키고 이를 신성시했다. 그러나 무의식의 등장으로 의식적 자아의 정체성에 대한 새로운 검토가 불가피해 졌으며, 아울러 주체/이성/의식에 대한 궁극적인 철학적 난제들의 계몽적 확립에 대한 심각한 회의가 아울러 초래되었다.

프로이트가 발견한 무의식은 그의 심리적 지형학(topology)의 근저에 자리하여 전의식을 경유하여 의식을 추진하는 원천이 된다. 이때 의식은 단지 무의식의 환유적 재현으로 무의식의 일부만 대변할 뿐이다. 그러므로 의식 중심의 사고는 그 자체가 중심과 원천이 아니라 주변화된다. 그러나 프로이트의 무의식에 대한 논의는 주로 꿈의 내용을 그 작용에 적용하여 자의적으로 논하는 차원에 머무는 불가해한 입장을 취하여 현실과 유리된다. 다시 말해 그의 무의식에 대한 과학적 입장이 오히려 신비화되는데, 그것은 무의식의 형상이 전의식을 경유하여 의식에 도달하기까지의 복잡한 과정은 신비화될 수밖에 없기 때문이다. 그러나 인간의 자족적인 의식의 구조를 설정하는 프로이트의 원리는 인간의 존재를 절대자와 연결시키는 서구의 신학적 원리를 전복시켜 주체는 격심한 정체성의 혼돈을 겪는다.

그러나 프로이트의 정신분석학은 인간의 의식을 세분화하여 인간의 의식을 분열시켰으나, 그것이 오히려 공동체에 대한 자아의 적합성을 의식하는 정상/비정상의 이분법에서 후자를 전자로 유도하는 계몽적인 차원으로 오히려 자아의 확립을 도모한다는 점에서 모순적인 논리다. 이와 관련하여 초도로우의 주장은 주목할 만하다.

> 그러나 프로이트는 그가 창안한 역설을 해결하고, 파편화를 축하하는 것이 아니라 전체성을 회복하기 위해 개인과 자아를 검토하길 원했다. 그는 자아가 혼란스런 무의식의 과정의 결과이자 투쟁의 구조라는 것과, 자아가 개인적인 도덕성, 자율성, 책임을 불허한다는 것을 수용할 수 없었다. 왜냐하면 그는 그가 해부한 개인과 자아를 재구성하길 원했기 때문이다.
>
> Freud, however, wanted to resolve the paradox he created, to use the scrutiny of individual and self not to celebrate fragmentation but to restore wholeness. He could not accept that the self is the outcome of messy unconscious processes and a warring structure, that it disallows individual morality, autonomy, and responsibility;

he wanted to reconstitute the individual and the self he had dissected. (198)

초도로우는 프로이트 정신분석학이 자아의 해체를 통해 자아의 재구성을 시도한다는 점에서 데카르트 이후 구축되어 온 주체의 절대화를 오히려 계승한다고 본다. 다시 말해, 비정상적인 자아를 해체하여 정상적인 자아를 재구성하려는 정신분석학은 사회적 전체화/동일화를 목표하는 체제 옹호적인 입장에 선다. 그리고 프로이트가 자아를 원생동물인 아메바로 비유한 것은(월하임 182) 주체 자체가 하나의 전체성을 구성하는 유아론적인 인식이며, 이는 반성적으로 개인과 개인, 개인과 사회의 관계를 통해 확립되는 주체의 정체성에 대한 라캉의 논의로 나아간다.

라캉은 인간을 결코 채울 수 없는 "욕망"(desire)을 채우려는 운명적인 존재로 보았다. 이 예로 슬라보예 지젝(Slavoj Žižek)은 "제논의 역설"(Zeno's paradoxes) 중에 나오는 헥토르(Hector)를 잡으려는 아킬레스(Achilles)의 헛된 노고를 제시한다(18-19). 라캉이 말하는 언어화된 "욕망," 다시 말해, 은유와 환유의 형태로 등장하는 "욕망"의 개념을 이해하기 위하여 인간의 탄생이 전제된다. 인간은 환경에 미숙하고 나약한 불완전한 미숙아, 즉 결핍된 존재로 태어난다. 다른 동물들은 태어나자마자 약동하여 생존의 원천을 찾지만, 인간은 막연히 누워 울음을 통해 자신의 "욕구"(need)를 담은 의사표현인 "요구"(demand)에 의해 자신이 의존할 대상인 타자를 "욕망"한다. 이때 아기의 생물학적인 "욕구"가 언어에 의한 "요구"로 굴절되면서 전자와 후자 사이에는 간극이 생긴다. 즉 생물학적인 "욕구"는 언어적 "요구"를 통해 완전히 실현되지 못하며, 그 잔존하는 잉여가 "욕망"이라는 무형의 에너지로 환원되어 무의식에 잔류한다. 이에 대한 예가 아기의 타자로서의 어머니의 존재와 부재가 언어화된 "포르트/다"(Fort & Da)게임[1]이다. 이 "포르트"와 "다"라는 말속에 아이의 생물학

---

[1] 이 게임을 통해서 프로이트는 무의식에 대한 언어적 대응을 시도하였는데, 어머니의 부재와 존재를 유아가 굴리는 실패(reel)의 가고/옴에 비유함으로써 무의식의 언표화

적 "욕구"가 반영되며, 이 낱말의 근저에 아기에게 언어로 덜 표현된 잉여된 "욕망"이 잔존하고 이때 아이는 불만의 상황 속에서 타자에게 저항하는 몸짓으로 무엇을 "요구"한다. 따라서 아이의 "욕망"은 무의식적으로 언어를 타고 무한히 표류한다. 이렇듯 무의식은 언어를 통해 자신의 일부를 표출하고 그 잔존한 "욕망"을 배태하여 인간을 "반복 충동"하게 한다.

끝없이 반복되는 인간 역사의 추진력은 잉여된 "욕망"이며, 예이츠는 새 시대의 도래를 시사하는「가이어」("The Gyres")에서 삶의 양식에 좌절된 주체의 욕망을 드러낸다. 비비엔 코크(Vivienne Koch)는 이 작품에서 시인의 자아와 "반자아"(antithetical self) 사이의 대립, 즉 분열된 자아의 양상이 나타나며, 시대상황을 의미하는 "가이어"에 대응하는 "늙은 바위 얼굴"은 시인의 "마스크"로 기능하여 억압된 자아의 양상을 보여준다고 말한다(99-101).

> 가이어! 가이어! 늙은 바위 얼굴이여, 앞을 보라;
> 너무 오래 생각한 것은 더 이상 생각할 수 없다.
> 미는 미 때문에, 가치는 가치 때문에 죽고,
> 그리고 옛 윤곽들은 모두 지워지므로.
> 비이성적인 유혈은 대지를 물들이고;
> 엠페도클레스는 모든 물상들을 이리저리 내던지었다;
> 헥토르는 죽고 트로이에 한 줄기 빛이 있으니;
> 바라보는 우리는 그저 비극적 환희 속에서 웃는다.
>
> The Gyres! the gyres! Old Rocky Face, look forth;
> Things thought too long can be no longer thought,
> For beauty dies of beauty, worth of worth,
> And ancient lineaments are blotted out.
> Irrational streams of blood are staining earth;
> Empedocles has thrown all things about;
> Hector is dead and there's a light in Troy;
> We that look on but laugh in tragic joy. (*CP* 337)

를 제기한 라캉의 원리에 계승된다.

우주적인 정서를 함축하는 "가이어"는 아일랜드나 세계 문화의 종식과 새로운 문화의 전개를 암시한다. 시인은 인류의 문화사적 상황의 전개가 주로 연속적인 의미의 생산에 기인함을 지적한다. "미는 미 때문에 죽고, 가치는 가치 때문에 죽고" 역사 속에서 "모든 사물을 이리저리 내던지는" 변화와 동요를 영원과 연결시키려 했던 "엠페도클레스"의 입장과 "헥토르"의 죽음은 기나긴 분쟁을 종식하고 새로운 시대의 지평, 즉 "한 줄기의 빛"을 예고한다. 이렇듯 시대의 문화는 고정되지 않고 유동하는 기표와 같다. 이를 추격하는 많은 인간들의 기의들은 미끄러진다. 이때 "가이어"는 시대의 "의미화 연쇄"(signifying chain)2)에서 파생되는 미래의 역사이자 과거와 연관되는 텍스트를 구축한다. 전 시대에 명멸한 철인과 영웅들의 주장은 후손들의 무의식을 형성하는 "대타자"로 작용하여 그들의 삶을 끝없이 "반복 충동"하는 욕망의 잉여들이다. 결국 세상에 대한 선인들의 주장은 그것의 전체성을 담지 못하고 끝없이 유희할 뿐이며, 그들의 잉여된 "욕망"은 "가이어"를 기대하는 다음의 세대로 반복될 뿐이다. 다시 말해 그들의 업적은 순간의 성취에 머무는 단속적인 것으로 어쩌면 이것이 인간사의 "비극적 환희"이며, 마치 기표에 한 순간 머물다 다음의 기의에 의해 대체되고 마는 기의의 속절없은 미끄러짐 같은 것이다.

예이츠가 지인인 도로시 웰즈리(Dorothy Wellesley)에게 보낸 서한에서 생의 궁극적인 목적은 비극의 와중에서 인간을 즐겁게 하는 신념과 이성이라고 밝힌 적이 있듯이(Jeffares 440), 길버트는 "비극적 환희"를 현실의 한계 상황에 직면한 영웅의 대범하고 기개에 찬 반응이라고 본다. 그것은 이를테면 다가 올 죽음이나 절망적인 현실을 맞이하는 영웅의 도전적인 미소와 같은 것이다(89). 이렇듯 "비극적 환희"는 예이츠의 대립적 주제인 현실과 이상, 육체와 영혼, 삶과 죽음이 야기하는 갈등과 고통을 극복하는 "개성화" 과정의 결과인, "존재의 통일"(Unity of Being)에 이를

---

2) 이는 서로 연결된 기표들을 지시하는데, 의미가 한 기표에서 다른 기표로 이동하면서 무한히 대체/연속되므로 결코 도달할 수 없는 욕망의 환유적인 성질을 언표화 시키는 방식이다(Evans 187-88).

때 느끼는 한 순간의 희열과 같은 것이다. 그러나 이 단속적인 느낌은 일상에서 지속적으로 획득할 수 없다는 점에서 "비극적"인 것이며, 기표에 매어 달린 기의의 순간적인 고정에 해당된다.

"욕망"이 잉여되는 저장고로서의 무의식에 대한 라캉의 관점은 무의식이 의식의 피안에 존재하는 신비한 영역이 아니라, 의식적 차원의 언어가 무의식을 대변하는 징후나 증상임을 증명하려 한다. 이는 인식의 접근이 가능한 상징적 차원이므로, 그는 언어학을 차용하여 정신분석학에 적용한다. 그는 소쉬르 언어학에서 비롯된 언어의 두 가지 중심개념인 기표와 기의를 이용하여 언어학의 배후에 자리하는 형이상학적 전제와 무의식의 신비를 해체하려 한다. 이로써 무의식과 언어는 긴밀한 유대관계를 유지하며, 우리는 언어를 통해 무의식에 내재하는 우리의 욕망을 읽으려는 언어적 주체가 된다. 따라서 무의식은 의식 주체의 언어를 통해 욕망을 표명하는 실질적인 주체가 된다. 이에 라캉은 언어와 욕망의 관계를 "엘-공식"(L-Schema)으로 증명하며(Benvenuto 100), 우리는 이를 다음과 같이 해제(解題)할 수 있다.

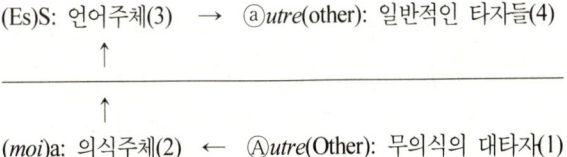

여기서 (1), (2), (3)은 동일한 주체이다. 무의식의 욕망이 언어화되어 외부 타자들(4)들에게 전달되기까지 주체 내부에서만 3단계의 과정을 거친다. 점선은 의식 수준의 담론과 무의식 수준의 담론을 가로막는 장벽이다. 데카르트의 명제에 등장하는 사고주체인 "나"(cogito)는 (2)와 (3)의 주체이다. (2)는 소위 에고에 해당되고 (3)은 "언술 행위의 주체"(subject of enunciation)가 된다. 따라서 우리(2)와 우리가 대면하는 타자들(4)의 관계는 상상적일 수밖에 없으며, 우리(3)는 우리의 욕망(1)을 상징적으로 대체한다.

라캉이 무의식의 주체를 "진정한 주체"(true subject)로 보는 이유는 주체를 상징하는 머리글자인 "S"의 발음과 유사한 "Es"가 프로이트의 용어로 무의식의 자아인 "이드"이기 때문이다. 이 "이드"를 대변하기 위해 현상계에 부상한 주체는 라캉의 표기법에 따라 "빗금친 주체"($)가 되며, 기표들의 그물에 의해 대리되는 주체이다(Dor 137-38). 그러나 라캉이 말하는 무의식의 주체와 언어적 주체는 어느 쪽도 "진정한 주체"라고 주장할 수 없다. 그것은 전자가 스스로를 완전히 재현할 수도 알려질 수도 없으며, 후자는 전자의 일부만 환유적인 형태로 재현하기 때문이다. 따라서 "진정한 주체"는 일종의 "망상"(delusion)이자, 거울 속에 투영된 자신의 모습에 완전히 현혹되는, 이른바 자아가 구축되는 듯한 전체성의 착각인 "이상적 자아"이다.

결국 우리가 현실에서 논의 가능한 주체는 언어의 그물에 포섭되어 분절되는 언어적 주체이고, 이 주체는 내재된 자아의 욕망에 대한 대체적인 수행, 즉 완전을 향한 미완의 몸부림을 통해 영원한 결핍을 보충하려고 에로스적 약동을 반복하지만, 욕망의 소멸로 귀결되는 모순적인 타나토스적 역동일 뿐이다. 이와 관련 필립 리프(Philip Rieff)는 "무의식, 또는 프로이트가 가끔 구사하는 '원초적인 체계'는, '소망 외에 어떤 것도 할 수 없다.' 그러나 욕망과 그것의 수행 사이에 심리적 유혹들, 즉 억압, 부분 기억상실, 전위, 승화의 전체적인 틀이 존재한다"(The unconscious, or "primary system," as Freud sometimes calls it, "is unable to do anything but wish." But between the wish and its enactment lies a whole set of psychic snares — repression, partial amnesia, displacement, sublimation) (67)고 말하여, 지속적인 욕망의 현실적 저항을 시사한다. 그러나 우리가 한없는 욕망을 현실에서 부분적으로 성취할 수밖에 없지만 우리는 욕망의 빈 공간을 다시 욕망함으로써 존재적 의의를 찾는다. 하지만 우리의 욕망은, 라캉이 헤겔로부터 빌려 온 개념인 "주인과 노예의 변증법"(master-slave dialectic), 즉 주체는 인정을 받기 위해 자신의 욕망을 타자에게 강요해야 하고, 타자 역시 자신의 욕망을 인정받아야 하는 양자의 치열한 대립 구도 속에서 패배한 쪽이 승자를 자신의 주인으로 인정하고 그의 노예가 되는 과정을 동반한다(Lacan, *Function* 79-80). 이는 다시 "아버지의 법"을 통해 여태 세상을 지배해 온 "주인"인 남성과 그에 종속되는 "노예"적 존재인 여성의 관계에 적용될 수 있다. 이러한 점을 「라피스 래줄리」("Lapis Lazuli")에서 살펴 볼 수 있다.

예이츠는 이 작품에서 다양한 주체들의 욕망의 결핍이 곧 삶의 동기가 됨과 아울러 세상의 "주인"으로서의 남성에 의해 인정받지 못하는 "노예"로서의 여성의 불만스러운 입장과 그 결핍된 욕망에 대해서 말한다.

> 나는 히스테리의 여인들이
> 팔레트나 바이올린의 활 또는
> 항상 즐겁기만 한 시인들에 대해 질린다고
> 말하는 것을 들었다,
> 누구나 마땅히 알아야 할 일은
> 어떤 과감한 조치가 취해지지 않는 한
> 비행기와 비행선이 출현하여
> 그 도시가 납작해질 때까지
> 빌리 왕처럼 폭탄을 퍼부을 것이라는 것을.
>
> I have heard that hysterical women say
> They are sick of the palette and fiddle-bow,
> Of poets that are always gay,
> For everybody knows or else should know
> That if nothing drastic is done
> Aeroplane and Zeppelin will come out,
> Pitch like King Billy bomb-balls in
> Until the town lie beaten flat. (*CP* 338)

성적으로 억압되어 온 불만의 "히스테리의 여인들"은 현실을 초월하려는 성향을 지닌 "시인들"과 사물에 대한 사실주의적 환상의 실현에 몰두하는 "팔레트"를 든 화가들과 목표 지향적인 야심에 찬 "활"을 수단으로 하는 정략가들을 증오한다. 다시 말해, 사물의 재현을 기도하는 공허한 예술가들과 역사를 재단하는 영웅들의 행로는 집 떠나는 오디세이(Odyssey)적

역정을 의미하므로 실존적 차원에서 남성과의 합일을 기대하는 여성들의 욕망을 배반한다. 따라서 결핍의 "여인들"은 남자들로부터 그들의 욕망을 인정받지 못한다. 그것은 세상의 주체로 행세하는 남성의 두 가지 부류, 즉 초월적인 차원에서 궁극적인 주제에 탐닉하는 "시인"과 현실적인 차원에서 자신의 욕망을 강요하는 "활"을 지닌 궁수는 타자로서의 여성을 낭만적으로 혹은 실존적으로 대상화하기 때문이다. 이런 점에서 "주인과 노예의 변증법"에서 "노예"의 입장이 된 여성은 남성에게 자신의 욕망을 인정받아야 하는 결핍의 존재로서 불만의 "히스테리" 증상을 보인다. 이렇듯 이 부분은 여성의 대한 시인의 시각을 드러내는데, 여성은 그저 실존할 뿐 남성의 초월적 혹은 현실적 목표 추구의 과정에서 소외되는 존재로 나타난다.

그러나 "주인"은 "노예"의 존재를 인정하여야 자신의 존재적 의의가 있듯이 여성의 욕망을 배려하는 인간애에 충실한 "과감한 조치가 취해지지 않는 한," 남성들이 지배하는 "도시"에 "폭탄"을 퍼붓는 엄청난 재앙이 예고된다. 그리고 현실적으로 남성과 대등하지 못하는 여성은 사물과 다름없는 남성의 불만스런 대상이므로, 남성이 여성을 지배할 때 스스로 불만스런 위치에 빠지게 된다. 그것은 "주인"에게 우월한 지위를 부여한 것은 "주인"에게 단지 하나의 동물이나 사물에 지나지 않는 "노예"이기 때문이다(Evans 106). 이에 윌리암 3세(King William Ⅲ)인 "빌리 왕"(King Billy)과 정권을 공유한 메리 여왕(Queen Mary)의 경우처럼, 세상의 "주인"인 남성의 "노예"가 아닌 협력자로서의 여성의 욕망에 대한 검토는 인류 공동체의 유지와 화목을 위해 지극히 바람직한 일이다.

그러면 욕망은 어떻게 발생하는가? 또 욕망하는 주체의 탄생 조건은 무엇인가? 이 두 가지 물음은 무의식 속에 내재하여 때때로 분출을 기도하는 욕망에 대한 가장 핵심적인 주제들이다. 프로이트는 유기체(organism)적 관점에서 욕망을 건전한 인격의 형성을 저해하는 불만의 에너지로 보아, 인간 의식의 불균형과 편향을 촉구하는 행위의 동기로 보는 생물학적인 입장을 취한다. 프로이트의 관점에서 무의식이 배태하는 욕망의 동기는 주로 외디푸스 콤플렉스에서 야기되므로, 개성화의 과정에서 "현실원리"를 삶의 중추적인 원리로 삼는 아이는 이 사회 구조 속에서 자기의 전체성이 제약을 받아 그 일부가 사회적 합의에 의해 거세당함으로써 영원히 욕망하는 주체가 되며, 그 욕망은 부득이 공동체의 요구를 수용하는 다양한 문화적인 현상들로 변형되어 나타난다. 따라서 문화적인 양식에 의해 거세된 상태로 수용된 욕망의 현존에 대한 언어적 접근이 가능하다. 이는 "팔루스"(phallus)의 전횡(專橫)을 암시하는 예이츠의 「여인의 첫 노래」("The Lady's First Song")에서 살펴 볼 수 있다. 그는 시적 화자에 의해 수용된 거세를 통해 오히려 정신적 정상성을 꾀한다.

> 나는 맴돈다
> 쇼에 등장하는 말없는 야수처럼,
> 내 자신이 무엇이고
> 어디로 가는지 모른다.
> 한 가지 이름에 맞추어진
> 나의 언어.
> 나는 사랑에 빠져있다.
> 그것은 나의 치욕.
> 영혼을 상하게 하는 것을
> 내 영혼은 사모한다.
> 네 발로 기는 야수보다
> 나을 것이 없이.
>
> I turned round
> Like a dumb beast in a show,
> Neither know what I am
> Nor where I go,
> My language beaten
> Into one name;
> I am in love
> And that is my shame.
> What hurts the soul
> My soul adores,
> No better than a beast

Upon all fours. (*CP* 343-44)

시적 화자는 여성에게 주어진 삶의 수동성에 대해 자학한다. "말없는 야수"같은 "내 자신이 무엇이고, 가는 곳이 어딘지 모른다"는 탄식은 고유의 정체성을 상실하고 남성에 의해 수동적인 삶을 강요당하는 여성의 억압된 삶의 여정을 시사한다. 여인의 이름은 "한가지 이름에 맞추어진 나의 언어," 즉 남자의 이름이며, 여성인 "나"는 "영혼을 상하게 하는 행위," 즉 성 관계를 모순되게 "사모"하는 "네발로 기는 짐승"과 같은 존재다. 여기서 시인은 여성에 대한 연민을 보이나 한편으론 여성의 운명이 그럴 수밖에 없음을 인정하는 반-여성주의(anti-feminism)적 사고를 드러낸다. 그것은 근친상간을 금하는 종족의 법에 해당하는 "아버지의 이름"(Name of the Father)[3])에 온전히 복종해야 하는 아들과 어머니의 이별을 수긍하기 때문이다.

남자의 이름이 여자의 이름에 중첩되는 상황은 남성성(masculinity)에 의해 대체되고 남성성이 부여한 사명을 지향하는 여성성(femininity)[4])의 운명이며, 여성은 남성을 빌어 비로소 자신을 표명한다. 프로이트도 남성성을 전형적인 것으로 간주하고, 여성성을 미지의 영역인 "검은 대륙"(dark continent)으로 보아 여성을 대상화한다(*Freud Vol. 20* 212). 그러나 남성과 여성이 생물학적인 차원에서의 대등한 차이를 떠나 상징체계 속에서의 여성의 위상이 남성보다 하위 범주에 머문다 하더라도, 그것은 결국 사회나 가족 내에서의 상대주의적인 관점에서 파악될 수밖에 없을 것이며, 이

---

3) 아버지는 아들과 어머니와의 관계 청산을 강제하여 종족간의 근친상간을 방지함으로써 다양한 문화와 안정된 사회형성에 기여하는 사회질서의 표상이자 법으로 자리한다. 이에 라캉은 아버지를, 욕망을 거세하는 법인 "상징적 아버지"(the symbolic father), 주체의 환상 속에 구축된 "상상적 아버지"(the imaginary father), 어머니를 차지하는 생물학적인 "실재적 아버지"(the real father)로 세분한다(Evans 61-63).
4) 여기서 "여성성"은 가부장적인 억압(patriarchal oppression)하에서 애초 생물학적인 관점의 여성에게 부과된 남성을 위해 준수하여야 할 일정한 기준의 자질을 의미한다. 따라서 여성이 이 자질을 지향하는 것이 당연하며, 그렇지 못할 경우 "비여성적인"(unfeminine) 존재로 인식되어 사회에서 배제된다(Jefferson 209).

는 하나의 기표가 또 다른 기표를 의지해야 "의미화 연쇄"가 성립하는 상징계의 규칙에 의해 정당화된다. 이와 관련, 라캉도 "아버지는 자신의 법을 통해서만 존재하는데, 그것은 말이며, 아버지의 말은 어머니에 의해 인정받을 때만 그 가치가 존재한다"(The father is present only through his law, which is speech, and only in so far as his Speech is recognized by the mother does it take on the value of Law)(Lemaire 85 재인용)고 말한다. 그리고 라캉은 "아버지의 이름"에 해당하는 남근적 질서인 상징계에 여성을 수용함으로써 여성을 수동적 주체로 보지만, 한편으론 여성을 완전하지 않은 존재, 즉 "부전"(不全, not all)으로 보아 진리와 동일시함으로써 (*Television* 44-45) 여성을 초월적인 소여(所與)로서의 능동적인 주체로 보는 이중적인 입장을 보인다. 따라서 라캉은 시각에 따라 여성주의 운동의 동지로 혹은 적으로 간주된다.

아들과 어머니의 외디푸스적 윤리의 수용은 어머니와 아들의 결핍된 욕망의 자리에 "아버지의 이름," 즉 상징계의 법이 들어서는 계기가 된다. 이에 라캉은 언어학적인 관점을 "욕망"에 투사한다. 결핍된 욕망의 발생은 문화나 언어 구조를 의미하는 랑그와 개별적 발화를 의미하는 파롤 사이의 간격으로 인함인데, 이는 전자가 후자를 다 용인하지 않기 때문이다. 따라서 인간의 의식은 문화 구조 속에서 기호화되어 점차 "아버지의 이름"에 종속되는 거세의 통과의례 속에서 욕망하는 주체가 탄생한다. 이것은 인간의 본질을 "욕망"이라고 보는 스피노자(Spinoza)의 관점과 연관되며, 인간에게 욕망이 사라짐은 성적인 역동의 부재, 즉 생물학적인 죽음을 의미한다. 그러나 라캉이 환원 불가능의 욕망, 즉 그 정체성 표명이 거부된 실재에 대해 언어적 접근을 시도하는 것은 언뜻 무모해 보이지만 의식적인 차원에서 욕망의 흐름을 제어하려는 밀교적인 발상이며, 신비주의적인 비전이다. 다시 말해 이것은 발화 속에서 욕망의 표명 가능성과 발화와 욕망의 양립 가능성에 대한 문제를 제기한다. 이 점에 대해 라캉은 "이드[무의식]가 있던 곳에 자아가 있을 것이다"(Where the id was, there the ego shall be: *Wo Es war, soll Ich werden*)라는 프로이트의 언명에 정초하며 이를 다음과 같이 분석한다.

> 그 진정한 의미는 다음과 같을 것이다: *Wo*는 (장소)를, *Es*는 (어떤 관사나 다른 객관화의 관사가 부재한 주체)를, *war*는 (여기에 참조되는 존재의 한 궤적은 이 궤적 속에 자리하는 상태)를, *soll*은 (도덕적인 의미에서의 사명)을, *Ich*는 ('그곳에 내가 존재하여야 한다'라고 말하기 전에 '이곳에 내가 존재한다'라고 언명된 곳에 존재하여야 하는 나의 당위)를, *welden*은(뜻밖에 일어나는 것(*survenir*)도 우연히 일어나는 것(*advenir*)도 아닌 그것이 존재의 궤적인 한 정작 이 궤적으로부터 출현하는 것(*venir au jour*)으로서의 생성)을 의미한다.
>
> The true meaning would seem to be the following: *Wo* (where) *Es* (the subject - devoid of any das or other objectivating article) *war* (was - it is a locus of being that is referred to here, and that in this locus) *soll* (must - that is, a duty in the moral sense, ...) *Ich* (I, there must I - just as one declared, 'this am I', before saying, 'it is I'), *welden* (become - that is to say, not occur (*survenir*), or even happen (*advenir*), but emerge (*venir au jour*) from this very locus in so far as it is a locus of being). (*Écrits* 128)

라캉은 무의식에 무정형으로 존재하는 불확정성의 유동인 욕망의 주체인 "*Es*"와 그 주체에 대해 지시적인 관점이 부여되는 주체인 "*Ich*"를 대조하며, 전자가 후자의 원천이며 후자가 전자의 결과물임을 시사한다. 전자는 후자의 형식을 빌어 증상으로 자신의 진실을 언어 속에 일부 드러냄으로써 무의식은 잉여된 채 의식에 진입한다.

무의식의 욕망이 변형되어 의식에 드러나는 것, 이것이 곧 "증상"의 출현이다. 무의식의 내용이 변형되어 우리가 쉽게 이해하기 어려운 이 "증상"은 그 무의식적 맥락을 떠나 그 원천의 사연을 배태한 환유적 형태로 나타난다. 이때 고통의 "증상"은 신체에, 꿈의 "증상"은 의식에 흔적을 남겨 의미화된다. 이와 관련하여 제임슨은 무의식이 어두운 "내면의 창고"가 아니라 하나의 절대적인 "투명체"이며 우리의 정신이 그 속에서의 입장에 따라 발전해 나가는 "하나의 질서"라고 말하여(*Prison* 137-38) 무의식의 의미화 가능성을 시사한다. 따라서 무의식의 역동적인 결과물인 "증상"은 분석가의 인식 수준에 따라 그 해석의 가능성이 타진된다. 그러나 무의식의 "증상"은 칸트의 "물 자체"와 같이 언어 체계 속에서 완전한 이해가 불가능하다. 이는 "증상"이 현실적으로 "압축"과 "전위"의 메커니즘에 수용되어 그 원천인 무의식과 한층 유리되기 때문이다.

무의식 → 언어이전의 '증상'(고통, 꿈) → 언어이후의 '증상'(텍스트)

그러나 "증상"이 언어 형식을 참조하지 않으면 자기 지시적인 대상에 지나지 않는 무규정적 현상에 그쳐 현실과 유리된다. 따라서 언어 형식은 "증상"의 의미화, 즉 해석 가능한 텍스트로 치환되기 위한 전제 조건이다. 이와 관련하여 리프는 프로이트의 견해를 다음과 같이 소개한다.

> "숨겨진 의미"를 표현하기 위해 꿈에 이용되는 수단을 추구함에 있어, 그[프로이트]는 꿈 자체를 일종의 말장난으로 구성한다. 그는 여자의 용모에 관한 꿈속에 형상화된 일견 비성적(非性的)인 것처럼 보이는 "제비꽃"으로부터 숨겨진 성적인 의미를 추론할 수 있었다. 그것은 "제비꽃"의 "우연적 유사성"을 기초로 하는 꿈꾼 이의 연상의 하나였다.
>
> In search of the means utilized by the dream to express its "hidden meaning," he[Freud] constructs the dream itself as a kind of word pun. He could infer a hidden sexual meaning from the apparently quite asexual "violets" which figured in the dream of a woman acquaintance, on the basis of the "chance similarity" of "violets," which was one of the dreamer's association. (79)

프로이트는 무의식의 의식화에 대해 "말장난"이라는 수사적인 수단을 통해 "증상"인 꿈을 해석하려 했다. 이 예를 포함하여 여러 "증상"들, 특히 "생쥐 인간"(Rat Man)[5]과 "도라"(Dora)의 "증상"의 분석에 있어 프로

---

5) 이는 무의식에 대한 언어적 대응을 보여주는 사례로, 한 남자가 아버지와 연인의 면전에서 포박된 채 쥐가 항문으로 나오게 하는 중국식 처벌을 받고 있다는 "강박적

이트는 주로 분석가의 언어적 자질과 통찰 그리고 논리성에 의존하므로 다소 비과학적인 방법을 취한다. 그러나 위에서 말한 "제비꽃"에 대한 언어적 "유사성"을 고려했다는 점에서 라캉의 언어학적인 접근을 예견한다. 이 점에 관하여 앤소니 윌든(Anthony Wilden)은 다음과 같이 말한다.

> 대상과 낱말과의 관계에 대한 프로이트 자신의 분명한 이론은, 설사 그가 소쉬르의 중시되는 이론을 접한 바 없다 하더라도, 소쉬르의 도식과의 평행을 이룬다는 점에서 흥미롭다. 무의식에 관한 그의 "언어학적" 재현은 단지 표상들만 발견되는 기초적인 차원(무의식)과 표상과 낱말이 함께 작용하는 이차적인 차원(의식, 전의식)사이의 구분에 의지한다.
>
> Freud's own explicit theory of the relationship of word and thing presents an interesting parallel with Saussure's diagram, if not with Saussure's considered theory. His "linguistic" representation of the unconscious depends upon a distinction between the primary (*Ucs.*) level, where only thing presentations are found, and the secondary (*Cs. Pcs.*)level where both thing presentations and word presentations operate. (Lacan, *Function* 237)

다시 말해, 프로이트는 자신도 모르는 사이에 언어와 대상에 관한 소쉬르의 이분법인 기의와 기표를 사용했다. 프로이트는 무의식 속의 사물 표상들에 기초하여 그것에 대응하는 낱말들로 하여금 무의식의 상황을 대체한다. 이에 동원되는 언어는 1차적인 무의식 속의 표상들이 "압축"과 "전위"의 가면을 쓰고 의식에 부상하여 의미화되는 2차적인 과정에 적용된다.

소쉬르의 언어학을 정신분석학에 도입한 라캉은 무의식의 사고 내용을 기의(signifié)로, 무의식의 "증상"을 기표(signifiant)으로 보고, 무의식의 환유적 실체이자 결과물인 기표를 그 전체성이 잉여되는 기의보다 우위에

환상"(obsessive fantasy)에 시달린다. 이를 프로이트가 환자가 제시한 "rat"라는 말의 해석을 통해 그 남자의 증상을 치료하였는데, 그 해석은 쥐, 도박, 금전, 결혼에 관한 "가학적 강박"(sadistic obsession)이었다(Rieff 79).

둔다. 이때 "압축"과 "전위"는 프로이트가 말한 꿈속의 재현물인 사물 표상의 메커니즘이 아니라 의미생산의 수단이 된다(*Écrits* 150-54). 따라서 무의식의 일부를 재현하는 심상, 신체적 고통의 "증상," 특이한 언행의 예인 실수와 실언은 모두 기호 체계에 포섭되어 언어 형식의 적용을 받는다. 이러한 점에서 "기표를 통한 기의의 무한한 미끄러짐"이라는 전제는 무의식의 내용, 즉 기의가 기표를 통해 완전히 표현되지 않음을 의미한다(Coward 99). 다시 말해, 기표는 무의식을 완전히 지시할 수 없다. 그러나 라캉의 정신분석학에 도입된 기표와 기의에 대한 소쉬르의 관점은 이와 다르다.

소쉬르는 대상과 언어를 분리시킴으로써 언어적 자율성을 확립하고, 기의와 기표의 결합이 종이 양면과 같은 양자의 절대 공존을 의미하는 동시성과 상호 의존성을 주장한다(Belsey 38-42). 한편 라캉은 언어의 최종적인 의미의 결정을 유보함으로써 기표와 기의의 필연성을 부정하고 소쉬르가 확립한 기의/기표의 알고리즘(algorithm)을 전복시킨다. 소쉬르는 언어에 대해 언어 자체를 자족적인 실체로 보아 그 사실성을 강조하는 내재적 접근, 다시 말해 의미의 궁극적인 원천이 대상으로 회귀하는 환원주의적 관점과 언어의 구성요소와 차이를 강조하는 외재적인 접근을 시도한다. 그러나 라캉은 언어의 상징성과 그 의미의 생산을 강조한다. 그것은 대상이 사라지면 그 상징이 남고 또 그것의 무수한 의미들이 존재하기 때문이다. 이에 대상, 상징, 의미들은 모두 다 기표로서 "의미화 연쇄"의 순서에 따라 무수한 기의들을 동반한다. 따라서 상징은 대상을, 의미는 상징을 살해하고 각각 그 자리를 잠시 차지한다.

그러나 이러한 "의미화 연쇄"의 과정이 주체의 자율권을 한층 신장하는 논리는 아니다. 그것은 언어가 공동체의 합의에 의한 약호(code)이므로 개인적 발화는 무시될 수밖에 없어 언어에 대한 주체의 주관적인 인식은 배제되기 때문이다. 따라서 공동체의 일원으로서의 언어주체는 폭력적인 욕망이 기호화의 과정을 통해 재생된 체제 순응적 주체이며, 이에 조력하기 위해 자아와 타자를 동시에 의식하는 자기 반영적 자율주체이다. 따라서 우리의 욕망은 언어 환경에 의해 조절될 뿐이며 이는 찰스 다윈(Charles Darwin)의 환경결정론의 영향을 시사한다.

대상을 살해하는 은유적 현실, 즉 대상에게 다가갈수록 오히려 대상과 주체의 간격이 심화되는 사례를 예이츠의 「도로시 웰즈리에게」("To Dorothy Wellesley")에서 살펴 볼 수 있다.

> 나무들의 달도 없는 자정을 향해 손을 뻗으시오.
> 그들이 서있는 곳까지 손이 닿으려 하듯이
> 유명한 융단으로 감싼 낡은 가구들은
> 만지기에 쾌적하다: 그 손을 꼭 잡으시오
> 그들을 더욱 끌어당기려는 것처럼.

> Stretch towards the moonless midnight of the trees,
> As though that land could reach to where they stand,
> And they but famous old upholsteries
> Delightful to the touch; tighten that hand
> As though to draw them closer yet. (*CP* 349)

"달도 없는 자정"에 내뻗는 "손"에 의해 희미하게 인식되는 "나무들"의 정체는 "낡은 가구들"이다. "나무들"은 긴장하는 심미적인 "손"에 의한 접촉을 즐긴다. 이때 "손"은 "나무들"을 끌어당긴 듯 착각한다. 이처럼 대상은 예술가를 유혹하고, 예술가는 대상을 포착한 듯 착각한다. 이때 기표인 "나무들"은 예술가의 관점에 의해 "가구"적 의미로 재현된다. 그러나 대상은 자기 지시적인 차원을 벗어날 수 없으며, 재현된 것은 예술가의 착시에 의한 대체물일 뿐이므로, 대상과 예술 사이에는 깊은 심연이 가로 놓여있다. 이는 우리의 은유적 현실을 의미한다. 대상은 그 형체를 드러내어 우리를 유혹하고 우리는 그것을 파악하는 것이 아니라 오히려 기만당한다. 대상은 우리의 시각에 의해 의미화되고 우리의 시각은 타자들에 의해 분열된다. 이와 같이 우리의 일상은 끝없이 대체되어 우리는 대상으로부터 멀어지고 대상은 신비화된다. 따라서 대상에 대한 우리의 이해는 "의미화 연쇄"의 과정에서 어느 순간 고정되는 상황의 절충으로서의 잠정적 인식에 불과하다. 이와 관련하여 존 언터레커(John Unterecker)는 다음과 같이 말한다.

「도로시 웰즈리에게」는 시인과 그의 시를 구성하는 비이성적인 힘의 역할을 고려한다. 시인의 경험이 "충만"함에도 시인이 "밤의 감각적인 침묵"과 몽환적인 어두운 광경을 소모하여야 함에도, 시인은 잠시 동안 모든 대상들을 통제하며 기다려야 한다.

"To Dorothy Wellesley" considers also the role of the irrational forces that go into the making of both the poet and his poem. Though the poet must be "rammed full" of experience, though he must consume both the "sensuous silence of the night" and the dreaming darkened landscape, he must, also, holding for the moment all objects under his control, wait. (268)

이는 대상에 대한 "의미화 연쇄"에서 특정한 의미가 고정되는 환유적 상황을 암시한다. 그러나 대상에 대한 의미의 고정은 곧 대상의 죽음을 의미한다. 이러한 점은 다음의 스탠자에서도 살펴 볼 수 있다.

밤의 더 없는 감각적인 침묵을 마음 가득 채워 놓으면
(지평선을 매수했기에 낯선 개는 잠잠하다)
책으로 가득 찬 당신의 서재로 올라가 기다리시오.
무릎 위에 책을 놓거나 하지 말고 달을 향해 짖지 않고,
지금은 깊이 잠들어 누워있는
한 마리의 덴마크 산 개 외엔 아무도 없다.

Rammed full
Of that most sensuous silence of the night
(For since the horizons bought strange dogs are still)
Climb to your chamber full of books and wait,
No books upon the knee, and no one there
But a Great Dane tat cannot bay the moon
And now lies sunk in sleep. (*CP* 349)

마음 속에 가득 담긴 "밤의 더 없는 감각적인 침묵"은 "당신의 서재"

를 메운 많은 책들에 의해 간섭받게 될 것이므로, 대상의 진정성은 "무릎 위에 책을 놓거나 하지말고," "달을 향해 짖지 않고/지금은 깊이 잠들어 누운 한 마리의 덴마크 산 개"처럼 밤의 침묵이 흐를 때 유지된다. 대상에 부가되는 중층의 의미들은 "밤"의 실상을 대체한다. 그러므로 "현전"의 자연은 언어적 차원을 떠나 "물 자체"로 방기되어야 한다. 그렇지 못함은 "의지의 포기를 통해서만 대상들은 그것들의 현존의 온전성 속에서 있는 그대로의 모습을 드러내기 시작한다"(Only through an abnegation of the will can objects begin to manifest themselves as they are, in the integrity of their presence)(Miller 8)는 말에 나타나는, 대상에 대한 의미론적 "의지의 포기"를 성취하지 못한 탓이다. 이처럼 언어적 인식은 대상의 실체를 대체하는 필요악이며, 인간을 분열시키는 대상에 대한 파생적 인식으로 무한히 소급된다. 이처럼 대상은 우리의 주위에서 우리를 끝없이 유혹하고 좌절시킨다. 대상에 대한 인식은 우리의 시각을 통하여 형성되며 불교적 관점에서 시각은 미혹(迷惑)의 원인으로 경계하는 하부의 인식 수단이다.

인간에 의한 대상의 "오인"(misrecognition, meconnaissance)에 관한 사례는 라캉의 "거울 단계"(mirror stage)[6]에서 살펴 볼 수 있다. 이때 거울은 유아를 반영하는 타자이며 유아는 이 타자를 통해 자아를 구성한다. 따라서 유아는 자아가 반영된 거울 위의 통일과 외양에 불과한 거울상에 의한 소외를 동시에 겪는다. 유아의 자아가 있기 전에 타자라는 거울이 먼저 존재한다. 결국 유아는 거울 속의 자기 영상을 자기 자신으로 간주함으로써 타자에 의해 구축된 무의식을 형성한다. 이렇듯 유아는 세상이라는 거울 속의 자신을 바라봄과 동시에 세상이라는 거울인 타자의 시선 속에 자신이 비춰짐을 당한다. 그러나 유아는 바라볼 수만 있는 존재로서 마치

---

[6] 생후 6개월에서 18개월 사이의 유아는 거울을 통해 자기 몸의 전체적인 영상을 지각한다. 그러나 거울에 비친 상은 유아의 외면일 뿐이며 그 내면의 자아가 반영된 것이 아니다. 그럼에도 유아는 이 허상을 자기의 전체성이 반영된 "이상적 자아"(Ideal-I)로 본다(*Écrits* 2).

자신의 시선만을 고집하여 위급할 때 얼굴만을 감추고 몸 전체를 다 감추었다고 안도하는 타조처럼 자기의 상상계에 갇힌다. 이렇듯 유아는 자아형성단계에서 "오인"의 구조 속에 포섭되며 유아는 거울에 비친 영상을 자신의 전체로 보아, 사실은 그것이 "조각난 주체"(split ego)[7]임을 모른다. 따라서 라캉은 대상에 대한 감지자의 자기 충족성을 굳게 신봉하는 현상학(phenomenology)과, 개인의 실존적 불안이 내재하는 가운데 이 현실을 경험하는 주관 의식이 파국을 드러내는 실존주의(existentialism)에 등장하는 실존적 자아를 거부하며, 타자에 대한 의식은 헤겔 철학의 전복을 통해서만 성취될 수 있다고 본다(Écrits 6). 이러한 점에서 유아는 우리 자신들이며, 세상이라는 타자 또한 우리 자신들이므로 우리는 언어적 상황에 따라 주체 혹은 타자의 입장이 된다. 따라서 남성은 여성을 반영하고 여성은 남성을 반영하는 거울 속에서 자기의 전체성을 "오인"하는 "조각난 주체"가 된다. 이에 대한 사례로, 남성이라는 타자의 거울에 비치는 여성이라는 존재의 적합성을 규정하는 "오인"의 구조가 예이츠의 「여인의 두 번째 노래」("The Lady's Second Song")에 잘 드러난다.

어떤 남자가 와서
그대의 다리 사이에 누울까?
무슨 상관이야 우리는 단지 여자인데.
씻으세요, 몸을 깨끗이 하세요.
향로 넣은 찬장이 몇 개 있으며
침대보도 펴지요.
           주여 자비를 베푸소서.

육체가 전혀 없는 듯이
그는 내 영혼을 사랑하게 되고,

---

[7] 주체는 그가 말하는 존재(speaking being)라는 그 사실에 의해 분열된다. 그것은 말이 "언술 행위의 주체"(the subject of enunciation)와 "언술 속의 주체"(the subject of statement)를 분리하기 때문이다. 따라서 주체는 그 자신에 대해 결코 완전히 알 수 없으며 언제나 그 자신의 지식으로부터 단절된다(Evans 192).

영혼의 괴로움 없이
그대의 육체를 사랑하리라.
사랑은 사랑의 두 부분을 채워주지만
자신의 실체를 온전히 유지한다.
　　　　주여 자비를 베푸소서.

영혼은 나의 마음에 적합한 사랑을
배워야만 하고,
사지(四肢)는 모든 고귀한 짐승에게 흔한 사랑을
배워야만 한다.
만일 영혼이 보고 육체가 만진다면
어느 것이 더 축복된 일일까?
　　　　주여 자비를 베푸소서.

What sort of man is coming
To lie between your feet?
What matter, we are but women.
Wash; make your body sweet;
I have cupboards of dried fragrance,
I can strew the sheet.
　　　　The Lord have mercy upon us.

He shall love my soul as though
Body were not at all,
He shall love your body
Untroubled by the soul,
Love cram love's two divisions
Yet keep his substance whole.
　　　　The Lord have mercy upon us.

Soul must learn a love that is
Proper to my breast,
Limbs a love in common
With every noble beast.
If soul may look and body touch,
Which is the more blest?
　　　　The Lord have mercy upon us. (CP 344)

시적 화자인 "우리"는 남성의 시각에 투영된 여성들로서 전적으로 남성에게 예속된 운명을 수용한다. 그 "오인"은 서구의 관습적인 남성/여성의 이분법적 서열 구조에서 전자 우위의 입장에 근거하듯이 시적 화자는 여성의 피학적 숙명에 대해 회의한다. "어떤 남자가 와서 그대의 다리 사이에 누울까?"라는 것은 남성과 여성의 주종관계를 반영하며, 마치 노예같은 존재인 여성은, "육체"를 포기한 것처럼 "영혼"만을 사랑하며, "영혼"의 가책 없이 "그대의 육체"를 사랑하는 남성에 의해 전유된다. 남성은 여성의 영혼과 육체를 약탈하여 "자신의 실체를 온전히 유지한다." 남성의 영혼에 부응하기 위해 여성의 "영혼은 나의 마음에 적합한 사랑을 배워야 하고," 육체적으로 남성의 본능에 만족을 주기 위해 여성의 "사지는 모든 고귀한 짐승에게 흔한 사랑을 배워야만 한다." 이렇듯 남성만이 유일한 인간이며, 여성은 "주여 자비를 베푸소서"에서 나타나듯이 남성의 원형인 "주"(Lord)에게 남성에 의해 주도되는 굴욕적인 "사랑"에 대해 매순간 자비를 구한다. 이렇듯 시인은 남성성의 실현에 조력하는 여성성의 마조히즘(masochism)적 경향에 대해 우울하게 말한다.

그것은 주로 남성의 본능에 포섭되는 여성의 운명, 즉 타율적인 성적 관계의 당위를 의미한다. 이런 시각은 남성에 의한 여성의 핍박에 대한 우려나 동정을 유발한다는 점에서 남녀관계의 실존적 긴장감이나 진정성을 신뢰하는 시인의 감정으로 이해할 수 있지만, 이에 대한 라캉의 시각은 애초에 남녀간의 진정한 본질적 만남은 없다는 것이다. 그는 남녀의 "성적 관계는 존재하지 않는다"(there is no sexual relation)(Sarup 129 재인용)고 말한다. 그 이유는 인간의 성욕이 기표로 대체되어 성욕의 본질은 사라지고, 성욕은 자연적인 것이 아니라 규범적인 것으로 바뀌며, 남성을 상징하는 남근이라는 유일한 기표가 남성과 여성의 관계를 지배하여(*Écrits* 289), 남성과 여성의 대칭적인 성적 관계를 방해하기 때문이다. 결국 성적인 "욕동"(drive)은 남/여 전체에 미치는 것이 아니라 신체의 일부에 해당되는 이성의 "부분 대상"들을 지향하므로(Evans 181), 남녀의 관계는 부분적인 수준으로 제한될 수밖에 없다.

우리 스스로가 주체 혹은 타자로서 서로의 개성을 고정시키는 "거울 단계"는 자아가 선험적으로 존재하는 실체가 아니라 "자아 동일시"의 과정을 거친 타율적인 산물임을 보여 준다. 따라서 우리의 자아는 스스로 근원적 존재가 아니라 구성적 존재로 전락한다. 그러나 이 자아의 구성은 "거울 단계"인 상상계에서 완성되는 것이 아니라, 개성화의 과정, 즉 상징계에 편입됨으로써 원만한 사회적 존재로 재구성된다. 예를 들어, 유아에게 자신을 지시할 수 있는 대명사가 부여됨으로써 유아는 그 언어의 체계 속에 자신의 위치를 고정/객관화시킨다. 이 타자들의 언어 체계는 언어로 구축된 법과 명령의 체계인 "아버지의 이름"이며, 이 체계 속에서 아이의 욕망이 조정된다(Evans 119).

다시 말해, 이는 무의식의 의식적 억압이며, 억압된 잉여 욕망은 인간의 의식적인 차원에서 여러 "증상"들인 꿈, 실언, 실수, 망각으로 재현된다. 무의식에 잠재하는 욕망은 소멸되는 것이 아니라 항상 분출되기 직전의 상태이므로, 우리가 이를 의식적으로 통제하려 하지만, 예기치 않은 방향으로 나아가는 이 추진력이 욕망이며, 이때 우리는 욕망에 사로잡히게 된다. 욕망은 우리 자아의 전체성의 일부인 의식적 언행과 교류한다. 따라서 라캉은 "나는 내가 없는 곳에서 생각하므로 내가 생각하지 않는 곳에 존재한다"(I think where I am not, therefore I am where I do not think)고 말한다(*Écrits* 166).

주체의 욕망은 집요하게 대상에 접근하나 대상은 항상 잉여가치를 실현한다. 이 과정에서 주체는 성취로 인한 고통의 쾌락인 "희열"(jouissance)을 느끼게 되며, 이는 권리나 특권 또는 속성의 소유-향유와 쾌락을 줄 수 있는 대상의 소유-향유를 모두 뜻한다(Sarup 129).[8] 다시 말해 "희열"은

---

[8] 이와 관련, 라캉은 유사한 의미를 지니는 "희열"과 "쾌락"(plaisir)을 구분하는데 전자는 무의식적 차원에서, 후자는 의식적 차원에서 발생한다고 보고, 전자는 후자를 넘어서며, 후자가 끝나는 지점에서 시작된다고 본다. 예를 들어 너무 많은 "쾌락"이 주는 고통의 순간이나, 육체적 고통이 비 육체적 "쾌락"에 도달할 때 느끼는 경지를 "희열"이라고 본다(Sarup 99-100).

초월적 타자 혹은 주인에 대한 강렬한 동경으로 인해 몰아(沒我)상태에서 획득되는 초월적 환희나 가학적 남근에 종속되는 여성의 피학적 쾌감을 의미한다고 볼 수 있다. 이는 로마의 산타 마리아 비토리아 성당(the Church of Santa Maria Vittoria)에 세워진 베르니니(Bernini)가 조각한 황홀경에 빠진 성녀 테레사(Saint Teresa) 상을 보고 테레사가 분명히 "희열"에 빠져있다고 말한 라캉의 언급에 기초한다(Easthope, *Unconscious* 105). 성녀 테레사는 초월적인 남성인 신과의 사랑에 빠져 있으며, 일반 여성은 세속적인 남성에 종속된다. 그러나 쉽사리 도달할 수 없는 "희열"의 경지에 대해 브루스 핑크(Bruce Fink)는 유물론적인 관점에서 다음과 같이 해석한다.

> 일상적인 불어에서, 주체가 재산이나 돈에 관한 희열이 있다고 말할 수 있을 것이다. 불어적 견지에서 재정에 관한 한층 정교한 관점에서 볼 때, 그것은 주체가 토지나 건물, 혹은 자본 자체가 아닌[...] 단지 그것의 잉여 과실, 그것의 유지나 양성(養成)등 — 간단히 말하여, 그것의 운영비를 회수하는데 필요한 것을 초과하여 생산된 상품을 향유하는 것을 의미한다고 볼 수 있다.
>
> In every day French, you could say that that person has *la jouissance* of said property or money. In the more precise terms of French finance, that would mean that he or she enjoys, not land, buildings, or capital itself[...] but merely its excess fruits, its product above and beyond that required to reimburse its up-keep, cultivation, and so on — in a word, its operating expenses. (97)

핑크가 말하는 "희열"은 계속적인 자본 활동, 즉 재투자를 가능하게 하는 "잉여 과실"과 같이 계속 욕망을 이어가는 불씨를 의미한다. 그러므로 대상을 향한 우리의 욕망은 충족되지 못하고 그 잉여된 욕망은 다시 다른 대상을 추구하게 되므로 이 잉여된 욕망이 곧 삶의 동기이자 "반복충동"으로 작용한다. 이에 라캉은 이 욕망의 공식을 다음과 같이 정립한다(*Écrits* 313).

$S \Diamond a$

"S"(빗금 친 주체)는 기표에 의해 대리되는 주체를 뜻하며, 이때 이 주체는 언어에 포섭되므로 기원에서 소외된다. 대상 "a"는 일명 "오브제 쁘띠 아"(objet petit a)라고 하며 결여한 또는 상실된 대상을 나타내므로 (Sarup 98), 주체를 유혹하는 대상이며 욕망의 원인이 된다.9) 이 대상의 범주에 거울 속의 자아 영상, 젖가슴, 항문, 시선, 목소리와 같이 상징계에서 포착되더라도 욕망의 실현이 계속 유보되는 대상들, 즉 유아가 "전-성기기"에서 접하는 실재의 대상들이 포함된다. 이 점을 예이츠의 「라피스 래쥴리」("Lapis Lazuli")에서 살필 수 있으며, 그것은 대상의 추구와 좌절에 관한 것이다.

> 그들은 도보로, 혹은 배를 타고
> 낙타, 말, 당나귀, 노새를 타고 왔다,
> 고대의 문명들은 칼끝에 달려 있다.
> 그리고 그들과 그들의 지혜는 황폐해졌다.
> 대리석을 청동인 양 다룬,
> 그리스의 명장 칼리마커스의 솜씨도
> 바다 바람이 그 구석을 휩쓸 때
> 하늘로 비상하는 듯한 휘장을
> 정지해 있게 할 수는 없었다;
> 가느다란 종려나무의 줄기와 같은 모양의
> 긴 남포의 등피도 고작 하루 견디었다;
> 모든 것은 넘어지고 다시 세워진다,
> 그리고 모든 것을 다시 세우는 사람들은 즐겁다.

> On their own feet they came, or on shipboard,
> Camel-back, horse-back, ass-back, mule-back,
> Old civilisations put to the sword.

---

9) 이 공식에서 "$\Diamond$"는 "크다/ 작다"의 부등호(<, >)의 결합이자, "또는/ 그리고"와 같은 지향적 잉여가치를 의미하는 기호($\wedge, \vee$)의 결합이다. 이렇듯 주체의 욕망과 대상의 관계는 모순이므로 상호 일치하지 않는다(비트머 218-21).

> Then they and their wisdom went to rack:
> No handiwork of Callimachus,
> Who handled marble as if it were bronze,
> Made draperies that seemed to rise
> When sea-wind swept the corner, stands;
> His long lamp-chimney shaped like the stem
> Of a slender palm, stood but a day;
> All things fall and are built again,
> And those that build them again are gay. (*CP* 338-39)

선지자적 사명을 띤 "그들"은 비극적 운명을 감수했던 문명의 메신저들이며, 이들은 여러 이동수단인 "도보, 배, 낙타, 말, 당나귀, 노새"를 이용하여 거룩한 사명을 완수했다. 그러나 시인은 이러한 수고가 순간에 그침을 한탄한다. 그것은 "고대의 문명들은 칼끝에 달려있다"에서 나타나는 욕망의 지속적인 추구 때문이다. 아울러 문명을 건설하고 이를 도처에 전파한 인간들의 한계는 그리스의 장인으로서 상징계에 편입된 "빗금 친 주체"인 "칼리마커스"의 예술이 지니는 한계, 즉 "하늘로 비상하는 듯한 휘장"의 사실적인 "정지"의 불가능과 같다. 이렇듯 대상의 포착은 기껏해야 재현이라는 대상의 상징적 차원에 머물고, 불만의 욕망은 잉여된다. 따라서 그가 공을 들여 만든 대리석으로 된 "남포의 등피"도 역사의 "하루"만 지탱한다. 이 욕망이 잉여된 결과 시간의 추이에 따라 "모든 것은 넘어지고 다시 세워진다"는 것은 욕망의 반복을 의미한다. 그러나 대상을 향해 치열하게 다가가는 과정에서 인간들은 "그리고 모든 것을 다시 세우는 사람들은 즐겁다"에서 보이듯이 잉여된 욕망을 원동력으로 고통스럽지만 재현의 놀이를 수행한 결과 획득되는 즐거운 상태인 "희열"의 수준에 이른다. 이러한 점에서 우리의 에고는 욕망의 수행자이며 욕망이 내재하는 무의식은 "증상"을 통해 에고를 충동하는 배후적 공간으로서 "대타자"가 된다.

무의식은 주체가 의식하지 못하는 사이에 주체에 대해 말하는 공간이라는 점에서 라캉은 "무의식은 타자의 담론이다"(The unconscious is the discourse of the Other)라고 말한다(*Écrits* 55). 이 명제에 등장하는 타자는 근본적이고 환원이 불가능한 "대타자"이다. 무의식의 자아로서 타자의 담론은 언제나 주체의 의식적 자아를 제어하여 의식적으로 고정되려는 주체를 수정하려 한다. 다시 말해 무의식의 타자는 자신의 언어인 "증상"을 통하여 자신을 표명하고 의식적으로 형성된 주체의 정체성/동일성을 위협한다. 이상의 논의를 다음과 같이 정리할 수 있다.

> 의식적 자아(상징계, 빗금 친 주체, 사유주체,
> 환유적 자아, 파롤, 쾌락: plaisir)
> ──────────────────────── 증상과 억압
> 무의식적 자아(상상계, 대타자, 욕망의 잉여,
> 은유적 자아, 랑그, 희열: jouissance)

4.2 은유와 환유의 원리와 적용

언어의 핵심 원리인 은유와 환유는 우선 수사학에 나타나는 언어의 유희적 기능이자 사물에 대한 언어적 재현에 대한 언어적 대응으로 그 기원이 고대 그리스에 이른다. 우선 고전적 수사학에 대한 워렌 테일러(Warren Taylor)의 설명을 참고해 보자.

> 고전적 수사학은 세 가지 형태로 구성된다고 보여진다: 윤리적인 목적에 부합하는 건전한 주장들을 유도하는 수단들을 찾기 위한 철학적인 것; 그릇된 주장의 신중한 사용을 허용하는 궤변적인 것; 젊은이들에게 대중 연설을 훈련함에 있어 사용되는 규칙과 사례들을 따르는 학자적인 것.
>
> Classical rhetoric may be said to have consisted of three types : the philosophic, which sought to discover the means of conducting sound arguments in accordance with moral purpose; the sophistic, which permitted a deliberate use of fallacious argument; and the scholastic, which merely complied rules and examples to be used in training youths to speak in public. (2)

수사학은 각 주체들이 사회적인 입장을 유리하게 전개하거나 강화하기 위한 문화적 도구이자 방편이므로 사건이나 실체의 진실로부터 유리된다. 그러므로 플라톤은 수사학과 밀접한 관련이 있는 시의 진실에 대해 강한 의심의 시선을 던졌다.

> 시는 수사학과 연관된다: 강력한 설득력을 목표로 삼는 언어와 말의 풍성한 비유들을 사용하는 것이 언어이다. 그리고, 플라톤이 자기의 이상적인 공화국에서 시인들을 추방한 이후, 시가 공격받고 비하되었을 때, 시는 시민들을 미혹하게 하고 무절제한 욕망을 야기하는 기만적이고 경박한 것이 되었다.
>
> Poetry is related to rhetoric: it is language that makes abundant use of figures of speech and language that aims to be 1powerfully persuasive. And, ever since Plato excluded poets from his ideal republic, when poetry has been attacked or denigrated, it has been as deceptive or frivolous rhetoric that misleads citizens and calls up extravagant desires. (Culler, *Literary* 70-71)

시인을 혐오했던 플라톤은 실재와 유리되어 초과된 의미를 제공하는 사물에 대한 수사적 접근, 즉 사물에 대한 언어적 왜곡을 경계했다(Selden, *Theory* 17-18). 예술의 허구적 속성을 비판한 그에게 비유란 일상어의 일탈이며, 현실에 대한 반란에 불과하다. 그러나 비유는 대상에 대한 묘사의 중요한 수단으로 정착되어 이야기의 형태가 구축된 문학 속에 깊이 안주한다.

키케로(Cicero)는 문학은 쓴 약에 설탕을 바른 것으로 먹을 때 달콤하여 몸 속에서 몸을 이롭게 한다는 소위 "당의정 이론"(sugar-coated pill theory)을 제시했다. 이는 문학에 있어 수사학의 효용성을 말하는 것이며, 초기의 수사학은 실재에 대한 장식적 의미로서 그 효능을 발휘했다. 이는 언어 구사 혹은 언어 응용의 성숙을 의미하는 것으로 동물과 구별되는 인간의 복잡한 인식 기능의 발휘를 의미한다. 그러나 언어의 수사적 재생산 기능에 대한 부정적인 관점은 17세기 합리주의 철학자나 경험주의 철학자들에 의해 나타난다. 프란시스 베이컨(Francis Bacon)은 진지한 주제와 건전한 논의에 반하는 장식적인 수사의 기만에 대해 우려하며, 토마스 홉스(Thomas Hobbes)는 『리바이어던』(*Leviathan*)에서 언어의 유희성으로 인한 실제의 왜곡에 대해 비판하고, 존 로크(John Locke)는 수사학을 사기나 기만 행위로 보아 수사학을 여성에 비유하여 유혹되는 줄 알면서 접하게 된다고 말한다. 또 몽테뉴(Montaigne)는 사물을 담아내는 그릇인 언어보다는 사물 자체에 관심을 가져야 한다고 말한다(김욱동 26-27). 이렇듯 계몽주의 시대에는 사물에 대한 수사적 접근이 경시되고 이러한 시도를 진리나 진실을 왜곡하려는 음모로 간주한다. 이와는 달리, 이탈리아 역사철학가인 지암바티스타 비코(Giambattista Vico)는 『새로운 과학』(*Scienza Nuova*)에서 시적 논리의 단초가 되는 은유(metaphor)는 무생물에게 생기와 감각을 불어넣었으며, 사물에 대한 명칭의 부여에서 비롯된 환유(metonymy)와 제유(synecdoche)의 경우, 전자는 동인(動因)의 제시가 행위의 제시보다 더 일반화된 사실에서, 후자는 특이한 것이 보편적인 것으로 고양되거나 부분적인 것이 다른 부분적인 것과 결합하여 전체를 구성한 데서 비롯되었다고 본다(129-30).

19세기 초에 낭만주의가 문학 운동의 주류로 등장함에 따라 수사학은 사물에 대한 넘치는 시적 정서를 담아내는 적절한 수단으로 환영받는다. 셸리(Percy Bysshe Shelley)는 은유를 통해 이성과 감정을 융합하여 세계에 대한 새로운 인식을 창조한다고 생각하며, 니체는 "절대 현존"으로 인식되는 진리라는 궁극적인 문제는 은유와 환유와 의인화에 지나지 않다고 말하여 진리에 대한 수사적 영향을 강조한다(김욱동 27-28).

20세기 초반에도 수사학의 수용에 따른 논쟁은 여전히 진행된다. 그것은 대체로 언어의 진정성에 대한 탐색들이다. 크로체(Croce)는 『미학』(*Aesthetic as Science of Expression and General Linguistic*)에서 수사학을 오염된 예술로 보아 비판했으며, 위르겐 하버마스(Jürgen Habermas)는 순수한 언어의 존재 가능성을 타진하기 위하여 이상적인 언어 상황을 탐구했다. 이는 노암 촘스키(Noam Chomsky)가 제기한 언어의 "표층구조"

(surface structure)와 "심층구조"(deep structure)와도 연관되는데, 그것은 인간의 의식적 의사소통체계가 인간의 고유한 언어 능력에 의한 것이라는 내적인 관점을 취하기 때문이다(Lyons 99-103). 그리고 리처즈는 시계의 타종은 그것에 대한 사고에서 발단된 것이라는 점에서 사물에 대한 인식은 사고 작용에 의하는 것처럼 언어의 인식은 마음에서 비롯된다는 심리주의적 관점을 취한다(97).

20세기 중반에 이르러 폭넓게 확산된 문화적 경향들, 즉 구조주의, 포스트구조주의, 해체주의, 정신분석학에 의해 수사학은 새롭게 해석된다. 실례로 폴 드 만(Paul de Man)은 『맹목과 통찰』(*Blindness & Insight*)에서 문학성의 주요 원리의 하나로 "비유성"(figurality)의 불가피성을 강조한다(283). 마찬가지로 바르트는 "작가가 범할 수 있는 가장 최악의 죄는 언어가 하나의 자연스런 투명한 매개체여서 그것을 통해 독자가 고형(固形)적인 통일된 '진실'이나 '실재'를 파악할 수 있는 척한다는 것이다"(The worst sin a writer can commit is to pretend that language is a natural, transparent medium through which the reader grasps a solid and unified 'truth' or 'reality.')(Selden, *Contemporary* 74)라고 말하여 수사의 문법화를 강조한다. 이런 경향들은 모두 사물을 재현하는 예술적 결과들의 객관성에 깊이 회의하여 언어 자체의 유희성을 인정하고 "절대 현존"의 로고스로 인식되어 온 언어의 절대성을 거부한다.

"불립문자"(不立文字), "교외별전"(敎外別傳)이나 "도가도 비상도"(道可道 非常道)에서 나타나듯이 사물에 대응하는 언어에 대한 절대적인 확신이 결여된 동양의 언어관과는 달리 이와 정반대의 입장을 고수해 온 서구의 "로고스중심주의"(logocentrism)적 언어관을 비판하는 소쉬르는 언어의 "자의성"을 근거로 언어와 사물을 분리시키고, 언어가 대상을 지시하는 것은 "계열 축"(paradigmatic axis)과 "통합 축"(syntagmatic axis)이라는 두 연쇄에 의해 구성된다고 말한다(Easthope, *Discourse* 36-38). 라캉은 이를 정신분석학의 원리에 차용하여 은유와 환유로 치환하며, 무의식의 기능에 대해 로만 야콥슨(Roman Jakobson)의 원리를 적용한다. 야콥슨은 실어증

(aphasia)의 사례를 연구하여 "계열"과 "결합"(combination)관계가 은유와 환유로 치환될 수 있으며, 은유를 "유사성"(similarity)의 관점에서, 환유를 "인접성"(contiguity)의 관점에서 이해한다(110-16). 라캉은 무의식에서 문자의 기능을 지시하는 은유와 환유의 메커니즘이 프로이트의 꿈의 원리인 "압축"과 "전위"와 같다고 말한다(*Écrits* 156-57). 전자는 욕망의 은유적 현현이라는 점에서 "증상"으로, 후자는 일부만 드러내며 결핍되는 나머지를 갈망하는 점에서 "욕망"으로 볼 수 있다. 따라서 은유와 환유는 수사적인 차원에서 프로이트의 꿈의 원리를 차용한 라캉에 의해 정신분석학적 차원으로 이동하여 "꿈이 무의식의 왕도"라는 프로이트의 언명에 따라 꿈을 해석하는 단서가 된다. 라캉에 의해 언표화되는 꿈은 언어적 재현 이전의 사물적 재현인 꿈의 표상과 연관되므로, 그의 꿈에 대한 언어적 접근에 대해 부정적인 의견이 제시되기도 하지만, 프로이트는 꿈의 언표화에 대해 다음과 같이 수긍한다.

> 상징적인 꿈의 해석의 경우, 그 상징화의 관건은 자의적으로 분석가에 의해 선택된다; 반면에 문자적 위장에 대한 우리의 경우에서 보듯이 그 관건은 확고하게 확립된 언어적 용례에 의해서 알려지고 설정된다. 만약 누군가 적당한 순간에 자유로운 상태에서 올바른 사고를 한다면, 그/그녀는 꿈꾼 자로부터 얻은 정보와는 무관하게도 전체적으로 혹은 부분적으로 이 같은 꿈을 해독할 수 있다.
>
> In case of symbolic dream-interpretation the key to the symbolization is arbitrarily chosen by the interpreter; whereas in our cases of verbal disguise the keys are generally known and laid down by firmly established linguistic usage. If one has the right idea at one's disposal at the right moment, one can solve dreams of this kind wholly or in part even independently of information from the dreamer. (*Freud Vol.* 5 341-42)

이처럼 꿈에 대한 언어적 접근이 불가피하며 아울러 분석가의 자질이 중시된다. 그리고 꿈의 사물적 재현만을 고집할 때 꿈의 표상들은 자기지시적인 선험적인 차원에 머무르고 말 것이다. 사실 꿈의 사물적 재현이 의식화되지 않은 이상 우리는 그것을 이해의 대상으로 인식하지 못하므로 꿈에 대한 언어적 접근 외에 어떠한 대안도 부재하며 불가능하다. 라캉의 관점에서 꿈의 모티브는 어디까지나 언어 구조이므로 현실과 꿈의 관계는 은유적이며, 현실은 꿈의 환유적 실체가 된다. 우리는 이를 예이츠의 「서커스 동물의 탈주」("The Circus Animal's Desertion")에 적용해 볼 수 있다. 이 작품에서는 현실에 대한 꿈의 은유적인 고정은 불만의 "증상"을 낳고, 현실에 대한 꿈의 환유적 반영은 결핍된 욕망에 의해 일탈된 현실이 야기됨을 보여준다. 그리고 "작가됨의 불안"(anxiety of authorship)[10]을 제기한 길버트는 이 작품에서 시인의 예술적 개성화 과정이 반영되었다고 본다(100).

> 나는 주제를 찾고 또 찾았으나 허사,
> 여섯 주 가량 매일 주제를 찾았다.
> 결국, 노쇠한 몸이기에,
> 스스로 자위해야만 할 테니,
> 늙을 때까지 여름과 겨울이 오더라도
> 우리 서커스단의 동물들은 총출연하였다,
> 죽마(竹馬) 타는 소년들, 번쩍이는 마차,
> 사자와 여자 그리고 모든 것이 다 있다.
>
> I sought a theme and sought for it in vain,
> I sought it daily for six weeks or so.
> May be at last, being but a broken man,
> I must be satisfied with my heart, although
> Winter and summer till old age began
> My circus animals were all on show,
> Those stilted boys, that burnished chariot,
> Lion and woman and the Lord knows what. (*CP* 391)

시적 화자는 "늙음"이 오기까지 어떤 "주제"를 찾고 또 그것을 헛되게

---

10) 이것은 블룸(Harold Bloom)의 소위 "영향의 불안"(influence of anxiety)에 대한 반전제로 길버트와 수전 구바(Susan Gubar)가 제기한 것인데, 여성 작가는 남성 작가의 영향을 의식한다는 점에서 여성 작가의 위상이 불안하다는 것이다.

추구한 삶의 역정에 대해 언급한다. 이때 찾는 "주제"는 꿈이며, 그것을 헛되게 추구하는 과정은 현실이다. 꿈의 "주제"는 다시 그것을 추구하는 현실의 "주제"로 바뀐다. 전자에 대한 현실적인 접근은 은유적이며, 후자는 전자의 일부만이 성취되는 환유적인 결과만 반영한다. 따라서 "우리 서커스단의 동물들은 총출연하였다/죽마 타는 소년들, 번쩍이는 마차/사자와 여자들"에서 암시되는 경박한 삶의 동기나 취향을 지닌 우중(愚衆)들의 각박한 현실의 결과는 쉬이 오는 "노쇠"의 시한에 맞추어 "스스로 자위"할 수밖에 없는 불만의 상태로 끝난다. 이렇듯 꿈의 "주제"는 거친 현실의 "주제"로 바뀌고 그 결과 미완의 "주제"는 욕망의 환유화된 실체가 된다. 이에 라캉도 "리비도는 인간으로 하여금 상대적인 객관화를 포함하는 조건 속에서 욕망에 대해 말하게 한다"(Libido allows one to speak of desire in terms which involve a relative objectification.)고 본다(*Book I* 221).

어원상으로 은유라는 용어는 "수송하다"라는 의미의 "metaphora"와 "운반하다"라는 의미의 "metaphorein"에서 유래되었다(Lemaire 192). 일반적으로 은유란 한 단어의 고유한 의미가 그것에 내포된 비유에 의해서 다른 의미로 전환되는 비유법이다. 안토니오 바르셀로나(Antonio Barcelona)는 "은유는 인식기제로서 그것에 의해 우리의 경험 영역이 부분적으로 다른 경험의 영역에 '배치,' 즉 투사되므로, 후자는 부분적으로 전자의 견지에서 이해된다"(Metaphor is the cognitive mechanism whereby one experiential domain is partially 'mapped', i.e. projected, onto a different experiential domain, so that the second domain is partially understood in terms of the first one)고 본다(3). 따라서 은유는 언어가 단순한 기호의 차원에서 벗어나 언어의 이행인 담론을 통한 의미의 재생산을 위해 모태로 기능하게 하는 원동력이다. 그리고 은유는 두 가지의 시적 기능인 "외유"(epiphor)와 "교유"(diaphor)를 보유한다. 전자는 하나의 구체적이고 포착하기 쉬운 이미지로부터 낯선 이미지를 향해 나아가는, 다시 말해 두 이미지의 비교를 통한 의미의 탐색과 확대 작용이며, 후자는 새로운 의미를 창조하기 위한 두 이미지의 병치 혹은 합성작용이다(Wheelwright

78-86). 또 리처즈는 제1차 관념 혹은 축어적 관념인 원 개념과 제 2차 관념 혹은 비유적 관념인 매체 개념이 서로 작용하여 은유가 탄생하며, 은유적 의미란 전자도 후자도 아닌 그 둘 사이에서 생성된 제 3의 관념이라고 말하고(김욱동 105), 모든 인간의 사고는 분류의 문제, 즉 인간의 마음이 계속해서 자극의 범주를 확립하고 개량하는 데에 연루되므로 은유가 우리 언어 체계의 핵심이라고 본다(Golden 243). 이제 위의 관점들을 참조하며 프로이트와 라캉이 보는 은유의 정신분석학적 실천에 대해서 살펴보자.

프로이트는 하이리히 하이네(Heinrich Heine)의 시 「루가의 온천」("The Baths of Lucca")에 나오는 "familionar"라는 단어를 대체/압축의 상황을 보여주는 은유의 사례로 분석한다. 극중의 한 인물이 자기 주치의와 그 측근에게 자기의 신분을 과시하기 위해 부유한 귀족인 로트쉴드(Rothschild) 경과 식사를 같이 했으며, 그 귀족이 자기를 "familionar"처럼 예우하더라고 자랑한다. 물론 불어에는 "familionar"라는 말이 없으며, 그가 무심결에 사용한 이 낱말은 다음과 같이 분석된다.

Famili-ar
+ milionar
―――――――
= Familionar

프로이트는 "familionar"이라는 낱말이 "가족"을 의미하는 "familiar"와 "백만장자"를 의미하는 "milionar"이 압축된 합성어로 본다(Lacan, *Function* 248). 그러나 이에 대한 라캉의 분석은, 그 작중 인물이 로트쉴드경과는 "가족"같은 절친한 사이인데 그 귀족의 "백만장자"적인 거만한 언동과 자신의 열등감과 질투심이 결합하여 은연중에 이 신조어를 창조했다는 것이다(Lemaire 202-03). 이는 상황에 대한 부적절한 언어 대응인 실언의 한 예로서 그 배후에 자리하는 발화자의 무의식적 의도의 현현, 즉 작중 인물이 자신의 언어에 벌어진 틈 사이로 무의식을 드러낸 것이다.

한편 라캉은 은유의 예를 제시하기 위해 빅토르 위고(Victor Hugo)의 시작품인「잠든 보아스」("Booz Endormi")의 한 행을 도입한다(*Écrits* 156): "그의 볏단은 인색하지도 증오하지도 않았었네"(His leaves were not miserly or spiteful). 여기서 라캉은 한 단어가 다른 단어로 대체/중첩되는 순간 "창조의 불꽃"(creative spark)이 발생한다고 보아 이 시행에 대한 은유적 관점을 다음과 같이 제시한다.

> 그러나 만약 그의 볏단이 우리로 하여금 보아스를 참조하게 한다면, 그리고 이것이 그런 경우라면, 그것은 볏단이 탐욕과 증오의 해소에 의해 고무되는 바로 그 지점에서 발생하는 의미화 연쇄 속에서 그를 대체했기 때문이다. 그러나 보아스는 지금 스스로 그 볏단에 의해 떠밀려서, 탐욕과 증오가 그들의 부정의 빈 공간에 그를 머물게 하는 외부의 암흑 속으로 내던져진다.
>
> However, his sheaf does refer us to Booz, and this is indeed the case, it is because it has replaced him in the signifying chain at the very place where he was to be exalted by the sweeping away of greed and spite. But now Booz himself has been swept away by the sheaf, and hurled into the outer darkness where greed and spite harbour him in the hollow of their negation. (Lemaire 157)

우리는 "볏단"이 "증오"하고 "인색"할 수 없다는 부정과 "볏단"이 "그의"라는 소유격에 의해 "보아스"에게 한정되어 "증오"와 인색"의 소멸을 통한 보아스의 긍정적인 상황이 제시됨을 알 수 있다. 그러나 이때 "볏단"은 "보아스"의 자리를 차지하고 "증오"하고 "인색"하지 않는 풍요의 주체, 즉 "남근"으로 거듭난다. 또 "외부의 암흑"은 대체되어 자리를 박탈당한 환유적 주체가 "억압"된 체제의 공간일 것이다. 이에 대한 르메르의 말에 의하면, 이 행에 나오는 "보아스"는 장차 자신의 아들을 낳아 줄 여자 곁에 잠자고 있다. 이때 "볏단"은 "남근"을 연상시키는 직접적인 유사성에 입각하여 "볏단"은 "보아스"로, 다시 "볏단"은 "남근"으로 대체된다. 이것은 은유가 하나의 대상을 다른 대상으로 대체하는 것 외에 사고의 범위가 다른 두 대상의 일체화 과정인 "볏단"과 "보아스" 그리고 "남근"에 적용됨을

보여준다(195).[11]

　나아가 라캉은 다양한 문화적 상황 속에 은유의 개념을 확대한다. 우선, 외디푸스 콤플렉스가 개성화의 과정에서 핵심적인 개념이므로 이 증상을 은유의 관점에서 분석한다. 그는 유아에 대한 어머니의 욕망을 "아버지의 이름"으로 대체하며, 이것이 모든 은유의 기능성을 기초하므로 이를 "부성 은유"(paternal metaphor)라 명명한다(*Fundamental* 247-48). 그는 "억압"이 은유의 구조를 갖는다고 주장한다. 그것은 사라진 기표인 "환유적 대상"은 "억압"되지만 은유에서 생성된 잉여의 의미를 가진 증상 속으로 복귀하기 때문이다. 따라서 "억압"된 것의 복귀를 의미하는 증상은 은유의 구조를 가지게 된다.

　"항문 욕동"(anal drive)은 개성화의 과정에서 다른 문화적인 대상으로 대체되는데, 그것이 "남근"이다. 또 자기 자신을 다른 사람으로 대체하는 이른바 "동일시"의 원리가 있으며, 이외에도 인간들이 매일 처하는 여러 상황들이 각기 은유화의 과정이며, 원초적인 욕망에서 비롯된 그 현실적 실천이나 실현들이 욕망의 은유화된 실재로 볼 수 있다. 다시 말해 우리들의 인생이 곧 욕망의 은유화된 흔적이자, 욕망의 결핍이나 잉여의 산물이다. 이러한 점을 예이츠의 「조상」("The Statues")[12]에 적용시켜 본다.

---

11) 라캉은 은유를 다음과 같은 공식으로 정리한다(*Écrits* 164).

$$f\frac{S'}{S}\ S \cong S(+)s$$

　이 은유의 함수(f)에 있어 "S'"는 은유적 기표로서 점선 아래에 예전 기표를 가지고 있으며, 이 예전 기표는 은유적 기표에 대해 기의의 구실도 한다. "(+)"는 "S"와 "s"사이에 있는 막대가 돌파되어 기표인 "S"와 기의인 "s"가 서로 겹치게 되는 것을 의미한다. 여기서 갤럽(Jane Gallop)은 "f"가 기능을, "$\cong$"는 일치 또는 합동을 의미한다고 본다(121-22).

12) 헤저드 아담즈(Hazard Adams)는 이 작품에 나오는 "조상"들이 부활절 봉기(Easter Rebellion)를 주도한 영웅들을 비유한 것이며, 이들을 아일랜드의 전설적인 영웅인 쿠훌린(Cuchulain)같은 초인적 존재(Daimon)로 본다(267).

피타고라스가 그것을 계획했다. 왜 사람들이 응시했는가?
그가 고안한 수(數)는, 대리석이나 청동 속을 움직였거나
움직이는 듯 하였지만, 개성이 부족했다,
그러나 고독한 침대의 상상된 사랑으로 인해
창백한 소년소녀들이 수가 무엇인지를,
열정은 충분한 개성을 가져다주는 것을 깨닫고,
밤중에 어떤 광장에서
계측으로 만들어진 얼굴에 뜨거운 입술을 갖다대었다.

PYTHAGORAS planned it. Why did the people stare?
His numbers, though they moved or seemed to move
In marble or in bronze, lacked character,
But boys and girls, pale from the imagined love
Of solitary beds, knew what they were,
That passion could bring character enough,
And pressed at midnight in some public place
Live lips upon a plummet-measured face. (*CP* 375)

현실을 지배하는 삶을 초월하는 피안의 인식을 시인이 갈망한다. 그리스의 현인 "피타고라스"의 인식은 현상계를 지배하는 "수"의 원리이며, "대리석"과 "청동"을 조형하는 상징계의 확립에 조력하는 구성의 원리다. 이 원리는 어머니의 욕망을 대체하는 "부성의 은유"이며 세상을 지배하는 "아버지의 이름"이다. 문화화의 이행을 위해 이 원리를 학습한 "소년 소녀들"은 "열정"의 제어를 통해 스스로의 "개성"을 형성한다. 이는 은유의 "억압"구조를 의미하며, 어머니를 욕망하는 "고독한 침대의 상상된 사랑"을 향유하는 아이들의 의식에 차츰 세상의 원리인 "아버지의 법"이 들어선다. 따라서 아이들은 아버지의 체제 안에서 어머니의 부재를 암시하는 "창백한" 현실인 상징계에 함몰된다. "계측"에 의한 황금률로 조형된 "조상"은 실체의 은유이자 실체의 죽음을 의미한다. 이 형상을 보고 감탄하여 "뜨거운 입술을 갖다대었다"는 것은 상징계에 사로잡힌 세상의 허위의식을 반영한다. 이 의식에 입각한 예술 행위는 "움직였거나/움직이는 듯 하였지만, 개성이 부족했다"는 점에서 반성된다. 이는 주체의 자리를 대체하

는 타자의 역할을 시사하는 "동일시"의 원리에 대한 시인의 비판적 인식이다. 다시 말해 시인은 그리스의 문화 전통을 계승한 서구의 예술가들이 사물을 보편성의 원리에 치중하여 파악하려는 점을 지적한다.

환유란 어떤 단어로 의미파악이 가능한 다른 단어를 대체하는 수사학적 비유법이다. 바르셀로나는 "환유는 개념적인 투사이며, 그것에 의해서 우리의 경험 영역[목표]이 똑같은 공통의 경험 영역을 포함하는 다른 경험 영역[근원]의 견지에서 부분적으로 이해된다"(Metonymy is a conceptual projection whereby one experiential domain[target] is partially understood in terms of another experiential domain[the source] included in the same common experiential domain)(4)고 본다. 이러한 점에서 환유는 모든 비유법에 공통적으로 내포되어 있지만, 르메르는 그 용법을 다음과 같이 정리한다: 원인으로 결과를, 내용을 수용하는 용기로 내용물 자체를, 어떤 물건이 만들어지는 장소로 그 물건 자체를, 표상으로 그것이 상징하는 것을, 구상명사로 추상명사를, 어떤 감정에 해당되는 신체부위로 감정자체를, 집주인의 이름으로 집 자체를, 앞선 상황으로 결과를, 물건의 용도로 그 물건을, 부분으로 전체를 나타낸다(195). 이제 위의 관점들을 참조하며 프로이트와 라캉이 보는 환유의 정신분석학적 실천에 대해서 살펴보자.

환유에 대한 프로이트의 일화는, 프로이트가 르네상스 시대 이탈리아의 화가 시뇨렐리(Signorelli)의 이름을 기억하기 못한 사건이다. 당시 프로이트는 보스니-헤르체고빈느(Bosnie-Herzegovine)지방에서 낯선 나그네와 기차여행 도중 이탈리아 예술에 관한 대화를 나눈다. 프로이트는 그 나그네로부터 오르비에토(Orvieto)지방의 벽화를 그린 화가에 대한 질문을 받고 시뇨렐리의 이름을 떠올리려 애썼지만 생각나는 두 사람의 이름은 보띠젤리(Botticelli)와 볼뜨라피오(Boltraffio)였다. 프로이트와 그 일행들은 방금 보스니-헤르체고빈느 지방에 사는 터키 사람들의 관습에 대해 이야기하였다. 그 내용은 터키인들은 의사를 신임하며, 스스로의 운명을 감수하고, 성적 쾌감을 중시하여 성행위가 끝난 후 절망을 느낀다는 것이다. 이때 프로이트는 성생활 장애로 고통받다가 자살한 트라포이(Trafoi) 출신의 환자 생각이 났다. 이에 대한 프로이트의 해석은 다음과 같다: 이름 잊기는 "전위"에 해당되며, 방금 실천된 "억압"의 과정이고, 의문 속의 이름과 전에 "억압"된 것 사이에서 일어나는 외재적인 연상의 가능성을 시사한다(*Freud Vol. 6* 2-6). 다시 말해, 시뇨렐리 대신에 프로이트에게 환기되는 이름이 보띠젤리와 볼뜨라피오라는 사실은 하나의 사고가 "인접성"의 관계에 의해 다른 사고와 연관되는 것이며 이는 환유의 기능을 시사한다.

라캉은, 이 억압된 두 기표들과 시뇨렐리 사이에는 연상관계가 확립되어 있었으며, 그 "억압"된 이름은 무의식으로 끌려들어 갔기 때문에 기억해내는 것이 불가능하지만, 대체된 이름들은 연상관계를 통해 잊혀진 이름과 "억압"된 요소들을 드러낸다고 본다(Lemaire 208). 대체된 이름들은 "억압"된 기표들의 "부분 대상"이라는 점에서 환유적 잔재들이다. 따라서 보티젤리는 보스니아와 시뇨렐리에 대한 환유로 볼 수 있다.

현대 언어학에서 환유는 인접성의 관계나 문맥상의 연관관계를 지닌 기표들의 대체에 기초한다. 예를 들어, "30개의 돛"에 나오는 "돛"은 "배"(船)를 대신한다. 이런 대체 과정에서 "돛"과 "배"는 두 기표들 사이에 존재하는 의미상의 관계로 충분히 이해할 수 있다.13)

라캉은 환유의 개념을 다양한 문맥에서 사용하는데, 그것은 "전위"와 "욕망"에 대해서 적용된다. 그는 의미의 유보와 지연의 속성을 지닌 하나의 기표가 계속적으로 다른 기표를 지시하는 "전위"는 이른바 "의미화 연쇄"의 과정이며, 이를 환유의 기능으로 보아 "욕망"에도 이와 똑같은 지연과 유보가 끝없이 지속된다고 본다. 왜냐하면 "욕망"은 항상 다른 무엇인가에 대한 "욕망"이며, "욕망"의 대상은 취득되는 순간 더 이상 "욕망"할

---

13) 라캉은 환유에 공식을 정립한다: $f(S...S')S \cong S(-)s$. 다시 말해, 이 환유 공식은 기표와 기표의 관계를 나타내며, 그것은 대상관계 속에서 기표가 존재의 결핍을 설정하고, 기표가 지탱하는 바로 그 결핍을 지향하는 욕망을 기표에게 투기한다. 양 괄호사이에 위치한 부호(-)는 저항선을 의미하며, 그것은 대상과 기표 혹은 앞의 기표와 뒤의 기표의 미환원성을 표시한다(*Écrits* 164). 여기서 라캉이 말하는 요지는 두 가지로 정리된다. 그것은 환유가 "존재의 결핍"을 인정하는 "생략"의 체제라는 것과 환유는 참조되지만 결코 환원될 수 없는 실재의 진실이라는 것이다.

수 없는 것이 되고, 이때 주체의 "욕망"은 또 다른 대상을 지향한다. 이와 관련하여 "성적 관계란 없다"라는 라캉의 명제가 환기된다. 따라서 "욕망"은 환유적이며 우리에게 재현된 기표도 스스로 환유적이다. 이러한 점을 예이츠의 「청동 두상」("A Bronze Head")에 적용해 볼 수 있다.

> 여기 입구의 오른 쪽에 있는 청동두상은
> 인간이나 초인으로 보이고, 새의 둥근 눈을 지니지만
> 그 외 모든 것들은 시들어 미이라가 된다,
> 어떤 고귀한 망령이 먼 하늘을 떠돌며
> (죽었음에도 그곳에 머무는 듯한 어떤 것)
> 그것의 공포가 스스로의 공허함으로 인한
> 히스테리적 정열을 감소시킬 수 없음을 아는가?

> Here at right of the entrance this bronze head,
> Human, superhuman, a bird's round eye,
> Everything else withered and mummy-dead,
> What great tomb-haunter sweeps the distant sky
> (Something may linger there though all else die;)
> And finds there nothing to make its terror less
> *Hysterica passio* of its own emptiness? (*CP* 382)

"여기 입구의 오른쪽에 있는" 어떤 숭배의 대상인 "청동 두상"은 그 존재적 원천을 떠나 이제는 그 상징적인 의미만을 간직한 채 낯선 공간에서 세세토록 반추될 역사성을 지닌다. 그 흉상의 주위에 "죽었음에도 그곳에 머무는 어떤 것"이라는 것은 사라진 주체에 대한 타자의 과도한 정서를 의미한다. 이것이 주체를 언표화하는 추진력이 되어 주체는 기표 밑으로 끝없이 추락하여 소급되는 신화가 된다. 당대적 현실이 반영된 조형물인 "청동 두상," "인간," "초인," "새의 둥근 눈"이 열거되는 것은 과거를 향수하려는 시인의 역사의식이자, "시들어 미이라가 되는" 사물의 간단성(間斷性)에 대한 시인의 "히스테리적 정열," 즉 시인의 불만을 반영한다. 이 기표들은 전체적으로 영원성을 암시하는 기의를 함축하고 있는데, 그것은 "청동 두상"이 장구한 세월을 버티는 물질성을, "인간"은 탄생과 죽음

을 반복하는 단속성(intermittency)을, "초인"은 생명의 한계를 초월하는 불멸성을, "새의 둥근 눈"은 시대를 뛰어넘어 적용되는 비범한 지혜의 정전성(canonity)을 내포하기 때문이다. 이것은 다른 기의를 수반하는 각 기표들이 결합하여 어떤 기표를 환기시키는, 다시 말해 이질적 파편들이 조합되어 어떤 이미지를 생성하는 "몽타주"의 원리에 기초한 환유의 공식에 적용되며, 이는 "독특한 정서를 구성하는 사건들의 연쇄"(a chain of events which shall be the formula of that particular emotion)를 의미하는 "객관적 상관물"의 원리(Selden, *Theory* 313)와도 일맥상통한다.

따라서 그 상징적 주체가 모드 곤(Maud Gonne)으로 인식되는(Jeffares 499) "청동 두상"이 암시하는 가려진 주체가 숭고한 이유는, "어떤 위대한 망령이 먼 하늘을 떠돌며(죽었음에도 그곳에 머무는 듯한 어떤 것) 그것의 공포가 스스로의 공허함으로 인한 히스테리적 정열을 감소시킬 수 없음을 아는가?"에서 나타나듯이, 죽음이라는 실재계의 엄청난 "공포"를 무릎쓰고 자궁의 빈틈을 메우기 위한 욕망의 세속적 추구에 충실했기 때문이다. 여기서 "히스테리적 정열"은 성취의 과정에서 잔존하는 욕망의 잉여나 찌꺼기이며, 욕망의 파편을 반영하는 환유적 증상이다. 이는 죽음이라는 현실에 직면하면서도 계속 욕망하는 주체의 통속적 일상을 의미하는 "카니발적"(carnivalesque)상황[14])의 동인이며, 살아가는 것이 곧 죽어가는 것이라는 폐쇄회로에서의 자기 소멸방식인 "엔트로피"적 인식을 배제한 것이다.

이상의 논의에서 알 수 있는 것은 환유의 실현, 즉 구체성을 띤 일부의 등장이다. 이 의식화된 언어는 그 전체성의 일부만 무의식적 원천을 빠져 나와 프로이트의 의식에 부상한 것이며 프로이트의 무의식의 일부가 의식에 그 모습을 드러냈다는 점에서 구축과 생략을 특징으로 하는 환유의 원리에 해당된다. 의식 속에 완전히 자리하지 못한 상태로 어렴풋이 환

---

14) 이는 러시아의 미하일 바흐친(Mikhail Bakhin)이 제기한 것으로 정부와 교회의 속박에서 잠시 벗어나 하층민들이 한데 모여 그들의 체제를 풍자/조롱하며 즐기는 중세의 축제에서 비롯된 것으로 현대에 이르러 대중들이 통속적인 것을 선호하는 경향, 혹은 반체제적이며 체제 전복적인 문화적 경향을 의미한다(Brooker 23-24).

기되는 이 환유적 실체의 정체성에 대한 논의는 독자/비평가의 자유 연상에 의한 통찰의 몫으로 남는다. 이는 마치 땅위에서 펄떡이는 일종의 결핍된 존재로서의 물고기의 원천, 즉 타자의 근원적인 환경을 파악하려는 시도와 같으며, 아무리 적절한 언어라도 다 수용할 수 없는 환유적 잔재로서의 실체의 잉여성은 분석가의 인식적 접근이 불가능한 "텍스트 이전"(le pre-texte)의 선험적인 차원에 머문다. 따라서 텍스트에 현현하는 것은, 실재의 근원적인 기의를 추구하는 은유적 상황에서 환기되는 환유적 상황, 다시 말해 공시성에 의한 기표의 연쇄를 통해 확립된다. 무수한 기표가 실재를 향해 접근하다 어느 순간에 고정되는 지점이 기표의 "정박 지점"(anchoring point)이며, 라캉은 이를 "소파의 고정점"(point de capiton)이라고 명명한다(*Écrits* 303). 이때 실재에 대한 어떤 의미가 부여되고 우리는 그것을 부분적으로 이해한다. 그러므로 실재라는 근원적 기의와 분석가 사이에는 결코 좁힐 수 없는 거리가 있으며, 우리가 표면화된 기표가 종전에 노닐던 무의식의 선험적 상황에 대해 논의하는 것은 마치 발(足)이 담긴 종전의 물의 상황에 대해 논의하는 것과 같다.

이제까지 위에서 논의한 은유와 환유는 서로 닮은 점이 많아 그 구분이 상당히 모호하다. 이는 양자가 다 앞의 기표를 전경화시켜 다음 기표의 기의로 존재하고 본질적으로 개념적이기 때문이다. 이를 적절히 구분하는 방법에 대해 알아보자. 갤럽은 "은유의 형식을 따르는 문장 속에서 라캉은 수직적 대체에서 시나 창조의 효과인 의미화의 효과가 생산된다고 말한다. 환유, 그 슬픈 구조는 수평적으로 배치되고 결핍만을 제공한다…"(In the sentence following the metaphor formula, Lacan says that in this vertical substitution is produced an effect of signification which is that of poetry or of creation. Metonymy, that sad structure, horizontally laid out, offers up only lack…)(125)고 말한다. 다시 말해, 은유는 창조적 기능이 있고, 환유는 결핍의 기능이 있음을 의미한다.

우리는 이 양자의 차이를 의미의 전이가 발생하는 과정을 통해 살펴볼 수 있다. 은유는 서로 다른 두 개의 개념 영역이나 의미 영역, 즉 두 개의 다른 전체에 작용하지만, 환유는 오직 하나의 개념이나 의미 영역, 즉 한 전체의 일부 안에서 작용한다. 환언하면, 은유는 두 개의 개념 영역이나 의미 영역에서 전이가 일어나지만, 환유는 한 개념 영역이나 의미영역 안에서 전이가 일어난다. 또 은유는 원 기표에 다른 기표를 중첩시키는 기만적 기능 때문에 폴 그라이스(H. Paul Grice)가 말하는 "질의 격률"(Maxim of Quality), 즉 "대화에서 그릇된 것을 말할 수 없으며"(Do not say what you believe to be false), "충분한 증거가 결여된 것을 말할 수 없다는" (Do not say that for which you lack adequate evidence)(Leech 15-16) 원칙을 위반하지만, 환유는 한 기표의 전체성의 일부를 드러내므로 이를 위반하지는 않는다. 마지막으로, 은유는 원 기표를 대체할 수 있는 여러 잠재적 기표들을 예비하므로 무의식적인 차원에 자리하는 일종의 구조, 즉 "랑그"이며, 환유는 원 기표의 전체성의 일부의 현현으로 보아 의식적인 차원의 발화인 "빠롤"로 본다(Lemaire 34). 따라서 드러난 환유적 실체는 우리에게 던져진 정신분석학적 단서가 된다.

또한 은유와 환유는 기호의 "해석소"(interpretant)로도 기능한다. 전자는 "약호"(code)에, 후자는 메시지의 "문맥"(context)에 관여한다. 예를 들어, "망치"(hammer)라는 말은 "못을 박기 위한 도구"를 나타내는 "약호"를 지시하는 기호적 관점의 은유이며, "나에게 망치를 다오"(Bring me the hammer)라는 메시지 속에서 결합된 낱말들 속에 나타나는 환유적 존재로서 담론 속에서 기능한다(Lacan, Function 244-45). 이렇듯 은유와 환유는 인간이 사회적인 존재로 위치하고 그 역할을 수행함에 있어 필수적인 것이며, 이것은 언어의 의미 변환에 관한 언어적 자질로서 인간의 사회적 조건이자 인간의 정상적인 생활을 가능하게 하는 절대적인 수단이 된다.

이상의 논의를 요약하면, 환유는 은유에 선재(先在)하므로 은유는 반드시 환유를 담보하여야 하며, 의식에 부상한 언어의 환유적 실체에 무수한 은유적 실체들의 추종이 불가피하다. 이때 기표는 욕망의 일부가 거세된 환유적 실체로, 기의는 은유적 실체로 치환된다. 따라서 환유적 실체는 무의식이라는 "대타자"를 참조하여야 하며, 은유적 실체는 환유적 실체를

"대타자"적 모태나 근거로 삼는다.

다시 환유적 실체는 상징적 텍스트로, 이에 수반되는 은유적 실체들은 의미화의 실체들인 상상적 해석의 결과물로 치환되어 문학의 중심에 자리한다. 그리고 환유적 실체와 은유적 실체에 인간의 인식이 개입된다. 이제까지의 논의를 다음과 같이 정리할 수 있다

무의식 공간 ─── 욕망, 대타자, 대상, 맥락
↓
환유적 실체 ─── 기표, 텍스트, 상징적 ─── 분석대상
↓
은유적 실체 ─── 기의, 해석, 상상적 ─── 분석가

이렇듯 은유와 환유가 가지는 "압축"과 "전위"라는 원리는 그 자체로서 결핍의 원리가 되어 타자의 "전이"를 소망한다. 그러므로 이 결핍의 원리를 충족시키지 위하여 근원이나 원천으로서의 타자, 즉 무의식에 대한 검토와 은유와 환유의 수사적 이행은 텍스트에 대한 분석가의 결핍된 읽기를 위한 하나의 전제가 된다.

4.3 텍스트 읽기: "전이와 역전이"

"프로이트로의 회귀"(Return to Freud)를 주장한 라캉은 주관적, 개인적, 퇴행적인 "소망"(wish)에 관한 프로이트의 관점과는 달리 상호주관적, 대중적, 미래지향적인 "욕망"의 관점을 견지한다. 프로이트 이론에서 "소망"은 어머니의 역할이 결정적인, 과거의 만족이나 좌절과 연관된 기억이나 영상의 재개를 의미한다. 그러나 라캉은 구조주의적 언어학에 기초한 이론을 통해 이러한 "퇴행"의 관점을 피하고, 소쉬르로부터 구조 속에서 변별적으로 결정되는 기호체계로서의 언어의 개념을 차용한다. 소쉬르는 기호를 기표와 기의의 결합으로 보지만, 라캉은 각 기표에 무의식적 "욕

망"이 투사된 것으로 본다. 이때 육체의 내적 개별 체험과 그것의 외적 해석 사이에 틈이 벌어지며 주체/타자들은 이 틈을 탐색하지만 접근이 거의 불가능하다. 주체에 대한 라캉의 의미론은 "욕구"에 대한 기표의 부가에 의해 생기는 "욕구"와 "요구" 사이의 괴리인 무의식의 틈을 강조한다. 언어를 통하여 "욕구"는 타자가 결코 제공할 수 없는 절대적인 사랑에 대해 "요구"의 형태로 타자에게 전달된다. 예를 들어, 유아의 울음은 어떤 생물학적인 "욕구"의 발로이며, 울음은 자신의 "욕구"를 표명하는 "요구"의 언어적 양식이다. 그러나 "욕망"은 "욕구"의 회로를 통해 완전히 노출/배설되지 않고 항상 잉여된다. 이 잉여분이 "욕망"의 주체를 구성하는 원동력이자 인간의 목표를 추진하는 잠재력이다. 그리고 이 잔존한 "욕망"에 대한 이해를 도모하는 정신분석학적 인식은 주체의 "욕망"에 대한 시적인 "욕망"이며, 정신분석학적 담론은 "욕망"의 발화된 양식이다.

고전적인 정신분석 비평이 의식과 무의식사이의 확고한 구분을 통해 작용하지만, 라캉의 이론에서는 의식과 무의식이 구분되지 않는다. 그 무의식은 그것이 새겨진 기표들의 흔적을 가지며 더 이상 퇴행적인 "소망"에 머물지 않고 과거와 미래에 걸치는 지속적인 "욕망"과 관계한다. 아이가 한때 자신에게 결핍된 전체성을 부여하는 "거울 영상"(mirror-image)에 의해 유혹되듯이, 텍스트는 그것의 실존적 재현에 의해 독자를 유혹한다. 동시에 텍스트는 일종의 "법"(Law)[15]으로 "거울 영상"의 순진한 인식을 깨뜨리며 독자를 혼란시키는 상징계에 해당된다. 이는 마치 텍스트 속의 인물과 이를 경험하는 독자가 상호 동일시의 착각에 의해 전체화의 구도 속에 포섭되는 것과 같다. 이렇듯 텍스트는 맹목의 독자를 유혹하는 덫이며, 독자는 결국 "의미화 연쇄" 속에 갇힌다. 따라서 독자는 텍스트의 지

---

15) 이것은 사회관계의 저변에 기능하는 근본적인 원리를 의미하며, 교환을 지배하는 언어적 질서와 동일하다. 실례로, 교배(交配)의 기본 법칙인 근친상간 금지는 외디푸스 콤플렉스기에 주체에게 부과되는 "아버지의 법"이며, 법은 욕망에 제한을 가하기도 하지만 금지를 설정함으로써 욕망을 창출하기도 한다. 또 법은 주체와 물상 사이의 거리를 조성함으로써 주체를 보호하는 순기능이 있다(Evans 98-99).

시적 효과에 의해, 텍스트는 독자만의 무의식의 중재 효과에 의해 운명이 좌우된다. 이는 텍스트/피분석자와 독자/분석가의 상호 교류에 관한 정신분석학적 논의를 요구한다.

"대화 요법"으로 인간의 "증상"에 접근하려는 정신분석학의 난점 중의 하나는 피분석자와 분석가 사이에서 발생되는 무의식의 전이와 역전이에 관한 것이다. 일반적으로, 전자는 피분석자가 분석가에게 자신의 무의식적 감정을 옮겨서 그 감정에서 벗어나는 과정을 말하고, 후자는 분석가의 무의식적 감정이 피분석자에게 전해지는 과정을 말한다. 이는 다시 텍스트와 독자의 문제로 치환이 가능하다. "전이"는 텍스트의 무의식을 독자가 수용하여 텍스트에 대한 해석의 지속적인 시도를 의미하지만, 독자가 텍스트의 구도 속에 전적으로 포섭될 때 독자의 주체성이 상실될 우려가 있으며, 이에 분석의 객관성을 중시하여 텍스트의 자율성을 강조하는 신비평적 입장이 하나의 대안이 될 수 있으나, 그것의 가능한 실천을 위해 텍스트에 투기되는 독자의 감정의 절제가 요청되고, 텍스트에 나타나는 의식적인 구상이나 목적에 치중함으로써 야기되는 "의도론적 오류"(intentional fallacy)의 문제가 발생한다. 한편 "역전이"는 텍스트에 대한 독자의 감상이 과하게 표명되는 과정이므로, 그 결과 텍스트의 본질은 사상(捨象)되고 그 자리에 독자의 주관적 정서가 과하게 역류하는 "영향론적 오류"(affective fallacy)의 문제가 발생한다.

이와 관련하여 객관적 세계를 부정하고 과학적 패러다임을 주장한 토마스 쿤(Thomas Kuhn)의 원리를 근거로 문학이나 과학에 대한 결과적 사실의 결정이 감지자의 정신 구조에 의존할 수밖에 없다는 데이비드 블라이히(David Bleich)의 주장, 즉 "주관적 비평"(subjective criticism)의 요지인 "관찰의 대상은 관찰 행위에 의해 다르게 나타난다"(the object of observation appears changed by the act of observation)(Selden, *Contemporary* 123)는 말은 설득력이 있다. 또 "텍스트의 의의는 텍스트 내에 숨겨진 의미에 있다기보다 오히려 그전에 우리 내부에 숨겨진 것을 드러내 준다는 사실에 있다"(The significance of the work, then, does not lie in the meaning sealed within the text, but in the fact that that meaning brings out what had previously been sealed within us)(157)는 볼프강 이저(Wolfgang Iser)의 말은 "역전이"의 경향을 시사한다. 따라서 "역전이"의 원리는 텍스트의 고정된 구도를 벗어나 자유로운 의미의 재생산을 시도하는 독자 중심의 경향과 부합되며, 이상의 논의를 다음과 같이 정리할 수 있다.

전　이 —— 텍스트 중심 ——— 객관적 관점 — 감정의 절제
역전이 —— 분석가/독자 중심 —— 주관적 관점 — 감정의 잉여

이제 텍스트에 나타나는 "전이"와 "역전이"의 현상에 대해 예이츠의 시작품에 대한 두 비평가의 분석 사례를 통하여 살펴 볼 수 있다. 우선 「라피스 래쥴리」의 마지막 스탠자에 대해서 루이스 언터메이어(Louis Untermeyer)는 눈앞의 대상을 소묘하는 화가와 같이 시적 현실을 객관화시킨다.

　　　　돌의 모든 빛 바램,
　　　　모든 우연한 틈과 자국은,
　　　　물줄기처럼, 눈사태처럼 보이거나,
　　　　여태 눈이 오는 높은 산 경사처럼 보인다.
　　　　분명히 살구나무와 벚나무 가지는
　　　　저 중국인들이 오르는
　　　　산허리의 오두막을 향기롭게 함에도,
　　　　그리고 나는 그들이 거기에 앉아 있다고 상상하니 기뻤다;
　　　　그곳, 그 산과 하늘에서,
　　　　그들은 모든 비극적인 장면을 내려다본다.
　　　　한 사람이 슬픈 곡조를 요청하면
　　　　익숙한 손가락들이 탄주(彈奏)한다.
　　　　많은 주름살 사이의 눈들은, 그들의 눈들,
　　　　이 늙어 빛나는 눈들은 즐겁다.

　　　　Every discoloration of the stone,

> Every accidental crack or dent,
> Seems a water-course or an avalanche,
> Or lofty slope where it still snows
> Though doubtless plum or cherry-branch
> Sweetens the little alf-way house
> Those Chinamen climb towards, and I
> Delight to imagine them seated there;
> There, on the mountain and the sky,
> On all the tragic scene they stare.
> One asks for mournful melodies;
> Accomplished fingers begin to play.
> Their eyes mid many wrinkles, their eyes,
> Their ancient, glittering eyes, are gay. (*CP* 339)

이 부분에 대해 언터메이어는 "중국인들," "산허리의 오두막," "비극적인 장면"과 같은 주요 기표들을 따라 독자에게 명증한 논리를 전개하는 텍스트 중심의 관점과, "돌"에 새겨진 갖가지 대상들에 근거하여 사유의 확대를 시도하는 현상학적인 관점을 취한다. 이는 이상에 잠식되는 현실에 대한 우려로 귀결된다.

> 마지막 스탠자는 키츠가 「희랍 항아리의 노래」에 나오는 그 작은 마을을 확장하듯이 네 번째 스탠자를 확장한다. 키츠와 같이 예이츠는 그의 장면 속으로 움직인다. 그는 그 대상의 존재와 부재를 제시한다. 네 번째 스탠자에 나오는 중국인들은 인공물들이다. 그들은 키츠의 마을 사람들과 같이 정적인 동작 속에 포섭되어 있다. 그러나 예이츠는 ― 앞 시대의 키츠처럼 ― 동결된 동작 속에서 그들을 보기에 만족하지 않고, 그는 그들의 목적지를 사색한다. 그러므로 다섯 번째 스탠자의 중간에 이르러, 중국인들은 그 돌 위 그들의 거처를 벗어나, 안전한 장소에 도달하여, 기어오르기를 멈추고, "산허리의 오두막"으로 들어가, 그들 아래 펼쳐진 "비극적 장면"에 대한 명상에 다시 몰두한다. 그 조각(彫刻)은 순수한 상상력 속에서 구축된 세계를 위해 포기된다.
>
> The final stanza expands the fourth in very much the same way Keats expands the little town in "Ode on a Grecian Urn." Like

Keats, Yeats moves into his scene. Not only does he present what is on the object he presents as well what isn't. For the Chinamen of the fourth stanza are art-products. They caught in static action, as Keats's villagers are caught. But Yeats — as Keats before him — is not content to see them in frozen motion, and he speculates about their destination. Thus by the middle of the fifth stanza, the Chinamen have gone beyond their place on the stone, have reached a resting place, have stopped climbing, have entered a "little halfway house," have seated themselves, and have settled back to contemplation of the "tragic scene" that is spread below them. The carving is abandoned for a world constructed in pure imagination. (이재호 306-07)

이렇듯 언터메이어는 텍스트의 객관성의 반영에 충실함으로써 비평적 "전이"를 실천한다. 이 "전이"의 관점은 대상의 본질에 보다 가까이 접근하기 위한 대상에 대한 객관적 인식의 가능성에 대한 고전적인 논의로 회귀될 수 있지만, 대상의 언어적 수용의 현실적 불가피성을 고려할 때 대상에 투기되는 인식의 정도나 밀도만이 이에 대한 대안이 될 듯하다. 이러한 점에 유의하여 이 스탠자를 다음과 같이 분석한다.

"청금석"에 새겨진 "중국인들"의 주변에 존재하는 "다리가 긴 새"(long-legged bird)는 "불로장생"(longevity)을 상징하는 학(鶴)일 것이며, 악기의 "탄주"는 세상의 시름을 달래 준다. 이는 도가(道家)적인 소요(逍遙)의 삶이다. 이는 개척의 원천이자 약탈의 대상이 아닌, 인간과 동반자로서의 자연을 의식하는 삶이다. 시인의 눈에 비친, 자연을 정복하려는 야심 가득한 서구인들의 절망은 자연을 벗삼아 유유자적하는 "중국인들"의 삶에서 새로운 대안을 발견한다. 그들의 생활 공간은 서구인들이 창조한 회색 도회의 공간이 아닌 "살구나무와 벚나무"와 "산허리의 오두막"이 공존하는 푸른 자연의 공간이다. 이는 자연에서 파생된 의미들에 대한 존중이 오히려 자연과의 단절을 의미함과 아울러 예술을 빌미로 재현된 기표의 허위와 숭배 속에 실상이 왜곡됨에 대한 반성이자 인위적으로 자연을 조성하고 정복하려는 서구인들의 충동적 작위에 대한 경고이다. 이 암울한 상황 속에서 서구인들의 "비극적인 장면"은 "최고조"(uttermost)에 이르며 이에 대한 시인의 동양적 비전은 명철한 인식이자 대안이다.

그러나 "전이"가 요구하는 대상의 객관성은 존중하더라도 대상은 독자의 의식을 통하여 재현되는 만큼 독자 반응에 충실한 "역전이"의 관점은 여전히 유효하다고 본다. 이에 대한 예로 예이츠의 「서커스 동물의 탈주」에 속한 세 번째 스탠자에 대한 제오프리 썰리(Geoffrey Thurley)의 분석을 참고한다.

III

완전하기 때문에 뽐내는 이들 이미지는
순수한 마음에서 자랐지만 그 근원은 어디인가?
쓰레기나 길가에 쌓인 잡동사니들,
낡은 주전자, 빈 병, 찌그러진 깡통,
고철, 마른 뼈, 누더기, 돈궤를 들고
떠드는 거리의 여자. 나의 사다리를 잃어버린 지금,
나는 모든 사다리가 시작하는 지점에 드러누워야 한다.
더러운 넝마와 뼈를 거래하는 마음의 상점에서.

Those masterful images because complete
Grew in pure mind, but out of what began?
A mound of refuse or the sweepings of a street,
Old kettles, old bottles, and a broken can,
Old iron, old bones, old rags, that raving slut
Who keeps the till. Now that my ladder's gone,
I must lie down where all the ladders start,
In the foul rag-and-bone shop of the heart. (*CP* 392)

썰리는 다음에 나오듯이 "사다리"를 어떤 경지를 의미한다고 말하고, 속된 "광대들과 꾸민 무대"와 같은 "지배적인 이미지들"을 창조한 시인의 "순수한 마음"을 의심하지 않는다.

그 사다리는 세월과 함께 사라진다, 새로운 명료한 시각의 습득 없이
도. 정신적 열망의 사다리는 정열의 혼란 속에서 시작되리라, 몸속 인

간의 토대와 그의 비밀스런 정서의 혼돈 속에서. 그것은 선혈의 격정과 진창 속에 근원한다. 그러나 이는 인간이 서서 기어오를 수 있는 힘이 있는 한, 사다리가 인간으로 하여금 도달케 할 수 있음에 대한 정당성을 부인하지 않는다. 설사 그의 초기 시의 이미지들과 형식들이 "광대들과 꾸민 무대"였음에도, 그들은 여전히 "저 지배적인 이미지들"로 남아있다: 그들은 "완전"하다 ― 혼란스런 마음과 몸과 달리 ―그들이 "순수한 마음속에 자라므로." 이 시는 분명하게 시인의 영역을 드러낸다: 그의 임무는 저 "지배적인 이미지들"과 함께 하지만, 마음의 "더러운 넝마와 뼈"와 함께는 아니다.

> The ladder has gone with age and debility, not through the accession of a new clear-sightedness. The ladders of spiritual aspiration may start in the mess of the heart, in the grounding of man in his body and his private emotional chaos. They have their origination in the fury and the mire of human blood. But this does not deny the validity of what the ladders enables man to reach while he has the strength to erect and climb them. Although the images and shows of his earlier poetry were "Players and painted stage," they still remain "those masterful images": they are "complete" - unlike the messy heart and body - because they "Grew in pure mind." The poem clearly marks out the poet's province: his traffic is with these "masterful images," not with the rag-and-bone shop of the heart. (216-17)

썰리의 감상은 그가 이 작품을 대했을 때 즉각적으로 환기되는 정서나 시인에 대한 우호적인 선입견에 의해 영향을 받았을지 모른다. 그러나 썰리가 이 작품에 나타나는 분석의 단서들인 주요 기표들의 흐름을 세세히 추적하지 않고 포괄적으로 시적 현실을 자기의 정서로 표방하는 것은 대상을 잠식하는 "역전이"의 낭만적인 실천이라고 본다.16) 이렇듯 "역전이"에 입각한 비평 방식은 과도한 정서의 노출이 문제가 된다. 이러한 점을 의식

---

16) 썰리가 이 작품을 "역전이"적으로 읽는다는 점에서, 실제의 스토리에 저자의 변형이 가해지는 러시아 형식주의 서사이론인 "슈제트"(sujet)와 연관된다. 이때 실제의 스토리는 "파뷸라"(fabula)이며, "슈제트"는 플롯으로 기능한다. 다시 말해, 이는 스토리와 스토리가 말해지는 방식이다.

하며 이 스탠자를 읽어보자.

현실에 부유하는 "이미지"가 근거하는 것은 주위에 널린 "낡은 주전자, 빈 병, 찌그러진 깡통"같은 "쓰레기"들이다. 이를 예술적으로 승화시키는 책임이 예술가에게 있다. 여기서 시인은 대상에 끊임없이 접근하지만 무위(無爲)에 그치는 시지프스(Sisyphus)적 운명을 띤 예술가의 현실을 암시한다. 이와 관련하여, 예술가가 결코 잡을 수 없는 대상을, 라캉은 플라톤의 『향연』(Symposium)에 나오는 영광, 장식, 봉헌, 동상을 뜻하는 "아갈마"(agalma)라는 용어를 패러디하여 "오브제 쁘띠 아"라고 부른다(Evans 124). 이것은 "반복 충동"이자 인생의 고해(苦海)를 극복하려는 강박증의 발로이다. 그러나 보다 심원한 이상의 "사다리"는 어디까지나 지상에 닿아 있다. 지금까지 시인의 마음은 예술의 근거가 세상을 의지함을 망각하며 살아왔다. "서커스단"의 광대나 동물들이 관중들을 유혹하기 위해 현란한 곡예와 연기를 하듯이, 대상에 대한 고도의 상념으로 세속을 비상하며 우쭐대는 시인의 일상 또한 이와 같다. 이제 이것이 무의미함을 시인은 절감한다. 묘기를 부리는 어린 "소년"이나 "동물"들은 시인이 창조한 형이상학적 구성물, 즉 "이미지"들이다. 시인의 음모로 인해 원래의 순수성을 떠나 자의로 유희하는 이들이 고정된 관념의 공간을 "탈주"하는 순간, 시인은 대상에 대한 과도한 편집증적 증상, 즉 "더러운 넝마와 뼈"를 거래하는 "마음의 상점"으로부터 해방된다. 이 "쓰레기들"이 부재하는 공간이 원래의 공간이며, "나는 모든 사다리가 시작하는 지점에 드러누워야 한다"에서 나타나듯이 이때 이 공간의 사물들에 뒤집어 씌워진 시인의 각가지 망상들이 사라지고 시인은 사물을 진정으로 대하게 된다.

이렇듯 "역전이"의 관점은 대상과 상당히 유리되는 점에 유의해야 하지만 원래 대상과 인식이 별개의 진리이므로 이 임의성의 효과 또한 인정하지 않을 수 없다. 따라서 "전이"의 경우, 독자의 주체성의 상실이, "역전이"의 경우, 텍스트의 주체성의 소멸이 여전히 제기된다. 그러므로 피분석자의 입장에 전적으로 사로잡히지 않고 또 분석자 자신의 입장에도 완전히 피분석자를 복종시키지 않는 분석가의 태도가 바람직하듯이, 텍스트에 함몰되지 않고 또 텍스트를 주관적으로 파괴하지 않는 독자가 바람직할 것이다. 물론 이 이상적인 독자는 스탠리 피쉬(Stanley E. Fish)의 말대로 언어학적 자질을 소유하고 문체론(stylistics)과 의미론(semantics)을 내면화한 독자일 것이다. 그러나 문제는 "전이"와 "역전이"가 주로 대화 속에서 진행되는 과정이고, 텍스트나 독자의 무의식이 결코 정의될 수 없는 잉여나 초과이므로 분석/독서의 행위로는 결코 메울 수 없는 틈이 항상 존재한다는 것이다.

이와 관련하여 라캉이 정신분석학적 분석의 모델로 제시한 에드가 알렌 포우(Edgar Allan Poe)의 『도난당한 편지』(*The Purloined Letter*)에서도 "전이"와 "역전이"의 사례를 살필 수 있다. 이 텍스트에 대한 기존의 분석들은 상황의 변화에 의한 등장 인물들의 자리바꿈 혹은 그 구도의 변화가 언술 속 주체들의 자리바꿈이므로 결국 기표의 "전위"에 대한 하나의 알레고리로 보는 집중적인 논의로 점철되고 있다(Jefferson 156-59). 우선, 이 텍스트에 등장하는 인물 가운데 뒤팽과 경찰국장은 분석가/독자로서 여왕은 피분석자/텍스트로 치환될 수 있다. 자신의 잃어버린 편지를 되찾으려는 여왕과 그 편지의 수색을 의뢰받은 뒤팽은 "전이" 관계를 형성한다. 뒤팽이 그 잃어버린 편지를 되찾는 일은 독자가 텍스트를 대면하여 그 진실을 추적하는 일과 같다. 결국 뒤팽은 자신의 뛰어난 통찰력을 발휘하여 편지를 되찾아 여왕의 갈등을 해소한다. 그리고 읽어버린 편지를 찾아 달라는 명령을 받은 경찰국장과 그 명령을 한 여왕은 "역전이"의 관계를 구성한다. 그것은 경찰국장이 편지의 은닉 장소에 대한 지나친 선입견이나 고정관념에 사로잡혀 편지를 찾지 못해 왕비의 갈등을 해소하지 못한다. 이때 대신은 텍스트의 진실로서의 잃어버린 편지를 은폐한 작가적 위치를 차지한다. 그러면 대신이 감춘 잃어버린 편지는 어디에 있었는가? 그것은 어디까지나 드러나 있으며, 드러난 진실에 대한 통찰과 맹목사이에서 분석가는 방황한다. 이 사례는 분석가/독자의 비평적 안목을 시험하는 중요한 모델이며, 드러난 텍스트의 진실을 보는 자와 보지 못하는 자와의 차이는 결국 마이클 리파테르(Michael Riffaterre)의 관점인 "문학적 자질"

(literary competence)과 결부될 수밖에 없을 것이다. 이 점에 대한 예이츠의 고뇌가 「도로시 웰즈리에게」에서 나타난다.

> 무엇이 계단을 오르는가?
> 그대가 나의 희망에 부응한다면, 평범한 여자들이
> 마음에 그리는 것도, 만족감도
> 충족된 양심이 아니라, 옛날 유명한 작가들이
> 잘못 전하는 그 위대한 가족들,
> 그 당당한 복수의 여신들이 손에 횃불을 높이 들고 옵니다.

> What climbs the stair?
> Nothing that common women ponder on
> If you are worth my hope! Neither Content
> Nor satisfied Conscience, but that great family
> Some ancient famous authors misrepresent,
> The Proud Furies each with her torch on high. (CP 349-50)

"계단"은 사물에 대한 고도의 인식을 의미하며, 시적 화자는 범인의 소박한 인식을 대변하는 "평범한 여자"의 사고 대신, "나의 기대"에 부응하는 "그대," 즉 고도의 혜안을 지닌 현인을 소망하지만 이 기대의 실현은 불가능하다. 현재 활개치는 식자(識者)들의 "충족된 양심"과 "만족감"에 불만을 느끼며, "옛날 유명한 작가들"이 "오해"했던 "위대한 가족들"의 서사에 저항하여, 이 "오해"를 밝히려 "횃불"을 든 "복수의 여신들"이 다가온다. 이들은 기성의 왜곡된 의미들을 혁신하는 통찰력을 지닌 사도들이다. 따라서 시인은 물상에 대한 갖가지 언어적 논의로 야기된 분쟁과 갈등을 환기시켜 시대의 갈림길에서 사물과 현상에 대한 인식의 전환을 강조하고 이를 실천할 선지자의 등장을 소망한다.

라캉은 분석가를 피분석자의 무의식을 반영한다는 점에서 "대타자"로 보며, 분석가는 "전이"를 통해 피분석자의 무의식적 언어를 발견한다고 생각한다. 그는 피분석자의 무의식적 동기, 즉 욕망의 이행 과정을 파악하기 위해 세 가지 범주를 설정한다. 제 1의 범주인 "욕망"은 계속적인 진행과정에서 결코 만족되지 않는다는 점에서 제2의 범주인 "요구," 즉 타자에 대한 언술의 표명과 구분되며, 제3의 범주인 "욕구"가 분석의 주제로 어색한 이유는 그것이 일종의 생물적인 욕구에 해당되기 때문이다(Lacan, *Function* 185-86). 피분석자는 "욕망"의 현상화된 차원인 "요구"의 충족을 위해 분석가의 참여를 유도한다. 이때 분석가는 피분석자의 무의식을 유도하여 그 진술의 틈/잉여에 주목함으로써 논리학자의 역할이 아닌 스스로 촉매로서의 역할을 수행하여야 한다. 그러므로 외적 "대타자"인 분석가를 통해 드러난 피분석자의 내적 "대타자"인 무의식은 고립된 상태에서 벗어나 분석가의 참여에 의한 변증법적인 갱신의 과정을 거친다. 이때 분석가는 피분석자를 특정한 타자의 전체주의적 지배에서 해방시키기보다 타자가 피분석자에게 바라는 것을 피분석자 또한 바라고 있다는 사실을 밝힘으로써 피분석자로 하여금 상대적 자유를 획득하게 한다. 다시 말해, 분석가의 중요한 임무는 피분석자의 결핍을 드러나게 함으로써 그로 하여금 한 대상에 고정된 시각을 버리고 다시 욕망할 수 있는 공간으로 나아가도록 유도하는 것이다. 결국 분석가는 피분석자의 무의식에 타자의 욕망을 되돌려준다. 이와 마찬가지로, 장-폴 사르트르(Jean-Paul Sartre)가 『상황』(*Situations*)에 수록된 자신의 문학론에서 표명하듯이 텍스트의 무의식은 독자의 의식 속에 부활되므로 이때 독자는 텍스트의 특정한 의미에 대한 집착을 중단함으로써 텍스트는 상대적 자유를 획득하게 되고 또 다른 독자를 욕망하게 된다.

그러나 분석가는 분석 작업을 방해하는 "저항"(resistance)[17]에 직면한다. 이 "저항"은 피분석자로부터 일어날 수도 있고 분석가가 유발할 수도 있다. 이는 분석 과정에서 분석가에 의한 "역전이"의 부작용을 의미한다. 분석가의 암시가 피분석자의 욕망과 대립될 때 분석가는 피분석자의 권리인 "저항"을 존중하여야 한다. 이렇듯 분석가가 피분석자로부터 무의식의 언어를 발굴하는 과정에서 피분석자가 진실을 말할 때 분석가는 그 의미

---

17) "저항"은 피분석자의 "억압"된 기억이 의식화되는 것을 방해하거나 분석의 진행을 방해하는 모든종류의 장애를 의미한다(Evans 331-32).

의 결절의 순간을 기다려야한다. 분석가가 고심하는 주제는 주로 피분석자의 무의식에 내재된 욕망을 대변하는 것이므로, 분석가는 피분석자의 고정된 언어를 해방시키기 위해서 피분석자의 언술 가운데 욕망의 언어를 적시에 포착하여 피분석자에게 제시하여야 한다.

그것은 피분석자가 자신도 모르게 일종의 기호인 증상의 상징화 과정에서 자신의 욕망을 드러내기 때문이다. 이 점이 정신분석학적 실천의 핵심이며, 이는 대개 단 시간의 분석과 분석가의 절제를 요구한다. 이 전략은 분석가를 주체의 이상적인 모델과 동일시하며, 피분석자의 독립적 객관성을 분석가의 동일시의 시각을 통하여 피분석자의 사실성으로 전환하려는 분석가의 합리적 구성을 제지하기 위한 것이다. 이는 "전이"에 대한 부정적인 견해를 밝힌 것이며, 분석가와 피분석자 사이의 이 상상적인 관계를 전복시켜야 하는 이유는 이런 관계가 "빈 말"(empty speech)을 구성하여 상상적인 관점에서 일관된 자아의 환상을 지탱하기 때문이다.[18] 그리고 예측할 수 없는 순간에 분석을 종결함으로써 이미 소외된 주체의 환상을 일관되게 유지하려는 주체의 기도를 좌절시킨다. 이 때 "빈말"과 반대되는 "찬 말"(full speech)이 드러나며, 주체를 또 다른 타자, 즉 무의식의 "대타자"에게 향하게 하는 사실상의 변형이 가능하다.

이러한 점에서 분석시간의 단축은 분석가의 작위적 구성과 이를 유도하려는 피분석자의 환상의 지속적인 반영을 중단하게 한다. 이는 대상에 대한 즉각적인 인식을 중시하는 돈오(頓悟)의 관점과 유사하며 시간의 경과로 초래되는 대상의 실재적 인식의 소멸이나 인식의 확대를 방지할 수 있다. 따라서 분석가는 설사 피분석자가 원하더라도 그의 "이상적 자아"(ideal ego)나 상상적 타자로서의 역할을 중단하여야 한다. 피분석자의 그 기대에 저항하는 것은 사실상 전능을 원하는 주체의 욕망에서 파생되는 "이상적 자아"에 대한 비판적 인식이다. 문학적인 관점에서, 이는 텍스트

---

18) 여기서 "빈말"은 주체인 분석자가 자신의 욕망과 일체화가 될 수 없는 누군가인 피분석자에 대해 헛되이 말하는 것이다(Lacan, *Function* 15).

에 대한 종래의 비평 방식에 대한 하나의 비판이자 대안이 될 수 있으며, 텍스트와 독자와의 관계에서 어느 한쪽에 치중하여 일체화 내지 "동일시" 된 결과 각각의 실체가 왜곡되는 점에 대한 우려의 표명이다. 여기서 어떤 텍스트에 대한 주체의 안목이 주관적이니 객관적이니 하는 지루한 논의는 사라진다. 왜냐하면 텍스트나 비평가가 상호 주관적이므로 각각이 서로의 존재 이유가 되기 때문이다.

    라캉에게 옹호되는 또 다른 분석 기법은 분석가가 피분석자에게 전적으로 몰입되는 나르시시즘적 "전이"를 피하라는 것이다. 그것은 나르시시즘이 공격성(aggressivity)을 수반하기 때문이다(*Ecrits* 16). 따라서 분석가가 피분석자와 "동일시"된다면 분석가는 피분석자의 공격성에 의한 가학적 대상이 될 수도 있을 것이다. 이러한 점을 의식한 듯 라캉은 브리지 게임(bridge game)에서 사용되는 "더미"(dummy)기법을 이용하며, 이는 분석가의 중립성이나 매체성이 중시된다(Lemaire 217). 말하자면 분석가는 스스로에게 물음을 던지며 내면에 침잠하는 선사(禪師)처럼, 피분석자가 스스로에게 부가한 것에 대해 표명할 때까지 기다려야 한다. 다시 말해 분석가는 피분석자의 이드인 "대타자"가 말할 때까지 기다려야 하는데, 그것은 분석가가 자신의 상상계적 발상으로 피분석자와 접촉하는 것을 피하여야만 분석가의 주관적 상황에 피분석자가 포섭되지 않고 피분석자가 자신의 상징계를 재구성하기 때문이다. 이렇듯 정신분석학적 이해 관계자들의 관계는 라캉의 관점에서 볼 때 비-권위주의와 비-종속화가 명백하다. 따라서 분석가가 추구하는 피분석자의 진실은 자신의 무지 속에 나타나고, 분석 과정은 분석가 스스로의 인식에 의해 방해를 받을 수 있다.

4.4 [벤 벌벤 아래에서]("Under Ben Bullben")의 조망 : "오브제 쁘띠 아"의 추구

    이제 앞에서 논의한 라캉의 다양한 관점들을 예이츠가 운명하기 직전인 1938년 1월부터 1939년 1월 사이에 쓴 『마지막 시편』(Jeffares 335)에 속한 마지막 작품인 「벤 벌벤 아래에서」에 적용시켜 본다. 이 작품의 전체적인 의미는 앞에서 소개한, 욕망의 불급(不及), 즉 인간에게 언제나 그 욕망의 실현이 유보되거나 잉여되는 "오브제 쁘띠 아"의 작용에 관한 것이다.

I

맹서하라, 성자들이
마레오티스의 호반에서,
아틀라스의 마녀들이 알았고,
말했으며 수탉을 울게 한 것을 말한 것을 두고.

맹서하라, 저 기수들, 저 여자들을 두고,
안색과 몸매가 초인을 증거한다,
그들의 정열로 완성한
불사의 몸으로 하늘을 나는
저 창백하고 긴 얼굴의 무리들.
지금 그들은 겨울 새벽에
벤 벌벤의 자락을 달린다.
이것이 그들이 의미하는 요점이다.

Swear by what the sages spoke
Round the Mareotic Lake
That the witch of Atlas knew,
Spoke and set the cocks a-crow.

Swear by those horsemen, by those women
Complexion and form prove superhuman,
That pale, long-visaged company
That air in immortality
Completeness of their passions won;
Now they ride the wintry dawn
Where Ben Bullben sets the scene. (*CP* 397)

첫 스탠자에 대해서 로버트 스누칼(Robert Snukal)은 인간의 마음에 의해 조성된 현실 이상의 현실이 없으므로 초월적인 세상은 사실 인간의 마음속에 있다고 조망하며, 현세에 대한 초월적 인식을 부조리하다고 본다(109). 이는 존재에서 파생된 의미들은 부유하다 그 존재의 소멸로 사라짐을 의미한다. 『비전』(A Vision)의 신묘한 의미를 인류에게 제시한 시인도 죽음과 재생의 신 오시리스(Osiris)의 사원을 환기시키는 "마레오티스의 호반"을 경유할 수밖에 없을 것이다. 이곳에 은거하는 "성자들"의 예지는 시인이 의지하는 초월적인 계명이다. 이때 "수탉"의 고고한 "울음"은 시인에게 다가올 새로운 시대의 지평과 함께 시인의 임종을 시사한다. "말 탄 자들"은 기사의 명예를, 트로이의 비극을 잉태한 "여인들"은 쟁취할 대상을 의미한다. 이 두 가지에 목숨을 거는 것은 아더 왕의 시대이래 지속된 아일랜드의 전통이다. 그것은 "창백하고 긴 얼굴의" 유전적 형질을 이어받은 시인에게도 계승된다. 기사도에 투철한 사명감은 사후 불멸의 명예를 획득하는 켈트족의 영웅적 이상(heroic ideal)이다. 그러나 이들은 영원히 똑같은 행위를 반복하는 시지푸스나 탄탈로스(Tantalus)의 운명을 공유한다. 이것이 리비도의 기능이며 우리는 이 폐쇄회로 속에서 "반복 충동"을 거듭한다. 그러므로 우리는 대상의 근원에 이르지 못하고 항상 그 주위를 맴돌 뿐이다. 이에 대한 예로, 라캉은 아킬레스가 헥토르를 잡을 수 없는 이유는 전자가 후자보다 빠르며, 후자는 전자보다 빠르거나 느리기 때문이라고 말한다(Žižek 4). 이제 임무를 완수한 기사들이 "겨울 새벽"에 "벤 벌벤"을 뒤로하고 고향으로 바삐 말달리듯, 사명을 다한 시인은 그 동산 아래 조상의 터에서 휴식하려한다. 이는 추구한 대상에 대한 개별 인식의 잠정적 절충을 모색하려는 시도, 즉 무수한 기표가 이상적 실재를 향해 접근하다 어느 순간에 고정되는 "소파의 고정점"에 도달한 상황이다.

II

    인간은 삶과 죽음을 무수히 반복한다
  두 영원 사이에서,
    민족의 영원과 영혼의 영원.

고대 아일랜드는 그것을 모두 알고 있었다.
인간이 자다 죽건,
소총에 맞아 죽건,
다정한 이들과의 짧은 이별,
그것을 인간이 가장 두려워한다.
장례 인부들이 얼마나 애쓰건,
그들의 삽이 얼마나 날카롭고, 그들의 근육이 얼마나 강하건,
그들은 단지 매장한 이를 인간의 마음속에 다시 밀어 넣는다.

Many times man lives and dies
Between his two eternities,
That of race and that of soul.
And ancient Ireland knew it all.
Whether man die in his bed
Or the rifle knocks him dead,
A brief parting from those dear
Is the worst man has to fear.
Though grave-diggers'toil is long,
Sharp their spades, their muscles strong,
They but thrust their buried men
Back in the human mind again. (*CP* 398)

두 번째 스탠자의 전체적인 전망에 대해서 클리언스 브룩스(Cleanth Brooks)는 인간이 창조한 죽음과 그것의 극복에 관한 것이라고 본다(63). 여기서 우리는 삶과 죽음의 단속적인 교차인 "영원"에 대한 시인의 관점을 발견한다. 그것은 "민족의 영원과 영혼의 영원"이다. 전자는 찰라의 운명을 지닌 개체의 지속적인 희생을 통해 가능하며, 후자는 종교적 혹은 비교(秘敎)적인 관점에 수렴된다. 전자는 "소총"에 의한 이념적인 죽음을, 후자는 유기체의 자연스런 종말을 의미한다. 이처럼 분절되는 죽음의 양상은 인간으로 하여금 삶의 모델에 대한 선택을 강요한다. "다정한 이들과의 짧은 이별"은 "최악의 일"로서, 영웅의 육신은 땅에 매장되고, "그들은 단지 매장한 이를 인간의 마음속에 다시 밀어 넣는다"에서 나타나듯이 시인의 이상은 공동체의 의식 속에 잔존한다. 이것이 영웅의 이상, 즉 타자의 욕

망을 욕망하는 시인을 포함한 우리의 이상이자 이차적인 생의 목표가 된다. 결국 영웅의 실존적 죽음은 만인의 기억 속에 간혹 반추되는 거룩한 상징이나 의미로 자리한다. 이러한 점에서 라캉은 다음에 나오듯이 대상의 죽음에 대한 언어학적 접근을 시도한다.

> 그러므로 상징은 우선 스스로를 사물의 살해로 명시하며, 이 죽음은 주체안에서 그의 욕망의 영원화를 구성한다. 우리가 흔적의 자취 속에서 인간성을 인식하는 첫 번째 상징은 무덤이며, 죽음의 매개는 사람이 그의 역사인 삶에서 접하는 모든 관계 속에서 인식될 수 있다
>
> Thus the symbol manifests itself first of all as the murder of the thing, and this death constitutes in the subject the eternalization of his desire. The first symbol in which we recognize humanity in its vestigial traces is the sepulture, and the intermediary of death can be recognized in every relation in which man comes to the life of his history. (*Écrits* 104)

그가 보기에 "상징"은 "사물의 살해"이므로 "죽음"은 곧 "상징"이라는 것이다. 이렇듯 라캉은 죽음의 의미를 일상화된 상징에 의한 사물의 대체 혹은 상징에 의한 사물의 실존적 의미의 소멸에 불과하다고 본다. 그러나 "영원"을 지향하고 "다정한 이들과의 짧은 이별"을 의미하는 죽음은 재생에 대한 시인의 신념이다. 이는 실재가 의미가 되고 의미가 실재가 되는 존재의 순환을 암시하는 "보로메오 매듭"(Borromean knot)[19])에 포섭된 인간적 상황을 의미한다.

Ⅲ

미첼의 기도를 들은 자는 안다,
"오 주여, 우리 시대에 전쟁을 보내주소서!"

---

19) 이것은 라캉이 보로메오 가문(Borromeo family)의 문장을 이용하여 상상계/상징계/실재계를 세 개의 원 속에 각각 수용하여 서로 연결되게 사슬을 만든 것이다. 그러므로 매듭의 하나가 끊어지면 세 매듭이 모두 분리된다는 점에서 이 세 가지 질서들의 긴밀한 상호 의존성을 함의한다(Evans 18-19).

모든 말이 끝나고
한 인간이 미치게 싸울 때,
오래 먼 눈에서 무엇인가 떨어져,
부족한 마음이 완전해 지며,
한순간 마음이 편안해지고,
마음은 평화로와 크게 웃는다.
현자도 어떤 맹렬한 것에
긴장하게 되면 비로소
자기 운명을 실행하고,
자기 일을 알거나 자기 짝을 택하게 된다.

You that Mitchel's player have heard,
'Send war in our time, O Lord!'
Know that when all words are said
And a man is fighting mad,
Something drops from eyes long blind,
He completes his partial mind,
For an instant stands at ease,
Laughs aloud, his heart at peace.
Even the wisest man grows tense
With some sort of violence
Before he can accomplish fate,
Know his work or choose his mate. (*CP* 398-99)

세 번째 스탠자에 대해서 블룸은 폭력 그 자체는 긍정적인 선이며, 참으로 인간에게 필요한 것이어서 인간이 "미치게 싸울 때" 인간은 자신의 부족한 마음을 채우고 맹목이 걷히며 마음이 편안해진다고 본다(467). 이와 같이 인격의 완성을 추구하는 시인은 "오, 주여! 우리 시대에 전쟁을 주소서"에서 나타나듯이 세상에서의 우리의 존재이유에 대해 탐문한다. 그것은 정신적/육체적 차원의 "전쟁"이며 자기와의 전쟁, 타자와의 전쟁, 집단간의 전쟁으로 나눌 수 있다. 그것의 동기는 대개 이상적인 대상에 대한 예술적 추구나 물질적인 대상에 대한 세속적 추구에서 비롯되는 갈등에 연유한다. 시인이 보기에 우리가 이상적인 대상을 욕망할 때 "오래 먼 눈" 과 "부족한 마음"에서 암시하는 대상에 대한 맹목과 불급은 "모든 말이 끝나고 한 인간이 미치게 싸울 때" 해소된다고 본다. 그러나 대상에 대한 욕망의 실현은 이차적인 것이며 은유적이다. 그것은 라캉적 관점에서 "오브제 쁘띠 아"로 규정되는 대상의 신비한 정체성, 즉 "대상 작은 에이는 철학적 반성이 스스로를 위치시키기 위한, 말하자면 그 무효성을 확인하기 위하여 결여하고 있는 것"(the object small *a* is what philosophical reflection lacks in order to be able to locate itself, ie., to ascertain its nullity)(Žižek 6)이기 때문이다. 다시 말해 대상의 자리에 철학이 들어서며, 실재계의 구성요소로서의 대상이 상징적 질서 속에서 고립된다는 것이다. 따라서 대상에 대한 철학적인 검토인 "모든 말"은 무효이며, 대상의 추구과정인 "미치게 싸울 때" 성취되는 것은 "한 순간 마음이 편안해지는"과정에 불과하다. 이에 대한 비유로 앞에 소개한 추격자와 도망자의 관계를 설정하는 제논의 패러독스의 하나인 아킬레스와 헥토르의 사례를 상기할 수 있다. 따라서 대상에 대한 시인의 예술적 성취는 부분적이고 자족적인 것이며, 자아의 변증법적 생성과정의 결과인 내부의 분열에 그친다. 그것은 과거의 자아를 의미하는 "이상적 자아"의 회복과 미래의 자아를 의미하는 "자아 이상"의 획득을 목표한다.

그 "자아 이상"의 추구 과정에서 경험하는 "가장 현명한 자도 어떤 강렬한 것에 긴장하게 되면"이라는 부분에서 목표 대상의 욕망에서 비롯되는 실존적 긴장이 드러난다. 이는 그 성과는 불만스럽지만 부동(immobility)의 대상에 대해 끝없이 접근하고 배회하는 시인의 숙명과 시인을 늘 자극하고 유혹하는 대상의 속성에 관한 것이다. 이것이 우리가 존재하는 이유이며, 만약 그렇지 않다면 우리는 살아 있으나 실은 죽은 목숨이나 다름없다. 다시 말해 부동의 대상에 대한 우리 마음의 끝없는 유동(mobility)이 삶의 동기가 되는 것이다. 이러한 점에서 라캉은 활동하지 않고 기다리는 상태에서 삶을 영위하거나 관습, 제의, 습관에 의해 삶이 고정된 자는 "살아 있는 시체"(living corpse)로 본다(Leader 68). 따라서 "비로소 그가 자기 운명을 실행하고, 자기 일을 알거나 자기 짝을 택하게 된다"는 것은 사회 속에 설정된 시적 화자의 위치에 맞추어 타자와의 관계 속에서 욕망이 구성되어야 한다는 점을 시사하는 것으로 본다. 이것은 타자의 욕망을 욕망하고 또 타자의 인정을 받기 위해 각인에게 부여된 특정한 목표에 대한 사명의 완수와 같은 것이다. 이처럼 세상을 지배하려는 특정인의 위대한 원리나 주의(主義)는 시인이 보기에 특별한 것이 아닌 단지 타자를 의식하는 개별 인식에 불과하므로, 시인은 자기의 예술적 업적이나 행위에 대해 일단의 회의를 드러낸다.

IV

시인이여, 조각가여, 자기 일을 하라,
당대 풍의 화가라도
그의 위대한 조상들이 성취한 것을 피하지 말라.
인간의 영혼을 신의 경지에 이르게 하여
그에게 요람을 올바르게 채우게 하라.
계측에서 우리의 힘은 시작된다.
엄격한 이집트인이 생각한 형상들,
한층 부드러운 피디아스가 만들어낸 형상들.
미켈란젤로는 시스틴 성당의 천장 위에
한 증거를 남겼다,
거기서 갓 깨어난 아담은
세상을 주유하는 마담의
창자가 뜨거워질 때까지 뒤흔들어 놓는다.
그것은 한 목적이 세워져 있다는 증거
비밀스레 일하는 정신 앞에:
인류의 세속적인 완성.
콰트로센토는
신이나 성자를 배경으로
영혼이 안식하는 정원을 그렸다;
이 정원에선 눈에 보이는 것 모두를,
꽃이나 풀이나 구름 없는 하늘이,
존재하거나 존재하는 듯한 형상들과 유사하다
우리가 잠에서 깨어서도 여전히
꿈꾸는 듯 할 때와

그 꿈이 사라지고
거기에 침대와 침대 틀만이 있는데도
천국 문이 열렸다고 언명할 때에

    가이어는 계속 돈다;
그 위대한 꿈이 사라졌을 때
캘버트와 윌슨, 블레이크와 클로드가,
하나님의 백성들을 위하여 휴식을 마련했다.
이는 파머의 말, 그러나 그 후
우리의 사고에 혼란이 닥쳤다.

Poet and sculptor, do the work,
Nor let the modish painter shirk
What his great forefathers did,
Bring the soul of man to God,
Make him fill the cradles right.

Measurement began our might:
Forms a stark Egyptian thought,
Forms that gentler Phidias wrought.
Micael Angelo left a proof
On the Sistine Chapter roof,
Where but half-awakened Adam
Can disturb globe-trotting Madam
Till her bowels are in heat,
Proof that there's a purpose set
Before the secret working mind:
Profane perfection of mankind.
Quattroceto put in paint
On backgrounds for God or Saint
Gardens where soul's at ease;
Where everything that meets the eye,
Flowers and grass and cloudless sky,
Resemble forms that are or seem
When sleepers wake and yet still dream,
And when it's vanished still declare,
With only bed and bedstead there,
That heavens had opened.

> Gyres run on;
> When that greater dream had gone
> Calvert and Wilson, Blake and Claude,
> Prepared a rest for the people of God.
> Palmer's phrase, but after that
> Confusion fell upon our thought. (*CP* 399-400)

예술가가 나아가야 할 방향과 상실된 과거의 예술에 대한 시인의 동경이 이 스탠자에 나타난다(Rosenthal 345). 그것은 "당대 풍의 화가라도 그의 위대한 조상들이 성취한 것을 피하지 말라"에서 나타나듯이, 전통의 수용, 즉 "브리콜라주"의 전통이 존중되어야 하며, "인간의 영혼을 신의 경지에 이르게 하여"에서 나타나듯이 신념과 이성을 초월하는 완전한 인식을 지향하는 그노시스주의(gnosticism)적인 입장이 강조되고, "그에게 요람을 올바로 채우게 하라"에서 나타나듯이 인식에 대한 근본적인 전환을 시인이 요구하기 때문이다.

이러한 점에서 "엄격한 이집트 인"이나 그리스의 조각가 "피디아스"가 중시한 원근법에 기초하여 구조의 균형적 안배에 충실한 "계측"은 모범적인 예술, 즉 정전의 관건이 된다. 그 심미적인 수준에 대해 시인은 "세상을 주유(周遊)하는 마담"이 "미켈란젤로"의 "시스틴 성당의 천장 위의 증거"인「아담의 창조」("The Creation of Adam")에 묘사된 "갓 깨어난 아담"을 보고 "마담의 창자가 뜨거워질 정도"가 되어야 한다고 말한다. 이는 재현된 대상에 대한 시인의 시각이며 단순한 평면적인 시각을 반영하는 미메시스적인 차원을 초월한다. 라캉적 관점에서, "마담"이 "창자"가 뜨거워지는 감동을 느끼는 것이 단순히 그 그림 속의 "아담"을 보았기 때문이 아니라, "마담"이 그림 속의 "아담"에게 보여지는, 즉 시각의 교차에 의한 주체의 분열이 일어난 탓이기 때문이다. 이렇듯 라캉은 주체와 대상의 상호주관주의적인 관점을 "응시"(gaze)와 "시선"(eye)으로 구분하여(*Fundamental* 72-73), 전자에 해당하는 데카르트적 시각을 해체한다. 이때 "아담"은 공허한 표면 위에 그려진 상징에 불과하지만 "물 자체"의 단서를 제공하는 실재계의 끄나풀이자 구멍이며, "마담"의 마음을 움직이는 "물 자체"의 지연으로서 주체의 완전한 욕망을 유보케 하는 잉여의 동인인 "오브제 쁘띠 아"가 된다.

이렇듯 "마담"의 마음을 움직일 정도로 생생히 재현된 "아담"은 예술가의 "비밀스레 일하는 정신"의 "하나의 목적"이라고 본다. 예술 작품에 대한 대중의 감동은 예술가와 대중의 심정적인 동일시에서 비롯되며, 이러한 정서가 공동체에 두루 확산될 때 정전이 탄생된다. 이는 "인류의 세속적인 완성"[20]이며, 예술을 통한 대중의 교화나 계몽을 위한 전체주의적인 기획에 조력한다. 그런데 "세속적인"이라는 말은 예술적 삶에 대한 시인의 부정적인 입장을 시사한다. 그것은 시인이 세상이라는 상징계 속의 현실에서 탈출하려다 좌절되는 예술적 이상을 암시하기 때문이다. 그러나 예술의 "세속적인 완성"은 세상의 고통을 희석시키는 효과를 발휘한다.

시인은 르네상스의 인본주의적인 경향을 반영하는 이탈리아의 15세기, 즉 "콰트로센토"는 내세를 기약하는 성서적인 환상의 확산에 기여했다고 본다. 그것은 "신이나 성자를 배경으로 영혼이 안식하는 정원"의 환상이 보이고 그것을 "우리가 잠에서 깨어서도 여전히 꿈꾸는 듯 할 때" 사람들은 "천국 문이 열렸다"고 말하기 때문이다. 그러나 이 환상에서 벗어나게 하는 것이 주체를 현실에 고정시키는 "그곳에 침대와 침구만이 남은" 주위의 상황이며, 이것이 환상이 기대는 혹은 현실을 환기시키는 "정박 지점"이다. 따라서 시인은 현실을 벗어난 환상이 있을 수 없다고 본다.

라캉적 관점에서, 현실과 유리되지만 사람들에게 "천국"의 신념을 부여한 15세기의 예술적 이상의 동인인 "환상은 대개 주체의 욕망을 실현시키는 시나리오로 볼 수 있다[....] 환상이 상연하는 것은 우리의 욕망이 성취되고 완전히 충족되는 장면이 아니라, 오히려 그러한 것으로서의 욕망을 실현시키고 무대화하는 장면"(Fantasy is usually conceived as a scenero

---

[20] 이와 관련하여 언터레커는 화가와 조각가들이 피타고라스와 그의 수 공식으로 시작하여 이집트와 그리스의 조각을 통하여 추적될 수 있는 노선에 남아있어야 하며, 예이츠가 보기에, 이 노선을 통하여야 "미켈란젤로"가 추구한 "인류의 세속적 완성"과 "콰트로센토"의 비전인 천국적 완성에 도달한다고 본다(295).

that realizes the subject's desire[....] what the fantasy stages is not a scene in which our desire is fulfilled, fully satisfied, but on the contrary, a scene that realizes, stages, the desire as such)(Žižek 6)이므로, "존재하거나 존재하는 듯한 형상들"의 포착에 주력하는 "블레이크"의 미적 전통을 추종하는 화가들인 "칼버트, 윌슨, 클로드, 파머"의 사실주의적 전략은 "신의 백성들"에게 "휴식"을 주지만, 오히려 시인은 욕망의 결핍으로서의 환상이 머무는 참담한 현실에 주목한다. 그러므로 교묘한 사실주의적인 인식을 통해 지상의 고통을 잠재우는 "하나님의 백성들"을 위한 "그 위대한 꿈"의 환상은 "가이어"의 "선회"로 인해 "그러나 그 후 우리들의 사고에 혼란이 닥쳤다"에서 보듯이 시대 조류의 변화가 불가피한 지금의 시점에서 반성되어야 한다고 시인은 본다.

V

아일랜드 시인들이여, 그대들의 직분을 배워라,
잘된 것은 무엇이나 노래하고,
요즈음 자라고 있는
발끝부터 머리끝까지 엉성한 것들을 경멸하라,
기억을 상실한 그들의 마음과 머리는
싸구려 침대에서 잉태된 비천한 존재들.
농민을 노래하라, 그리고 나서
열심히 승마를 익히는 시골 신사들을,
사제들의 신성함을, 그 후엔
값싼 술 마시는 자들의 호탕한 웃음소리를;
칠 백년의 영웅시대를
진흙 속에 묻힌
쾌활한 귀족과 귀부인들을.
지난날을 생각하라, 그러면
다가오는 날에 우리는
굴하지 않는 아일랜드 민족이 될 수 있으리라.

Irish poets, learn your trade,

> Sing whatever is well made,
> Scorn the sort now growing up
> All out of shape from toe to top,
> Their unremembering hearts and heads
> Base-born products of base beds.
> Sing the peasantry, and then
> Hard-riding country gentlemen,
> The holiness of monks, and after
> Porter-drinkers' randy laughter;
> Sing the lords and ladies gay
> That were beaten into the clay
> Through seven heroic centuries;
> Cast your mind on other days
> That we in coming days may be
> Still the indomitable Irishry. (*CP* 400)

전통과 유행에 관한 인식과 타자들의 인생에 대한 시인의 인식은 가치 중립적이다. "잘된 것은 무엇이나" 시대적인 검증을 받아 역사성을 향유하는 문화적 전통으로, "요즘 자라는 것"은 당대에 풍미하는 문화적 경향으로 볼 때, 시인은 전자를 존중하고 후자를 "경멸"한다. 그것은 전자는 영구히 "노래"되어야 하지만 후자는 찬란한 전통의 "기억을 상실하고," "싸구려 침대에서 잉태된 비천한 존재"이기 때문이다. 이렇듯 근본이 중시되므로 시인은 고금의 문화 전통인 "아버지의 법"이 계승되어야 한다고 보지만, "가이어"가 선회하는 새시대의 전환기에서 점차 이에 저항하는 다가올 시대의 조류를 예감하는 듯하다.

또 시인은 각 계층의 타자들을 열거하며 그들 각자의 인생을 긍정한다. 이들은 대지의 이치를 따르는 "농민," 사교 양식의 하나인 "승마를 익히는 시골 신사," 하나님의 사명에 충실한 "사제들," 생활이 궁핍한 "값싼 술 마시는 자," 권력의 성쇠에 따라 운명이 결정되는 "귀족과 귀부인"이다. 그들은 상호 주관적인 관점에서 주어진 삶에 충실하여 각자의 사회 속 역할이나 소명을 완수하여야 한다. 따라서 그들은 장기 놀이(chess)에서 각자 주어진 궤도를 순회하는 말(pieces)과 같은 존재들이며, 각자의 현실에 적합한 상징을 받들고 가는 "빗금친 주체"들이다. 따라서 이들의 각기 다른 숙명을 인정하는 시인의 의식은 분열적이라고 볼 수 있다. 이러한 점에서 시인도 타인들의 노선과는 상관없이 시인이라는 사회적 퍼소나의 본분인 뮤즈를 추종하는 놀이에 몰두하면 그만이다.

일반적으로 시인이 범할 수 있는 우(愚)는 타자들의 일상에 대해 지나치게 "전지적 시각"으로 접근하며, 의식적으로 자신을 타인의 "대타자"로 보아 타자들의 삶을 재단하려 든다는 것이다.21) 그러나 시인은 위에서 주위 각 계층의 군상들에 대해 객관적이고 평등한 입장을 보여주며, "불굴의 아일랜드 인"에서 암시되는 고국의 억압적 상황 속에서 "지나간 나날"에 대한 반성과 또 "다가 올 나날"에 대한 기대 속에서 실재계로의 환원을 예감한다.

     VI

  벌거벗은 빌벤의 봉우리 아래
  드럼크리프 교회 묘지에 예이츠가 누워 있다
  그 옛날 한 조상은
  이 지방의 목사였고, 근처엔 교회가,
  길가엔 오래된 십자가가 서있다.

  대리석도, 관습적인 비문도 필요 없다.
  이 근처에서 주어온 석회암 위에
  유언으로 다음 구절을 새겨 놓는다.

  차가운 시선을 던져라,
  삶과, 죽음에.
  말 탄 자여, 지나가라!

---

21) 이 점과 관련하여 라캉은 전지적 시각에 대한 부정적인 입장을 나타낸다. 그는 사물에 대해 "안다고 상정된 주체"(subject supposed to know)의 자의식에 의한 착각을 경계한다. 이 주체는 분석가 자신이 아니며, 분석가로서 피분석자의 치료 과정에서 구체화될 지 모르는 기능을 수행할 뿐이다(Evans 196-97).

> Under bare Ben Bulben's head
> In Drumcliff churchyard Yeats is laid
> An ancestor was rector there
> Long years ago, a church stands near,
> By the road an ancient cross.
>
> No marble, no conventional phrase;
> On limestone quarried near the spot
> By his command these words are cut:
>
> *Cast a cold eye*
> *On life, on death.*
> *Horseman, pass by!*
>   September 4, 1938 (CP 401)

데이비드 린치(David Lynch)는 이 스탠자에서 시인이 죽음이나 삶의 의의에 관한 입장을 표명했다고 보지 않고, 시인에게 중요한 것은 종국적인 무의식의 공포가 아니라, 죽음이 어지럽고, 조각나며, 용해되는 의식을 영속화하는 공포라고 본다(82). 다시 말해 시인에게 두려운 것은 의식이 죽는 것이 아니라 기념비적으로 죽지 않는 것이다. 그래서 시인은 시적 화자로 등장하여 자기 인생의 미래 완료적인 전망을 비장하게 말한다. 이는 기의적 존재로서의 시인이 익명화되는 실재계로의 이행이며, 실재에 소급되는 모든 의미들의 최후이다. 시인은, 앞에서도 암시했듯이, 자신이 타자들에 비해 우월한 것이 없다는 겸손하고 평등한 인식 하에서 사후에 새워질 "대리석"이나 그 "관습적인 비문"을 거부한다. 그리고 시인이 "요구"하는 비문은 "삶"과 "죽음"이라는 비극적 모순율에 대한 저항을 시사한다. 그것은 시인이 에너지의 발산이 곧 에너지의 소멸이라는 삶의 "엔트로피"적 숙명을 수긍하며 이에 대해 초연한 자세로 임하기 때문이다. 이렇듯 자신의 죽음에 대해 스스로 객관적인 "차가운 시선"을 견지하는 시인에게 주어지는 타자들의 추모와 연민은 오히려 그들 스스로를 위한 관습적이고 무의미한 의식(儀式)인 것이다. 세상에서의 인연은 세상에서 끝난 것이므로 시인의 사후에 전개되는 세상사는 시인과 무관한 것이다. 그러므로 시인의 무덤에 대한 산 자들의 참배는 그들의 숙명을 자위하는 의례적인 행사에 불과하다. 이에 목적지를 향하는 "말 탄 자"로 하여금 그의 소명을 위해 타자의 삶에 기웃거리지 말고, 그냥 "지나가라!"는 시인의 주문은 시인으로서 세상에 대한 자신의 역할과 업적이 대단할 것이 없다는 객관적인 인식으로 라캉적 관점을 공유한다. 그것은 "우리는 이미 '물 자체'인 것을 '물 자체'의 지연으로 착각하고, 실상 욕망의 실현인 것을 욕망의 추구와 욕망 고유의 우유부단함으로 혼동한다"(We mistake for postponement of the "thing itself" what is already the "thing itself," we mistake for the searching and indecision proper to desire what is, in fact, the realization of desire)(Žižek 7)에서 나타나듯이, "말 탄 자"의 최종 목적지는 환상이자 신기루이며, 그 진행과정인 "지나가라"가 실은 단속적인 최종 목적지이기 때문이다.

4.5 라캉적 관점의 문학적 전망

라캉적 관점이 문학 텍스트에 원용되는 이유는 텍스트에 대한 기존의 주/객관적인 관점으로 나누어지는 진영간의 지리한 논쟁을 동시에 해체했다는 점에서이다. 전자보다 후자를 선호하는 것은 사실 텍스트의 본질의 왜곡이나 도착(倒錯)의 가능성 때문이지만 텍스트에 대한 객관적인 이해 또한 각인의 주관적인 시각에 기초함을 부인할 수 없다. 텍스트에 대한 주관적인 관점의 원인이 되는 낭만주의에 대해 『서정시가』(Lyrical Ballads)의 서문에 나오는 윌리엄 워즈워드(William Wordsworth)의 "강한 정서가 자연발생적으로 넘쳐흐름"(the spontaneous overflow of powerful feelings)이라는 언명은 대상에 대한 정서의 강렬한 융합을 시사한다.

이는 아리스토텔레스 이후 오랜 동안 사물의 "현전"인 이데아를 추구하기 위해 편집증적으로 자기 명증의 의식에 사로잡힌 서구의 실증주의적인 "반복 강박"으로 이어진다. 그것은 수면에 비친 자기의 모습이 자기 전체성의 진실인 양 이 영상에 넋을 잃은 나르시스적 착각인 것이다. 대상의 사실적 반영에 대한 낭만적 신념은 대상의 이해에 대한 전체주의적인 확신을 초래하여 대상을 오히려 소외시킨다. 이와 관련하여 그레이 코차르 린저렌(Gray Kochhar-Lindgren)은 "나르시시즘의 논리는 전체화의 논리이며, [대상의]살해와 자살을 동반하여, 그 기호학적 틈을 메우려 한다"(The logic of narcissism, which is a totalizing logic, tries to close that gap (the semiotic gap) absolutely, with murder and suicide)(12)고 말한다. 워즈워드의 관점에서 볼 때 대상에 대한 객관적인 관점은 법칙이나 원리를 통한 모델의 확립이나 대상에 대한 의지의 포기, 즉 텍스트의 생산을 거부하는 셈이 된다. 그러므로 텍스트나 대상에 대한 인식은 모방의 반응일 수 밖에 없으며, 사실 대상에 대한 객관적인 관점은 불가능한 것이다. 대상에 대해 시인의 정서나 의식이 투사되지 않고 나온 시가 없듯이. 그러나 라캉은 이것도 부정한다. 그것은 대상에 대한 주관적인 인식도 사실은 그것의 근거가 되는 주체의 타자성, 즉 "랑그"적 상황을 고려한 탓이다. 따라서 라캉의 관점에서는 대상에 대한 주/객관의 구분이 없다.

라캉의 주요 테제인 "무의식은 언어와 같이 구조화된다"라고 하는 것은 다시 말해 무의식은 곧 의식이라는 것이다. 그는 무의식을 심원한 원천으로 보아 그 천착을 포기하거나 그 실천을 신비주의로 매도하는 경향을 거부한다. 그것은 무의식의 원래의 원천이 원초적인 것이 아니라 의식적인 것이며, 그 동인이 바로 타자의 언어라는 것이다. 이때 의식은 언어를 통해 부활된 무의식의 환유적 실체가 된다. 따라서 언어는 의식의 은유적 기능을 통해 무의식과 교통하며, 우리의 청각과 시각에 관습적으로 포착되는 무의식의 흔적이다. 따라서 문자언어나 육체언어인 몸짓을 통한 주체의 무의식의 상황 파악이 가능한 것이다. 또 표층의 화려한 유희를 주장하는 최근 포스트모더니즘의 경향에 경도된 문학적 경향인 저자와 텍스트의 완전한 분리의 주장, "저자의 죽음" 같은 개념도 기실 라캉의 관점에서는 허구에 불과하다. 그것은 텍스트가 저자의 역사성을 반영하든 안 하든 결국 저자의 무의식의 표명인 증상에 불과하기 때문이다. 이를 부인하는 것은 자식이 부모의 존재를 부정하는 것과 같다. 이는 동양적인 관점과 연관되는데, 예를 들어 색(色)은 공(空)을 빌어 존재하고 공은 색을 통해 존재하니 이중 어느 한편이 없다면 동시에 무효인 것이다. 이와 마찬가지로 무의식은 의식을 통해서 재현되므로 자연히 의식은 무의식에 근거하는 것이다. 이러한 점이 상징을 통해 그 원형을 탐색하는 융의 관점과 상통한다. 그러므로 무의식의 진실은 우리의 눈앞에 적나라하게 드러나 있다. 이의 파악을 방해하는 것은 현상을 바라만 보는데 익숙한 우리의 고정된 시선 탓이며, 사실 우리는 관찰의 주체이면서 동시에 관찰의 객체인 것이다. 이와 같이 우리는 텍스트를 읽고 동시에 텍스트에 의해 읽힘을 당한다. 독서의 결과는 이 양면성에 의한 결과일 뿐이다. 그것은 텍스트는 비평을 통하여 존재하고 비평은 텍스트의 반영이기 때문이다. 여기에 라캉적 관점의 매력이 있지만, 라캉적 관점에 회의하는 경우도 있다.

 라캉의 관점에 대한 홀란드의 반박의 측면은, 우선, 무의식에 관한 것인데, 무의식은 확인할 수 없으므로 안과 밖, 배후와 아래에 위치한다는 무의식에 대한 라캉의 신념은 낡고 구태의연하다고 말한다. 두 번째는 라캉이 취한 소쉬르적 관점에 대한 비판인데, 라캉이 소쉬르의 기표와 기의에 의지함은 분명 잘못이라고 말한다. 기표와 기의에 대한 소쉬르의 전형적인 모델인 "나무"와 "말"(馬)의 예와 라캉의 모델인 문 위에 걸린 "남자"와 "여자"의 문패와 같이 기표와 기의의 적용은 고유명사나 보통명사에 한하며, 추상명사의 경우에는 설명이 곤란하다는 것이다. 세 번째는 라캉이 소쉬르의 형식적 언어관에 심리학적 타당성을 부여한 것이 잘못이라는 것인데, 언어의 자율성을 고집하는 것은 결국 반-정신분석학적이라는 것이다. 그것은 언어의 자율성이 언어를 사용하는 인간의 의식 작용을 배제하기 때문이라는 것이다(Hogan 104-06). 이에 대한 홀란드의 회의는 무의식보다 의식에 더 치중하는 자아-심리학(ego-psychology)의 경향을 보여주는 것이며, 그것은 대상의 대한 실증적이고 현실적인 반응을 중시하는 것이다.

무의식의 존재에 대해서 이스트홉은 "무의식은 일상적인 의식적 담론 속에 나타나는 온갖 종류의 증상, 흔적, 틈, 불연속성, 초과를 통해 어쩔 수 없이 말한다"(the unconscious 'speaks', willy-nilly, in all kinds of symptoms, traces, gaps, discontinuities and excesses that appear in ordinary conscious discourse)(*Unconscious* 5)고 보아 무의식의 존재를 확인한다. 그리고 무의식에 대한 소쉬르적 관점의 적용에 대한 홀란드의 불신은 언어 행위에 대한 의식적 주체의 우위를 시사하는 것으로 코기토적인 관점의 반영이라고 본다. 또 기표와 기의의 정신분석학적 적용에 대한 홀란드의 회의는 기우에 불과한데, 그것은 기표가 언어의 음성이미지나 문자뿐만 아니라 대상과 증상을 아우르는 상징적인 매체로 존재하므로 이에 대한 해석의 결과인 기의의 생성은 당연한 것이다. 보통명사인 "나무"의 경우 그 유형적 실재와 유리되어 표현된 것이며, 추상명사인 "사랑"의 경우 사랑이라는 암묵적으로 느끼는 무형의 실재와 유리되어 표현된 것이다. 두 기표의 기의적 차이가 있다면 의식의 밀도에 따른 "중층 결정"(overdetermination)[22])의 정도로 볼 수 있다. 그리고 똑 같은 두 개의 문 위에 걸린 "남자"와 "여자"라는 두 개의 다른 기표는 대상에 대한 기표의 권위를 보여주는 것이며, 기표의 설정에 따라 대상의 운명이 결정됨을 보여주는 것이다. 실례로 같은 종이라도 휴지와 돈의 권위가 얼마나 다른가? 다시 말해 이 두 기표는 실재를 떠나 공동체에서 각각의 권위가 부여된 운명적인 약호로 규정된 것이다.

또 라캉의 관점 중에서 비판의 대상이 되는 것은 상징계를 좌우하는 "팔루스"의 전횡(專橫)이며, 주로 페미니스트들로부터 제기된다. 이에 대해

---

[22]) 이것은 "꿈 작업"(dream-work)의 주요 기능인 "압축"과 "전위"를 논하는 과정에서 프로이트에 의해 채택된 용어인데, 꿈의 사고들이 하나의 이미지로 병합되는 것을 말한다. 그러므로 그 이미지의 해석은 여러 결정의 단서들, 즉 사소한 이미지로 소실된 잠재 사고들을 추적해야 할 것이다. 나중에 이 용어는 알튀세에 의해 마르크시즘의 기본 용어로 이용되며, 이는 전체와 부분 사이의 조건화 혹은 상호결정의 과정을 말하며, 주어진 역사적 순간에서 사회의 형성을 특징짓는 지배와 종속의 전반적인 구조를 의미한다(Brooker 157).

우리는 안티고네(Antigone)와 클레온(Cleon)의 사례를 상기할 수 있다. 이는 테베(Thebes)의 왕인 형 에테오클레스(Eteocles)의 배신에 분노하여 반역을 꾀하다 죽은 동생 폴뤼네이케스(Polynices)의 시체를 고이 안장하려는 누이 안티고네와 반역자의 최후를 만인에게 전시하기 위해 조카의 시체를 들판에 방치하려는 삼촌인 클레온 왕의 입장에서 나타난다. 그것은 부성의 권위가 부당하더라도 이에 도전하는 반역의 소지를 제거하기 위한 것이다. 라캉적 관점에서, 안티고네는 자신의 불행한 미래를 예견하면서도 폴뤼네이케스를 온전히 장사 지내려 하고 클레온은 조카의 시신을 군중의 시야에 둠으로써 만인의 선(善), 즉 아버지의 법을 실천하려 한다(Leader 133). 여기서 안티고네는 죽은 동생의 자궁으로의 환원에 조력한다는 점에서 모성의 대리인이며, 클레온은 반역자의 거세를 규정하는 외디푸스의 원리에 의한 아버지의 법을 집행하는 대리인이다. 따라서 안티고네가 폴뤼네이케스를 자신의 품으로 환원하려는 욕망은 현실적인 저항에 처한다. 이와 관련 제인 플랙스(Jane Flax)는 "팔루스"나 "아버지의 이름"에 의해 상징계에서 여성이 억압되고 결핍되지만, 오히려 여성이 "팔루스"의 합법성을 보장하는 다른 한 축이며 "팔루스"의 문화적 기능밖에 존재함으로써 자연의 어둠을 간직한 질(膣)의 오르가즘을 향유한다고 말한다(Hogan 109-11). 이는 모성의 기원적 특성과 동기를 강조하는 재현할 수 없는 근원적 공간인 "코라"(chora)(Kristeva 6-7)와 유사하며, "팔루스"가 지배하는 상징계에서 여성을 기호적(semiotic)인 차원, 즉 실재계로 이동시켜 여성의 정체성을 회복시키려는 것이다.

그러나 라캉은 우리의 구성적 실체로 자아가 아닌 타자를 설정했듯이, 페미니스트들이 라캉의 관점을 남근중심주의적인 시각으로만 접근하는 것은 무리가 있다. 오히려 남성이 세상에서 최초로 접촉하는 것이 여성의 "부분 대상"인 젖가슴이며, 이것이 개성화의 출발점으로 남성이 이를 지속적으로 동경한다는 점에서 근본적으로 여성은 남성보다 우월한 위치를 점한다. 다만 상징계에서의 여성의 열등한 위치는 정치적/종교적/역사적으로 구축된 남성중심적 체제의 결과에 의한 것이므로 이 점의 반성을 위해 라캉의 상대주의는 요긴한 수단이 된다.

　이러한 점은 문학에도 그대로 적용된다. 그것은 독자의 텍스트 읽기라는 여태까지의 독서 관행에서 텍스트에 의한 독자 읽히기라는 점이 고려되어야하기 때문이다. 다시 말해 독자는 텍스트의 타자이며, 텍스트는 독자의 타자로서 서로의 상대적 자유가 존중되어야 하는 것이다. 전자의 경우 텍스트가 증상의 원천이라는 점에서 기표가 중시되고, 후자의 경우 독자의 심리가 드러난다는 점에서 기의가 중시된다. 그러니까 부동의 기표/텍스트 주위를 배회하는 유동의 기의/비평들은 서로에게 다가가지만 곧 멀어진다. 이러한 점에서 문학에 대한 라캉적 관점의 적용은 유용하다. 다만 텍스트에 제시되는 정신분석학적 상황에 대해 과도한 낭만주의적 시각과 사실주의적 확신을 배제하는 중립적인 입장을 견지하고 이에 대한 정신분석학적 인식을 적절히 반영하는 것이 정당한 분석의 관건이 될 것이다. 이것이 라캉적 관점의 문학적인 차원에서의 변용(變容)적 실천이다.

V. 나가면서

여태까지 우리가 시도해본 것은 예이츠의 문학 작품 전반에 대한 재조명이나 그의 예술관을 전체적으로 파악하려는 것이 아니라, 그의 몇 몇 시집의 작품들에 대해 정신분석학의 다양한 관점들을 적용시켜보는 것이었다. 대상에 대한 인간의 인식작용은 인간의 내부체계와 연관된 본질적인 느낌의 구조에서 비롯되는 사유행위가 체계화되어 나타난 정신분석학과 교류한다. 따라서 텍스트에 대한 비평이나 감상은 독자의 심리와 유리될 수 없으며, 텍스트에 암시되는 저자의 심리는 독자의 심리와 결합되어 나타난다. 다시 말해 텍스트는 탄생하는 순간부터 독자들을 초대함으로써 심리적으로 의미화된다.

그러나 예이츠의 작품들의 분석을 통해 우리가 알 수 있는 것은 그 시인의 "부분 대상"에 대한 독자의 개별 인식에 불과하며 이는 계속적인 연기를 상정하는 차이의 인식인 것이다. 따라서 이 차이의 인식은 계속적인 의미의 중첩이나 갱신이 요구되는 포스트구조주의적 사조와 부합하며, 텍스트에 대한 "해석학적 순환"원리의 실천이므로, 어떤 해석이든 텍스트에 대한 해석의 공동체가 궁극적으로 지향하는 목표, 즉 텍스트의 전체성을

포착하려는 공동작업의 일환으로 보아야 한다

우리가 프로이트적 관점에서 바라본 예이츠의 작품들에 대한 전체적인 조망은 그 시인이 개성화의 시도, 즉 외디푸스적 과정의 이행에 있어 삭막한 부성의 "현실원리"에 직면하여 오히려 "쾌락원리"의 원천인 안온한 모성에 대한 강한 향수로 인하여 자궁으로의 퇴행을 동경한다고 정리해 볼 수 있다. 그 예로, 「행복한 목동의 노래」에서는 시적 자아가 성숙의 단계로 나아가는 중에 미래의 불안을 방어하기 위해 현재에 안주하려는 "고착"의 증상을 보이고, 「그의 연인을 향하는 인도인」에서 시적 자아는 불안한 현실에 대해 미리 죽음의 피안을 동경한다. 「외투, 보트, 그리고 신발」에서는 개인을 규정하는 "현실원리"의 관습적인 틀이 제시되고 이에 대한 시적 자아의 리비도의 분산을 강요하며, 「신에 의지하는 인도인」에서는 개성화의 이행을 위해 기여하는 세상에 대한 "초자아"의 역할의 강조로 인해 에고적 대응의 종식을 엿볼 수 있다. 「도둑맞은 아이」에서는 시적 자아의 꿈이 현실의 논리에 따라 조절될 수밖에 없음을 보여주며, 「슬픈 목동」에서는 시적 자아가 조우해야할 세상의 구도(構圖)에 대한 두려움이 나타난다. 그리고 여자에 대한 예이츠의 관점은 다분히 온정주의적이다. 그는 「몰매기의 노래」에서 시적 화자로서 여성을 등장시켜 남성 중심주의를 비판하며, 또 「아나슈야와 비자야」에서 아버지의 영(슈)에 따라 어머니에 대한 사랑이 다른 여성에게 투사되어야함을 강요당하는 아들의 운명을 보여준다.

이드의 승화의 사례로서 소개되는 프로이트의 문학 텍스트 분석은 소포클레스의 『외디푸스 왕』과 셰익스피어의 『햄릿』을 통해 실천된다. 후자에 대한 고전적 해석은 주로 선왕의 복수를 미루는 햄릿의 성격적 결함에 관한 것이었다. 그러나 프로이트는 전자의 경우 사회적 억압의 정도가 심하지 않았기 때문에 부친 살해의 비극이 실행되었으나 후자의 경우 문화화로 인하여 부친살해라는 터부에 대한 인식이 억압 기제가 되어 부친 살해의 비극이 지연되었다고 본다. 또 『맥베스』에 대한 프로이트의 분석은 맥베스의 부인이 맥베스에 대해 모성적인 힘을 행사하고 남편은 유아의 입장이 되는 도착(倒錯)적인 관계를 보여 준다. 이에 맥베스가 모시는 왕은 맥베스의 아버지와 "동일시"되어 살해당하는 비극적인 최후를 맞이한다. 이렇듯 프로이트는 꿈과 문학 텍스트를 "동일시"하여 전자의 본질이 억압된 소망의 성취에 있듯이 후자 또한 작가의 의식적인 꿈인 공상의 표상으로서 억압의 실현이라고 본다.

고전적인 프로이트식 비평은 텍스트를 작가의 증상으로 치환하여 작가의 무의식이 현실에 드러난 것으로 본다. 이는 텍스트를 통한 작가의 심리나 텍스트 속에 등장하는 인물들의 심리, 그리고 텍스트에 대한 독자의 심리를 분석하는 동기가 된다. 또 독자가 텍스트를 통해 간접적인 상황을 체험하여 "동일시"함으로써 내적 투사한 결과인 카타르시스를 통해 심적 해방을 맛본다는 점에서 정신분석학과 독자 반응 비평이 교류한다. 이러한 관점에서 본 「오하트 신부의 노래」에서 예이츠가 "자아 이상"으로서의 사제의 삶을 인식하는 것은 리비도의 사회적인 분산, 즉 사회적 참여를 통해 거세 콤플렉스를 해소하려는 것으로 이해할 수 있다. 「여우 사냥꾼의 노래」에서는 죽음이 리비도의 "세속적인 완성"을 의미하며 이 최후의 순간에 사냥꾼이 사냥도구의 점검을 원하는 것은 세상사에 대한 리비도의 강렬한 연속성을 암시한다. 「골 왕의 광기」에서 왕이 취하는 검(劍)과 현(絃)은 시적 화자의 과장된 위엄을 통해 방어기제의 일종인 "반동 형성"과 정복의 광기가 점차 세상사에 분산되는 이드의 "승화"를 보여준다. 이는 곧 사회에 대한 참여와 예술의 추구에 대한 예이츠의 노력을 시사하는 것이다.

프로이트 정신분석학에 대한 여러 비판적인 관점들은 정신분석학의 변증법적인 갱신을 기약함과 동시에 정신분석학이 하나의 경직된 도그마가 됨을 경계한다. 비트겐슈타인은 의식적인 차원이 무의식적인 차원과 엄연히 괴리됨에 따라 후자가 전자의 배후가 됨을 회의한다. 알튀세는 프로이트 원리의 고착화와 신화화를 거부함과 아울러 정신분석학적 수정주의를 경계한다. 이글튼은 그람시에 의해 제기된 "헤게모니"의 관점에서, 프로이트주의가 집단화된 문화화의 동기를 제공함으로써 전체화된 문화화의 목표를 지향하게 한다고 비판한다. 제임슨은 유아가 겪는 거세의 위기가 원초적이고 퇴행적인 것이 아니라 성장과정에 수반되는 통과의례로 본다. 이처럼 프로이트주의에 대한 후학들의 비판적인 논의들은 프로이트라는 사상적 아버지에 대한 이념적 도전이므로 이 또한 외디푸스 콤플렉스로 볼 수 있다.

개인적 전체성(individual totality)을 중시하여 무의식을 상정하고 있지만 자족적인 개인의식의 지형적 지평을 구분하여 중시하는 프로이트의 관점은 문학적으로 보면 텍스트의 내재적인 면을 주로 고려하는 신비평적인 면이 있어 개인이나 텍스트에 대한 역사성이 간과되는 공시적인 관점으로, 이에 의식이라는 현상의 배후에 대한 고려가 이의 근간이 되는 음화(陰畵)적인 "원형"에 대한 논의로 나아간다. 이는 흡사 개별적인 대상들을 허구적 현상들로 보아 그것의 본질, 즉 "이데아"를 추구한 플라톤의 주장과의 연계 가능성이 있지만, "이데아"는 인간의 의식에 포착이 되지 않는 형이상학적 실재라는 점에서 무의식을 무대로 원초적인 이미지들로 의식에 포착되어 개별 체험이 가능한 "원형"과 다르다.

"원형"에 대한 긍정적인 인식은 흔히 "신화"를 몽환적이며, 최면적이라 보는 선입견을 수정케 한다. 신화적 속성의 원형 혹은 원형적 속성의 신화는 결코 현실과 유리된 것이 아닌 현실의 모태요 근본이다. 이는 현상에 대한 강한 집착과 가시적인 대상에 주안점을 두어 근본에 대한 탐색을 외면하는 현실주의(actualism)나, 인간 존재의 역사성에 대한 검토 없이 당대적 사회현실 속의 인간 상황에 치중하는 실존주의나, 의식의 토대로서의 하부구조에 집착하는 마르크스주의적 물신숭배에 대한 안티테제로 볼 수도 있다. 또 "원형"에 대한 논의가 의식적인 측면이 우선되는 서구의 데카르트적 사고에 대한 근본적인 반성을 제기하는 점에서 의식/무의식이라는 이항대립의 서열을 허물어 상호 보충하는 해체주의와 연계된다.

그러나 "원형"에 대한 융의 철저한 탐구가 시작되기 오래 전에 이미 동양에서 이와 비슷한 논의가 선행되었다. 주지하듯이 장자의 「제물론」(齊物論)에 나오는 "호접몽"(蝴蝶夢)의 예는 꿈속에서 나비가 된 장자(壯者)가 꿈에서 깨어나 자신이 꿈에 나비가 된 것인지 나비가 꿈에서 자신이 된 것인지 알지 못한다는 내용을 통해 의식과 무의식간의 상호 보충 관계를 암시한다. 이는 의식과 무의식의 대등한 관계를 설정한 것으로 "원형"에 대한 동양적인 동의를 함의한다. 하지만 "원형"에 대한 추구가 일상에서 벗어난다는 점에서 현상에 대한 추상적 진실로 생각되기 쉬우나, "원형"이 모든 물상들의 형질적 배후가 되는 점은 구체적 진실에 해당된다고 본다.

융의 분석심리는 전체적으로 보아 개인과 그 역사성에 관한 것이다. 이 점이 유아적 성징(性徵)의 개성화에 대한 추이를 분석하여 절대적인 욕망을 향유하는 유아가 문화권에 진입하는 과정에서 발생하는 부작용, 즉 억압과 거세에 의한 인간 본질의 왜곡에 관한 사례들이 반영된 꿈을 여러 각도로 분석하여 이를 몇 가지 콤플렉스들로 틀 지워 보편적인 인간 행동의 양식으로 규정짓는 프로이트의 정신분석 방법론과 다르다. 그리고 융의 이론은 인간의 "심리적 전체성"(psychic totality)을 다룬다는 점에서 기표 우위의 관점에서 "대상의 지시적 형태"(denotation)를 강조하는 라캉의 이론과 구별된다. 이는 극단의 양상을 보여 주는데, 전자는 현상을 허위나 가면으로, 후자는 현상을 진실의 단초로 보지만, 양자가 모두 현상에 정초하여 인간의 본질을 추구한다는 점이 같다.

이렇듯 융의 원리에 따라 시작품을 포함한 예술작품은 원형적 이미지 혹은 원초적 이미지를 현재의 언어로 번역한 것이며 이에 우리는 그 현재의 언어를 통해 원형적 이미지를 다시 확인함으로써 시인의 깊은 자아를 이해하게 된다(정형철 150). 이러한 관점에서 우리는 예이츠의 시집 『장미』와 『탑』에 나오는 몇 작품들을 분석해 보았다. 「이니스프리의 호도」에서 시적 자아는 모성적인 공간을 지향함으로써 자신의 원형회복을 갈망하며, 「탑」에서 시적 자아는 자아 실현을 위한 초월과 통합의 단계로 나아가 "개성화"의 완성을 동경한다. 「늙은 연금 수령자의 비탄」에서는 "부러진 나무"가 암시하는 남근의 퇴조를 통해 리비도의 생물학적인 회복을 향수하며 시간의 추이에 따라 변하는 현상의 부침(浮沈)을 초월하려 한다. 「퍼거스와 드루이드」에서 시적 화자는 현실에 대한 "퍼소나"의 부적응을 드러내고 이를 극복하기 위해 "현자"의 원형을 동경하며, 「그대 늙었을 때」

에서 시적 화자는 "퍼소나"의 존재 양식으로서가 아닌 본질 체계로서의 미(美)를 지향한다. 「레다와 백조」에서는 신의 원형적 상징인 "백조"와 인간의 통정을 통해 신성의 수용과 확산을 시사한다. 「비잔티움으로의 항행」에서는 예이츠의 "능동적 상상력"이 드러나며, 그것은 개성화의 연금술적 성취 과정에 관한 것이다. 「탑」에서는 전체적으로 "만다라"의 4 가지 관점이 제시되는데, 그것은 "아침의 긍지," "뿔의 긍지," "소나기의 긍지," "백조의 긍지"와 같은 재생의 상징으로 나타나며, 육신의 에너지가 정신적 이상으로 환원되어야 함을 의미한다.

휠덜린의 시작품에 대한 분석을 통해, 융은 드러나는 상징인 장미를 "자유 연상"을 통해 오시리스와 이시스의 자궁 신화, 즉 발아와 갱생의 신화로 환원시키는 절묘함을 보여준다. 이는 「학교아이들 속에서」에 나타나는 영웅 신화의 동기가 된다. 모태에서 벗어나 아버지의 원형의 명령에 따라 세상의 이치를 학습하고 그것을 바탕으로 세속의 개입과 평정을 지향하는 영웅의 이상은 결국 현실에 산재한 시련과 장애로 말미암아 희생의식 속에서 좌절되는데, 이것이 유아를 부성적 현실에서 모성적 공간인 자궁으로 끝없이 퇴행시키려는 "태모"의 기능이다.

이처럼 융의 정신분석학은 개성화의 중심을 지향하는 기원의 담론이며 이 과정에 동원되는 리비도는 성적 욕동의 에너지가 아니라 "원초적인 이미지"들을 지속적으로 현상에 투기하는 정신에너지로 기능한다. 이 점이 역사적으로 구축된 원형의 보편적인 관점을 지향하는 프라이의 외재적 관점과 다르다. 다시 말해 프라이는 원형을 인류의 미래를 좌우하는 "심리적 결정요소"로 보지 않고 문학적 보편 양식으로 보는 낭만적인 관점을 취한다. 결국 융의 관점은 현상의 배후로서 집단 무의식의 원형을 지목함으로써 신화와 현실을 연결하고 이에 문학 텍스트 속의 서사가 공허한 상황 묘사가 아니라 우리의 원형이 반영된 현실의 그림자를 시사한다고 볼 수 있다.

라캉은 인간을 결코 채울 수 없는 욕망을 채우려는 운명적인 존재로 봄으로써 프로이트의 에로스를 탈중심화시키고, 해체하며, 하나의 전체성을 형성하려는 에고의 경향과 주체의 진실/진리에 근접하려는 에고의 능력을 비판한다. 이는 과거 소위 이성 중심의 정상적인 삶을 향한 계몽적 모더니티에 대한 도전이자 현상의 의도적인 조화와 통합의 부정이며, 고정적인 의식의 고취를 위한 전체주의적 경향에 대한 저항으로서 탈-모더니티의 실천 양식이다. 또 표층의 화려한 유희에 취하여 표층이 심층과 마치 유리된 듯이 보이는 포스트모더니즘의 경향에 대한 하나의 대안이 될 수 있다. 그것은 라캉이 의식과 무의식에 동일한 시각을 견지함으로써 이 두 의식에서 파생되는 실증주의와 신비주의를 동시에 해체하기 때문이다. 결국 라캉은 정상/비정상의 이분법적 구도에서 전자를 중시하는 분석가 중심의 관습적인 권위를 탈피하여, 모성적 공간으로의 상상적인 퇴행 대신 개성화의 이행에서 불가피한 상징계 속의 현실을 인정하는 관점에서 환자/텍스트와 분석가/독자가 서로의 욕망을 교류하기를 원한다. 이때 주체와 타자간의 상호주의적 욕망, 즉 상대적 자유가 쟁취된다.

이러한 관점에서 예이츠의 『마지막 시편』을 바라본 바로는, 그 속에 설정되는 "결핍"(manque)은 주체의 고정된 욕망이 균열되는 틈이며 새로운 욕망이 들어서는 통로가 된다는 것이다. 다시 말해, 욕망의 조건은 "결핍"이며 욕망하는 자아는 곧 "결핍"된 자아인 것이다. 이 자아가 숨쉬는 현실 공간인 상징계 속에서 예이츠의 욕망은 억압되고 동시에 분출된다.

「가이어」에서는 욕망이 의미로 대체되어 각 세대의 역사성을 구축하고 그 잉여된 욕망이 다음 세대를 이끄는 동인이 됨을 보여주며, 「라피스 레쥴리」에서 "주인과 노예의 변증법"의 사례로 남성에 의해 주도되는 여성의 결핍된 욕망이 제시된다. 「여인의 첫 노래」에서는 "아버지의 이름"에 의해 비롯되는 아들과 어머니의 이별을 통해 예이츠의 반-여성주의 시각을 엿볼 수 있으며, 「도로시 웰즈리에게」에서는 대상을 잠식하는 은유적 현실이 "의미화 연쇄"에 의한 환유적 상황임이 제시되는데 이는 대상의 추구에 대한 예이츠의 예술적 좌절을 암시한다. 남성의 시각에 반영된 여성의 존재가 여성에 의해 스스로 "오인"됨이 「여인의 두 번째 노래」에 나타나는데 이때 여성은 스스로 근원적 존재가 아니라 구성적 존재로 전락한다. 「서커스 동물의 탈주」에서는 꿈의 은유적인 고정이 현실의 불만을 초래하고 그 결핍된 욕망이 현실에서의 일탈을 야기함을 볼 수 있으며, 「조상」에서는 우리의 삶이 욕망의 은유이자 잉여의 산물임을 알 수 있다. 「청동 두상」에서는 현실에 포섭된 대상들이 전체성을 상실하고 환유적인 요소들로 파편화되어 재현되는데 그 조합된 의미는 영원성에 관한 것이다.

독서와 "전이"와 "역전이"의 관계에 대해서 「라피스 래쥴리」에 대한 언터메이어의 읽기를 통해 전자의 영향을 살펴볼 수 있으며, 그것은 텍스트의 객관적인 반영이다. 후자의 관점은 「서커스 동물원의 탈주」에 대한 썰리의 읽기를 통해 알 수 있는데, 그것은 텍스트에 대한 독자의 주관적인 관점을 반영한다. 그러나 독서는 텍스트의 객관성을 존중하여야 하지만 텍스트에 대한 인상은 반드시 독자의 내면을 통해 표명되는 것이므로 주관적인 관점을 피하기 어렵다. 이런 점에서 라캉적 읽기는 분석가가 피분석자의 결핍을 감지하고 이를 지적함으로써 한 대상에 고정된 인식을 버리게 하여 다시 욕망할 수 있는 동기를 부여하듯이 독자는 텍스트의 결핍을 감지하고 이를 지적함으로써 특정한 기의에 고정되지 않고 "의미화 연쇄"를 가능케 하여야 한다. 이로서 독자와 텍스트는 상대적 자유를 획득하게 된다.

이는 「벤 벌벤 아래에서」에서 잘 나타나는데, 여기서 드러나는 예이츠의 욕망은 완전히 구현될 수 없는 환유적 실체로 예술적 "아갈마"를 향한 "반복 충동"에 그친다. 따라서 예이츠가 "말 탄 자여, 지나가라!"함은 자신의 예술적 업적을 하나의 단속적인 은유적 실체로 보아 타자에 의해 그 "오브제 쁘띠 아"가 지속적으로 향유되고 갱신되어야함을 시사한다. 이것이 사회 속의 주체이자 타자로 존재하는 이 모순적인 공간에서 서로의 결핍을 인식하고 서로를 욕망하는 라캉의 인본주의적 이상이며, 우리의 욕망과 그 증상이 교차하는 현실인 상징계 속에서 군림하려는 절대적 주체/대상의 "삶"과 "죽음"에 대해 "차가운 시선"을 견지해야하는 이유인 것이다.

지금까지 예이츠의 시작품들을 정신분석학적인 시각을 통해 읽어 본 결과, 『십자로』에서 시인은 개성화의 과정에서 리비도의 승화를 통하여 현실을 극복하려 하며, 『장미』에서는 안식의 무의식적 공간으로 퇴행하여 원형을 회복하려 한다. 또 『탑』에서 시인은 세상에서의 영웅적 이상을 성취하기 위해 필요한 종족의 원형적 지혜를 추구하며, 그 욕망의 성과가 현실이라는 상징계로 환원되어 불급의 형태로 나타나는 『마지막 시편』에서 시인은 삶의 목적은 결국은 삶의 과정임을 인식한다.

여기서 우리는 현실과 쾌락, 현실과 원형, 현실과 욕망의 각 이분법적 대립 양상에서 전자가 후자를 구속하는 "억압" 기제로 보아 후자에 대한 인본주의적 입장이 강화됨을 본다. 그러나 이는 결국 냉엄한 현실의 구도에 갇힌 존재의 문제로 압축되며, 인간적인 차원에서 현실에 대한 진정한 의미의 탐색은 세상이라는 "억압" 기제에 의한 존재의 구속을 당연시하는 체념의 수준에 머물지 모른다. 그러나 현실의 "억압"에 대한 인간의 저항은 계속되어야 할 것이며 이 점이 현실이라는 텍스트를 해석하는 한 시각으로서, 이 텍스트의 본질에 대해 치열한 해석을 시도하는 정신분석학의 존재적 당위가 될 것이다. 따라서 정신분석학적 읽기는 인간이 자신의 본질에 대한 해석을 초월적인 존재나 정전에 위임하지 않고 인간 스스로의 탐색을 통해 그 근원을 파악하려는 진정한 "자유 의지"의 실천이며, 현실이라는 "현전" 속에서 탈주를 꿈꾸는 시지프스의 영웅 신화가 될 것이다.

인용문헌

김욱동.『은유와 환유』. 서울: 민음사, 1999.
김종길.『詩論』. 서울: 탐구당, 1980.
들뢰즈, 쥘르외 1인.『앙띠 오이디푸스』. 최명관 역. 서울: 민음사, 1994.
밀네르, 막스『프로이트와 문학의 이해』. 이규현 역. 서울: 문학과 지성사, 1999.
바니에, 알랑.『정신분석의 기본 원리』. 김연권 역. 서울: 솔, 1999.
베어, 게르하르트.『카를 융: 생애와 학문』. 한미희 역. 서울: 까치, 1998.
비트머, 페터.『욕망의 전복』. 홍준기외 1인 역. 서울: 한올아카데미, 1998.
새뮤얼, 앤드류외 2인.『융분석 비평사전』. 민혜숙 역. 서울: 동문선, 2000.
야코비, 욜란디.『칼 융의 心理學』. 이태동 역. 서울: 성문각, 1988.
야콥슨, 로만.『문학 속의 언어학』. 신문수 역, 서울: 문학과 지성사, 1997.
엘리어트, 앤소니.『정신분석학 입문』. 정문영 역. 서울: 한신문화사, 1998.
월하임, 리차드.『프로이트』. 조대경 역. 서울: 민음사, 1989.
이명섭.『세계문학비평용어사전』. 서울: 을유문화사, 1998.
이정호.「프로이트, 라캉, 그리고 T. S. 엘리엇 읽기」.『T. S. 엘리엇 연구』.제 8호(2000): 143-85.
이재호외 2인.『英美詩叢書 解說 II』. 서울: 탐구당, 1991.
이창배.『현대 영미시 개관』. 서울: 한신문화사, 1999.
정형철.『현대 미국 문학 비평의 흐름과 포스트모던 이론』. 부산: 부산외국어대학교 출판부, 1995.
폰태너, 데이비드.『상징의 비밀』. 최승자 역. 서울: 문학동네, 1998.
현각.『선학 강의』. 서울: 불일출판사, 1998.
Adams, Hazard. *Blake and Yeats: The Contrary Vision.* New York: Cornell UP, 1955.
Adams, Hazard and Leroy Searl, eds. *Critical Theory Since 1965.* Tallahassee: UP of Florida, 1986.
Althusser, Louis. *Writings on Psychoanalysis: Freud and Lacan.* New York: Columbia UP, 1996.
Barcelona, Antonio. *Metaphor and Metonymy at the Crossroads.* New York: Mouton de Gruyter, 2000.
Bate, W. J. *Criticism: The Major Texts.* New York: Harcourt, 1970.
Belsey Catherine. *Critical Practice.* London: Methuen, 1980.
Benvenuto, Bice and Roger Kennedy. *The Works of Jacques Lacan.* New York: St. Martin's, 1986.
Best, Steven and Dougas Kellner. *Postmodern Theory.* New York: Guilford, 1991.
Bleich, David. *Subjective Criticism.* Baltimore: Johns Hopkins UP, 1978.
Bloom, Harold. *Yeats.* New York: Oxford UP, 1970.
Bodkin, Maud. *Archetypal Patterns in Poetry.* London: Oxford UP, 1974.
Brooke, Roger. *Jung and Phenomenology.* London: Routledge, 1991.
Brooker, Peter. *A Concise Glossary of Cultural Theory.* London: Arnold, 1999.
Brooks, Cleanth. *The Hidden God.* New Haven: Yale UP, 1978.

Brooks, Peter. *Psychoanalysis and Storytelling.* Cambridge: Blackwell, 1994.

Callan, Edward. *Yeats on Yeats.* New Jersey: Humanities, 1981.

Caper, Robert. *Immaterial Facts.* London: Jason Aronson, 1988.

Capra, Fritjof. *The Turning Point.* Toronto: Bantam, 1988.

Chodorow, Nancy J. *Feminism and Psychoanalytic Theory.* Cambridge: Polity, 1989.

Conner, Lester I. *A Yeats Dictionary.* New York: Syracuse UP, 1998.

Cooper, Sarah. *Relating to Queer Theory.* Bern: Peter Lang, 2000.

Coward, Rosalind and John Ellis. *Language and Materialism.* London: Routledge, 1986.

Culler, Jonathan. *The Pursuit of Signs: Semiotics, Literature, Deconstruction.* London: Routledge & Kegan Paul, 1983.

_____. *Literary Theory.* Oxford: Oxford UP, 1997.

Coyle, Martin, et al., eds. *Encyclopedia of Literature and Criticism.* London: Routledge, 1990.

De Man, Paul. *Blindness & Insight.* London: Muthuen, 1983.

Doane, Janice and Devon Hodges. *From Klein to Kristeva.* Ann Arbor: U of Michigan P, 1995.

Dor, Joël. *Introduction to the Reading of Lacan.* New York: Other, 1998.

Eagleton, Terry. *Literary Theory: An Introduction.* Oxford: Basil Blackwell, 1983.

_____. *Ideology: An Introduction.* London: Verso, 1991.

Easthope, Anthony. *Poetry as Discourse.* London: Methuen, 1983.

_____. *The Unconscious.* London: Routledge, 1999.

Eliot, T. S. *On Poetry and Poets.* New York: Noonday, 1943.

Ellman, Richard. *Yeats: The Man and the Masks.* New York: Norton, 1978.

Ellwood, Robert. *The Politics of Myth: A Study C. G. Jung, Mircea*

Eliade, and Joseph Campbell. New York: State U of New York P, 1999.

Evans, Dylan. *An Introductory Dictionary of Lacanian Psychoanalysis.* London: Routledge, 1996.

Evans, Ifor. *A Short History of English Literature.* New York: Penguin, 1940.

Fink, Bruce. *The Lacanian Subject.* Princeton: Princeton UP, 1995.

Foucault, Michel. *The Order of Things: An Archaeology of the Human Sciences.* New York: Vintage, 1994.

Freud, Sigmund. *The Interpretation of Dreams (Part I). Vol. 4. of The Complete Psychological Works of Sigmund Freud.* Trans. James Strachey. London: Hogarth, 1975.

_____. *The Interpretation of Dreams (Part II). Vol. 5 of The Complete Psychological Works of Sigmund Freud.* Trans. James Strachey. London: Hogarth, 1975.

_____. *The Psychopathology of Everyday Life. Vol. 6 of The Complete Psychological Works of Sigmund Freud.* Trans. James Strachey. London: Hogarth, 1960.

_____. *A Case of Hysteria/Three Essays on Sexuality and Other Works. Vol. 7 of The Complete Psychological Works of Sigmund Freud.* Trans. James Strachey. London: Hogarth, 1957.

_____. *Jokes and their Relation to the Unconscious. Vol. 8 of The Complete Psychological Works of Sigmund Freud.* Trans. James Strachey. London: Hogarth, 1960.

_____. *The Case of Schreber, Papers on Technique and Other Works. Vol. 12 of The Complete Psychological Works of Sigmund Freud.* Trans. James Strachey. London: Hogarth, 1975.

_____. *On the History of the Psycho-Analytic Movement, Papers on Metapsychology and Other Works. Vol. 14 of The Complete Psychological Works of Sigmund Freud.* Trans. James Strachey.

London: Hogarth, 1975.

_____. *An Autobiographical Study/Inhibitions, Symptoms and Anxiety/ The Question of Lay Analysis and Other Works. Vol. 20 of The Complete Psychological Works of Sigmund Freud.* Trans. James Strachey. London: Hogarth, 1959.

_____. *The Future of an Illusion/Civilization and Its Discontents. Vol. 21 of The Complete Psychological Works of Sigmund Freud.* Trans. James Strachey. London: Hogarth, 1961.

Freund, Elizabeth. *The Return of The Reader.* London: Methuen, 1987.

Fromm, Erich. *The Crisis of Psychoanalysis.* New York: Owl, 1991.

Frye, Northrop. *Anatomy of Criticism.* Princeton: Princeton UP, 1973.

Gadamer, Hans-Georg. *The Relevance of the Beautiful and Other Essays.* Ed. Robert Bernasconi. Cambridge: Cambridge UP, 1986.

Gallop, Jane. *Reading Lacan.* Ithaca: Cornell UP, 1985.

Garret, John. *British Poetry since Sixteenth Century.* Hampshire: Macmillan, 1986.

Gilbert, Sandra. *The Poetry of William Butler Yeats.* New York: Monarch, 1965.

Golden, James L., et al. *The Rhetoric of Western Thought.* Iowa: Kendall/Hunt, 1984.

Guerin, Wilfred L., et al. *A Handbook of Critical Approaches to Literature.* Oxford: Oxford UP, 1999.

Hall, Calvin S. *A Primer of Freudian Psychology.* New York: Meridian, 1999.

_____. *A Primer of Jungian Psychology.* New York: Mentor, 1973.

Hamilton, Edith. *Mythology.* New York: New American Library, 1942.

Harari, Josué V., ed. *Textual Strategies.* London: Methuen, 1979.

Harold, Bloom. *Yeats.* New York: Oxford UP, 1970.

Hawthorn, Jeremy. *A Concise Glossary of Contemporary Literary Theory.* London: Edward Arnold, 1994.

Hoffman, Frederick J. *Freudianism and Literary Mind*. New York: Grove, 1959.

Hogan, Patrick Colm and Lalita Pandit, eds. *Criticism and Lacan*. Athens: U of Georgia P, 1990.

Holland, Norman N. *The Dynamics of Literary Response*. New York: Oxford UP, 1968.

_____. *Holland's Guide to Psychoanalytic Psychology and Literature and Psychology*. New York: Oxford UP, 1990.

Hopcke, Robert H. *The Collected Works of C. G. Jung*. Boston: Shambhala, 1999.

Isbister, J. N. *Freud: An Introduction to his Life and Work*. Cambridge: Polity, 1985.

Iser, Wolfgang. *The Act of Reading: A Theory of Aesthetic Response*. Baltimore: Johns Hopkins UP, 1980.

Jameson, Fredric. *The Prison-House of Language*. Princeton: Princeton UP, 1972.

_____. *The Political Unconscious: Narrative as a Socially Symbolic Act*. London: Methuen, 1981.

_____. *Postmodernism or, the Cultural Logic of Late Capitalism*. Durham: Duke UP, 1993.

Jeffares, A. Norman. *A Commentary on the Collected Poems of W. B. Yeats*. London: Macmillan, 1968.

Jefferson, Ann and David Robey, eds. *Modern Literary Theory*. London: Batsford, 1992.

Jung, C. G., ed. *Man and His Symbols*. New York: Dell, 1968.

Jung, C. G. *Two Essays on Analytical Psychology*. Princeton: Princeton UP, 1977.

_____. *Psychological Reflections*. Ed. Jolande Jacobi & R. F. C. Hull. Princeton: Princeton UP, 1978.

_____. *The Spirit in Man, Art, and Literature*. Princeton: Princeton UP,

1978.

_____. *Symbols of Transformation*. Trans. R. F. C. Hull. New York: Princeton UP, 1990.

Kepos, Paula, ed. *Twentieth-Century Literary Criticism, Topics Volume*. Detroit: Gale, 1991.

Koch, Vivienne. *W. B. Yeats: The Tragic Phase*. Baltimore: Johns Hopkins UP, 1951.

Kristeva, Julia. *Desire in Language*. Oxford: Basil Blackwell, 1984.

Kurzweil, Edith and William Philips. *Literature and Psychoanalysis*. New York: Columbia UP, 1983.

Lacan, Jacques. *Écrits: A Selection*. Trans. Alan Sheridan. New York: Norton, 1977.

_____. *The Function of Language in Psychoanalysis*. Trans. Anthony Wilden. Baltimore: Johns Hopkins UP, 1981.

_____. *The Four Fundamental Concepts of Psycho-Analysis*. Trans. Alan Sheridan. New York: Norton, 1981.

_____. *Television*. Trans. Jeffrey Mehlman. Cambridge: MIT, 1987.

_____. *The Seminar of Jacques Lacan Book I*. Trans. John Forrester. New York: Norton, 1991.

_____. *The Seminar of Jacques Lacan Book II*. Trans. Sylvana Tomaselli. New York: Norton, 1991.

Leader, Darian and Judy Groves. *Introducing Lacan*. New York: Totem, 1998.

Leech, Geoffrey N. *Principles of Pragmatics*. London: Longman, 1985.

Levy, Donald. *Freud among the Philosophers: The Psychoanalytic Unconscious and its Philosophical Critics*. New Haven: Yale UP, 1996.

Lemaire, Anika. *Jacques Lacan*. Trans. David Macey. London: Routledge, 1977.

Linch, David. *Yeats: The Poetics of the Self*. Chicago: U of Chicago P,

1979.

Lindgren, Gray Kochhar. *Narcissus Transformed*. University Park: Pennsylvania State UP, 1993.

Lyons, John. *Noam Chomsky*. New York: Viking, 1970.

Meisel, Perry, ed. *Freud*. Englewood Cliffs: Prentice-Hall, 1981.

Miller, J. Hillis. *Poets of Reality*. Cambridge: Belknap, 1966.

Moi, Toril. *Sexual/Textual Politics: Feminist Literary Theory*. London: Routledge, 1985.

Natoli, Joseph, ed. *Psychological Perspectives on Literature: Freudian Dissents and Non-Freudians*. Connecticut: Archon, 1984.

O'Donnel, William H. and Douglas N. Archibald. *The Collected Works of W. B. Yeats*. New York: Scribner, 1999.

Orlano, Francesco. *Toward a Freudian Theory of Literature*. Trans. Chairmaine Lee. Baltimore: Johns Hopkins UP, 1978.

Palmer, Richard E. *Hermeneutics*. Evanston: Northwestern UP, 1969.

Pasoti, Robert N. *Sigmund Freud's* The Interpretation of Dreams. New York: Monarch, 1977.

Preminger, Alex and T. V. F. Brogan, eds. *The New Princeton Encyclopedia of Poetry and Poetics*. Princeton: Princeton UP, 1993.

Raval, Suresh. *Metacriticism*. Athens: U of Georgia P, 1981.

Richard, I. A. *Principles of Literary Criticism*. London: Routledge, 1970.

Rieff, Philip. *Freud: The Mind of the Moralist*. Chicago: U of Chicago P, 1979.

Ritvo, Lucille B. *Darwin's Influence on Freud: A Tale of Two Sciences*. New Haven: Yale UP, 1990.

Rosen, David. *The Tao of Jung: The Way of Integrity*. New York: Penguin, 1996.

Rosenthal, M. L. *Running to Paradise: Yeats's Poetic Art*. New York:

Oxford UP, 1994.
Salman, Sherry. "The creative psyche: Jung's major contributions." *The Cambridge Companion to Jung.* Ed. Polly Young-Eisendrath and Terence Dawson. New York: Cambridge UP, 1997.
Sarup, Madan. *Jacques Lacan.* Toronto: U of Toronto P, 1992.
Segal, Robert A. *The Gnostic Jung.* Princeton: Princeton UP, 1992.
Selden, Raman. *Contemporary Literary Theory.* Brighton: Harvest, 1985.
_____. *The Theory of Criticism.* London: Longman, 1988.
Sharp, Daryl. *Jung Lexicon: A Primer of Terms & Concepts.* Toronto: Inter City, 1991.
Shleifer, Ronald, et al., eds. *Genre. Vol 10. Number 3.* Oklahoma: U of Oklahoma P, 1977.
Showalter, Elaine. *Speaking of Gender.* London: Routledge, 1989.
Sim, Stuart. *Critical Dictionary of Postmodern Thought.* New York: Routledge, 1999.
Snider, Clifton. "Jungian Theory, Its Literary Application, and a Discussion of The Member of the Wedding." *Psychological Perspectives on Literature: Freudian Dissents and Non-Freudians.* Ed. Natoli, Joseph, Connecticut: Archon, 1984.
Snukal Robert. *High Talk: The Philosophical Poetry of W. B. Yeats.* London: Cambridge UP, 1973.
Stein, Murray, ed. *Jungian Analysis.* Chicago: Open Court, 1995.
Suler, John R. *Contemporary Psychoanalysis and Eastern Thought.* New York: State U of New York P, 1993.
Taylor, Warren. *Tudor Figures of Rhetoric.* Whitewater: Language, 1972.
Thompson, Clara. *Psychoanalysis: Evolution and Development.* New York: Grove, 1950.
Thurley Geoffrey. *The Turbulent Dream: Passion and Politics in the Poetry of W. B. Yeats.* London: U of Queensland P, 1983.

Unterecker, John. *A Reader's Guide to William Butler Yeats*. New York: Farrar, Straus & Giroux, 1972.

Vico, Giambattista. *The New Science of Giambattista Vico*. Trans. Thomas Goddard, et al. Ithaca: Cornell UP, 1968.

Wheelwright, Philip. *Metaphor and Reality*. Bloomington: Indiana UP, 1962.

White, David A. *Heidegger and the Language of Poetry*. Lincoln: U of Nebraska P, 1978.

Whitemont, Edward C. *The Symbolic Quest*. Princeton: Princeton UP, 1978.

Wright, Elizabeth. *Psychoanalytic Criticism: Theory in Practice*. London: Methuen, 1980.

―――. "Psychoanalytic Criticism." *Encyclopedia of Literature and Criticism*. Ed. Coyle, Martin, et al., London: Routledge, 1990.

Yeats, W. B. *The Collected Poems of W. B. Yeats*. London: Macmillan, 1961.

―――. *A Vision*. London: Macmillan, 1978.

Young-Eisendrath, Polly and Terence Dawson. eds. *The Cambridge Companion to Jung*. New York: Cambridge UP, 1997.

Zimmerman, Michael E. *Eclipse of the Self: The Development of Heidegger's Concept of Authenticity*. Athens: Ohio UP, 1981.

Žižek, Slavoj. *An Introduction to Jacques Lacan through Popular Culture*. Cambridge: MIT, 2000.

찾아보기

(ㄱ)

가다머	23
가이어	167
가족 로망스	18, 61
개별 등가	128
개성화	37, 103
개인 무의식	99
개인적 전체성	246
객관적 상관물	28
객관적 정신	137
갤럽	205
거울 단계	182, 186
거울 영상	208
거울과 등불	80
게린	99
결핍	249
결합	128
계열 축	193
고전적 프로이트적 비평	66
고착	38
골왕의 광기	75
공안	20
교외별전	193
교유	196
구강기	37
그노시스주의	229
그대 늙었을 때	117
그라이스	206
그람시	82
그림자	100, 120
그의 연인을 향하는 인도인	38
근친상간	96
기의	73, 178
기표	73, 178
기호계	65
길버트	101, 168
꿈	112, 177, 194
꿈 작업	238
꿈의 해석	42

(ㄴ)

나르시시즘	236
남근	199
남근 선망	57
남근 중심주의	58
남성성	174
낭만주의	22
내향성	114
내향화	109
농담	49
누미노제	125
뉴우튼	17
느부갓네살	51
늙은 연금 수령자의 비탄	110

능동적 상상력 112, 138
니르바나 99

(ㄷ)

다윈 17, 180
단테 104
담론적 재현 24
담화 요법 40
대리 자아 54
대상 관계 45
대상 선택 37
대상관계이론 60, 61
대상의 지시적 형태 247
대타자 164, 189, 190, 218
대화 요법 42, 209
더미기법 220
데리다 68, 71
데스트루도 17
도 99
도둑맞은 아이 44
도라 41, 42
도로시 웰즈리에게 180, 217
독자 반응 74
돈오 219
동시성 95, 112, 145
들뢰즈 85
등가 100

딜타이 23

(ㄹ)

라이트 66, 94
라캉 57, 63, 91, 109, 166, 170, 176, 193, 202, 207, 229
라피스 래쥴리 171, 188, 210
랑그 92, 206
레다 124
레다와 백조 123
레비-스트로스 85
레이발 23, 26
로고스중심주의 193
로센달 104
리비도 48, 108
리처즈 74, 197
리파테르 216
리프 170, 177
린저렌 236
린치 106, 234

(ㅁ)

마르쿠제 35
마성(魔性)적 인격 122
마스크 이론 116
마이어 40

마조히즘	185	발효	128
만다라	136, 144	방브니스트	77
맥베스	54	방어	40
메르쿠리우스	128	방어기제	14
메피스토펠레스	131	방어적 내재화	47
명시	127	백일몽	49
모드 곤	102, 204	범-성욕설	41
모이	58	법	208
몰 매기의 노래	59	베르니니	187
몰개성	24, 93	베이컨	192
몽타주	90, 204	벤 벌벤 아래에서	221
몽테뉴	192	보드리야르	150
무의식	108	보드킨	94
문화적 상징들	113	보로메오 매듭	224
물 자체	75, 229, 235	부분 대상	60, 185
미인과 야수	103	부성 은유	199
미토스	120	부친살해	52
		분석 심리학	16
		불립문자	193

(ㅂ)

		불신의 자발적 중단	79
바르셀로나	196	불타는 샘	143
바르트	77, 90	브로이어	40
바슐라르	94	브룩스	68, 223
바흐친	204	브리콜라주	85
반-여성주의	174	블라이히	24, 209
반동 형성	78	블레이크	231
반복 충동	45, 168, 222	블룸	75, 149, 225
반자아	167	비극적 환희	168

비잔티움	129	셀프-심리학	89
비잔티움으로의 항행	129	셸리	192
비전	222	소극적 수용력	24
비코	192	소망 실현	112
비트겐슈타인	80	소망-성취	44
빈 말	219	소쉬르	27, 178, 179, 193, 207, 237
빗금친 주체	170, 233	소요	212
		소파의 고정점	205, 222

(ㅅ)

		소포클레스	21, 52
사르트르	218	수사학	190
사실성	27	수전 구바	195
상상의 세계	113	숭엄미	22
상상적 아버지	174	슈제트	214
상징	134	슐러	20
상징계	65, 200	스나이더	90
색즉시공	147	스피노자	175
생쥐 인간	177	슬픈 목동	46
샤르코	41	승화	46, 48
서정시론	22	시뇨렐리	201
서커스 동물의 탈주	195, 213	시지프스	215
선	19	식수	64
성기기	37	신	122
성욕	42	신-플라톤 주의	143
성욕 이론	96	신경증	47
성적 환상	147	신성혼	128, 133
세속적인 완성	230	신에 의지하는 인도인	42
셀프	22, 115	실언	197

실재계	234	언술 속의 주체	77
실존주의	183	언술 행위의 주체	77, 169
심리적 결정요소	90	언터레커	181, 230
심리적 전체성	247	언터메이어	210
심리학적 사실	135	에고	42, 45
심우도	19	에난티오드로미아	96, 113
썰리	213	에너지의 발현	101
		에이도스	100

(ㅇ)

		에이브람	80
		에피퍼니	22
아갈마	215	엔트로피	100
아나슈야와 비자야	61	엘-공식	169
아니마	96	엘리아드	120
아니무스	100, 125	엘리엇	15, 28
아담의 창조	229	엘만	116, 149
아들러	107, 127	엠페도클레스	168
아리스토텔레스	51, 156	여성성	174
아버지의 법	208, 232	여우 사냥꾼의 노래	70
아버지의 이름	174, 186	여인의 두 번째 노래	66, 183
아우구스티누스	107	여인의 첫 노래	66, 173
안나 O	40	역전이	20, 210, 214
안다고 상정된 주체	233	연금술	128
안티고네	239	영원한 소녀	160
알튀세	82	영원한 소년	160
압축	44, 194	영지주의	103
앙띠 외디푸스	85	영향의 불안	195
야콥슨	70, 193	영향의 오류	76
억압	40	예이츠	13, 42, 102, 129, 168

예일 학파	65		107, 113, 123, 146
오독	51, 146	은유	190, 196
오브제 쁘띠 아	188, 215, 221	응시	229
오시리스	148	의도론적 오류	209
오인	182	의미화 연쇄	168, 179, 181
오하트 신부의 노래	67	의식 작용	113
외디푸스 콤플렉스	18, 21	의식의 흐름	22, 90
외유	196	의식적 자아	99
외투, 보트, 그리고 신발	36	의식적 주체	164
외향성	114	의지의 포기	182
요구	166	이글튼	70, 82
요나	97	이니스프리의 호도	97
욕구	166	이드	42, 45, 170
욕망	166, 172, 202, 208	이드 심리학	41
욕망의 공식	187	이리가레이	64
우로브로스	143	이미지의 원태적(原態的)확산	91
워즈워드	235	이상적 자아	170, 182, 219
원초적 이미지	99, 119	이스트홉	238
원형	89	이시스	148
웰즈리	168	이저	210
위고	197	인생의 제 단계	104
위니코트	92	인식론적 장애	94
윌든	178	인접성	194
윌리암 3세	172	임프레그네이쇼	128, 134
유로브로스	152		
유사성	194	(ㅈ)	
유에프오	132		
융	89, 92, 96, 99, 103,	자기-성애적	40

자기성애	37	제임스	18, 84, 90
자아 이상	47, 68	조각난 주체	183
자연적 상징들	113	조상	199
자유 연상	22, 41	존슨	65
자율적 콤플렉스	94, 146	존재의 결핍	202
자의성	29, 193	존재의 통일	104, 108, 168
작가됨의 불안	195	종교적 비극	126
작가적 독자	77	주관적 비평	209
잠재몽	51	주인과 노예의 변증법	170
장미	101	주체	163
재통합	136	중층 결정	238
저자의 죽음	24, 117, 236	증상	176
저항	218	지젝	166
전-성기기	58	진정한 주체	170
전-외디푸스 단계	63	질의 격률	206
전기-라파엘적	13	짐머만	163
전위	44, 194	집단 무의식	99, 107
전이	20, 212, 220		
전진	101	(ㅊ)	
전통과 개성	93		
정신 가치	100	찬 말	219
정신 에너지	99	창세기	51
정신병	47	창조의 불꽃	198
정신분석학	16, 56	책임	108
정화작용	74	청동 두상	203
제논의 역설	166	초도로우	61, 166
제우스	154	초월과 통합	103
제유	192	초자아	42

촘스키	192	타고르	42
친-여성주의	63	타나토스	17
		탄탈로스	222
(ㅋ)		탑	104, 120
		태모	149, 157
카글러	91	테일러	190
카니발적상황	204	텍스트 이전	205
카타르시스	22	텍스트의 즐거움	77
카텍시스	68	통합 축	193
카프라	16	퇴행	101, 104
캠벌	99	투사	40
컬러	24	트릴링	21
코라	239		
코크	167	(ㅍ)	
코페르니쿠스	35		
콘비토	104	파롤	92
콤플렉스	99	파뷸라	214
쾌락	77	파우스트	131
쾌락원리	36	파토스	151
쿠훌린	199	팔루스	173, 238
쿤	209	퍼거스와 드루이드	114
크로체	192	퍼소나	100, 115
크리스테바	64	페미니즘	61
클라인	60	포르트/다	166
키케로	191	포스트구조주의	95
		포스트모더니즘	119
(ㅌ)		포스트식민주의	95
		포우	216

폴 드 만	193	해석학적 순환	23, 243
푸코	17, 73	해체주의	71
프라이	89	햄릿	52
프로이트	16, 35, 42, 53, 57, 96, 165, 178	행복한 목동의 노래	38
		헤게모니	82
프로인트	80	헤라클라이투스	136
프롬	19, 36	헤르메스	122
플라톤	106, 156, 191	헥토르	226
플랙스	239	헨더슨	102
플로티누스	143	헬렌	125
피쉬	216	헬름홀쯔	40
피타고라스	149, 157, 200	현상학	113, 183
피학적 환희	125	현시몽	51
핀크	187	현실원리	36, 173
필립스	25	현자	115
		현전	73, 235

(ㅎ)

		호접몽	246
		홀란드	56, 79, 237
하이네	197	홉스	192
하이데거	28, 163	확충	149
학교 아이들 속에서	149	환원적 관점	127
한라한	122	환유	192, 201, 202
합성적 관점	127	후기 프로이트적 비평	66
항-카텍시스	49	휠덜린	147
항문 욕동	199	희랍 항아리의 노래	211
항문기	37	희열	77, 186
항상성	20	힐먼	92
해석소	206		

· 저자소개

이 규 명

저자는 부산외국어대학교 영어과를 졸업하고, 동대학원에서 '엘리엇 연구'로 석사학위를, '예이츠 연구'로 박사학위를 받았다.
현재 부산 외국어대학교와 영산대학교에서 강의를 하고 있으며, 그간의 연구실적은 다음과 같다.

■ 논문:
- 'T. S. Eliot의 The Waste Land에 대한 정신분석학적 접근': 부산외대, 1992. 6
- '예이츠의 『장미』에 대한 원형적 접근': 부산외대 어문학연구소, 1999. 2
- '월리스 스티븐스의 「일요일 아침」에 대한 정신분석학적 접근': 신영어영문학회, 1999. 8
- 'The Waste Land에 대한 프로이드적 접근: 초자아의 전복': 대한영어영문학회, 1999. 8
- 'Ode on a Grecian Urn의 다시 읽기: 그 신화에 대한 저항': 신영어영문학회, 2000. 8
- 'A Buddhist Perspective on Kim So-wol's and W. B. Yeats' Poems': SC/AAS(미국 동아시아 학회), 2002. 1
- 텍스트에 대한 라캉적 태도와 그 실천: 「벤 벌벤 아래에서」에 나타난 "오브제 쁘띠 아": 새한영어영문학, 2002. 8

예이츠와 정신분석학
- Freud, Jung, Lacan의 관점에서

지은이 • 이 규 명 / 펴낸이 • 이 성 모

초판 발행일 • 2002년 11월 5일 / 초판 인쇄일 • 2002년 10월 30일

발행처 • 도서출판 **동인** / 서울시 종로구 명륜동 아남주상복합빌딩 301동 104호
전화 • 765-7145, 7155 / 팩스 • 765-7165
HomePage • www.donginbook.co.kr / E-mail • dongin60@chollian.net

등록번호 • 제 1-1559호

ISBN 89-5506-165-X
가격 / 10,000원

※ 잘못 만들어진 책은 바꾸어 드립니다.